Korean Education
In The Globalization

세계를
향한
한국교육

세계를 향한 한국교육

교육을 넘어 행복으로

1판 1쇄 2012년 7월 13일 (구, 세계화 속의 한국교육)
1판 3쇄 2013년 7월 3일
3판 1쇄 2015년 3월 6일

지 은 이   김송희
펴 낸 이   최지숙
편집주간   이기성
편집팀장   이윤숙
기획편집   주민경, 윤은지, 김송진
표지디자인 주민경
책임마케팅 임경수
펴 낸 곳   도서출판 생각나눔
출판등록   제 2008-000008호
주   소   서울 마포구 동교로18길 41 한경빌딩 2층
전   화   02-325-5100
팩   스   02-325-5101
홈페이지   www.생각나눔.kr
이 메 일   webmaster@think-book.com

• 책값은 표지 뒷면에 표기되어 있습니다.
  ISBN 978-89-6489-353-1   03370
• 이 도서의 국립중앙도서관 출판 시 도서목록(CIP)은 서지정보유통지원시스템 홈페이지
  (http://seoji.nl.go.kr)와 국가자료공동목록시스템(http://www.nl.go.kr/kolisnet)에서
  이용하실 수 있습니다(CIP제어번호: CIP2015005504).

Korean Education
In The Globalization

세계를
향한
한국교육

김송희 지음

행복으로 교육을 넘어

미국, 중국, 한국 교육을
비교 분석하여
새로운 패러다임 제시

생각나눔

사람에 대한 연민 없이는
그 어떤 교육도 소용이 없다.
우리 교육은 사람에서 다시 출발할 때이다.

"이 한 권의 책이 출간되기까지 꼼꼼히 문장을 봐주시며 많은 조언과 격려를 아끼지 않으셨던 목은균 교수님께 진심으로 감사를 드립니다.

또한, 이 책이 완성되기까지 힘들어할 때마다 희망과 용기를 주셨던 유시찬 신부님께도 감사드립니다.

아울러 대학시절, 예리한 글솜씨로 필자를 사로잡았던 이외수 작가님이 이 책을 트위터에 연이어 강추해주심은 놀라움과 경이로움 자체였습니다.

무엇보다 지금은 다른 세상에 살고 계시지만, 평생 학자의 중심에 서계시며 어떻게 살아가야 할지 롤모델이 되어주신 추빈지에(褚斌杰, 北京大 교수) 선생님과 저희 아버님께도 깊은 사랑을 전해드립니다."

교육은 '백년지대계(百年之大計)'라는 말이 있다. 옛말처럼 아득하다. 최근 몇 년간 한국의 모습을 보면 당장 내일의 교육방향도 감을 잡기 힘들다. 세계가 급변하고 있으니 변화는 당연한 현상이다. 그러나 제도가 초읽기로 달라지다 보니 한국 엄마들의 극성과 자녀들의 제도 쫓아가기란 여간 힘든 일이 아니다. 교육의 현장이 아니라 인간 사육장이란 생각마저 든다. 그러고 보면 최근 몇 년은 세계화의 영향도 있지만, 입시제도와 교육제도에 대한 반감과 회의감 때문에 외국으로 방향을 바꾸는 경우가 많은 것 같다. 그러나 필자 역시 놀라웠던 것은 외국 어느 곳에서나 한국인이 밀집되어 있는 지역에는 사교육이 판을 치고 있다는 것이다.

교육의 이상과 목표, 부모의 올바른 역할은 초점을 상실하고 있다. 전문가의 말은 모두 현실감을 상실한 얘기처럼 모두들 뒷전에 둔다. 득점과 경쟁을 위한 교육의 장(場)이라고 해도 과언이 아니다. 전문가들은 교육의 원론만 언급할 뿐 시대를 제대로 읽고 있다는 느낌이 없다. 현장감 있는 교육론이 아니니 설득력이 없고 감동이 없다. 따라서 학부모와 학생은 학교 교육에 중심을 기울이기보다 사교육장에서의 말에 더 의존하게 된다.

그렇다면 다른 나라의 교육의 방향은 어떠한가? 교육은 아직도 교육적 효과를 드러내고 있는 것인가? 교육이라는 제도 아래서 교육을 받고 있는 학생들의 사고와 가치관, 그리고 신념은 어떻게 형성되어 가는 것일까? 그리고 그들 부모들의 신념은 무엇인가?

이 시대 한국사회에선 부모의 경제력과 정보력에 상응하여 자녀의 성적이 결정된다는 통계가 나온다. 중국의 교육 열의도 우리 한국과 별반 차이가 없다. 경제적인 여유가 있는 상위 몇 % 부모들의 교육열이 상당하기 때문에 중국 또한 한국과 유사하다고 할 것이다. 그러나 우리가 착각하는 것이 바로 이것이다. 학교 성적이 실력이고 교육인가? 인간의 인성(人性)은 아직 살아있는가? 인간은 인간으로서 존중받고 있는가? 그럼에도, 미국의 버락 오바마 대통령이 한국의 교육을 배워야 한다고 강조하는 이유는 무엇 때문일까?

19세기에는 군사력이 강한 소련이 세계를 지배했다. 그러나 경제력을 갖추지 못했던 소련은 20세기에 자멸했고, 군사력과 경제력이 강한 나라가 세계를 지배할 수 있었다. 그렇다면 21세기 경쟁은 무엇일까? 이제 21세기 세계 경쟁의 핵심적 화두는 '교육'이다. 세계를 지배하는 위상을 갖추려면 교육의 힘을 어떻게 발휘하는지, 그 여부에 달렸다고 해도 과언이 아니란 얘기다.

교육의 '세계화'라는 이름 아래 세계 각국은 각기 다른 교육제도와 체제, 신념과 가치에 대해 심각한 고민에 빠졌다. 인재를 키워내는 문제와 늘어나는 실업률에 대한 대응책, 등록금 문제는 대부분의 나라가 똑같이 고민하는 부분으로 부상하였다.

도대체 교육이란 무엇인가? 한 국가의 미래라고 할 수 있는 교육의 방향은 어떻게 나아가야 하는 걸까? 미국과 패권싸움을 하면서 세계의 대국으로 부상하고 있는 중국의 교육은 어떠한가? 세계 최고의 명문대학이 몰린 미국의 교육은 지금 어떻게 변화하고 있는가? 미국의 교육이 심각한 위기에 처해있다는 것을 모르는 사람은 이제 없을 것이다. 특히, 도심지 공립교육의 붕괴에 대한 해결책과 대안은 매우 시급한 상태다. 반면에, 중국의 교육적 열의는 상당하다. 외국의 유수한 학교들마다 수석을 차지하는 상당수가 화교출신이라는 점을 찾아보아도 쉽게 알 수가 있다. 교육적 열의라는 맥락에서는 우리와 똑같지만, 교육을 해나가는 방향은 분명히 다르다. 동시에 서구, 특히 미국의 '교육'과는 현저히 다른 특징을 가지고 있다. 그렇다면 세계의 교육은 어떻게 진행되고 있을까? '세계화'라는 교육 신념 속에서 어떤 엘리트와 리더를 배양하고 있으며, 또 경쟁 위주의 사회로 가면서 인성 교육은 어떻게 해나가고 있을까?

이 책에서는 우리나라와 이웃하고 있는 중국의 교육적 특색에 대해 살펴보면서 한국, 미국교육의 장·단점, 강점과 약점을 비교하는 것을 중심으로 한다. 미국과 중국, 한국의 교육을 중심으로 살펴보는 것은 첫째로, 세계화를 주도했던 것이 미국이었다는 점, 그리고 미국과 중국이 세계를 주도하는 강대국이라는 점 때문이다. 둘째로, 그들의 상반된 교육체제를 통해 한국 교육을 분석, 반영해 볼 수 있을 것이라는 취지 때문이다. 물론, 세계적인 리더 배양이 교육의 목적인 미국에 비해 엘리트를 배양하는 것이 교육의 목적인 유럽의 교육 동향도 개괄적으로 참조하였다.

필자는 사회와 국가 전체가 교육의 무대이고 현장이며, 교육은 평생 이루어져야 한다는 의식과 관점에서 서술하였다. 따라서 인간이 행복하고 자유로운 삶을 살기 위해서는 어떻게 살아야 하는지에 대해 중점을 두고 있다. 교육의 현장과 시스템을 기본적으로 알아보았고, 자녀교육에 직간접으로 영향을 주는 모든 대상이 어떤 모습을 보여야 하는지에 대해서도 서술하였다. 그렇다면 향후 우리 교육의 시스템과 방향이 어떻게 모색되어야 할까?

목 차

어떤 사람도 우열이란 이분법으로 나눌 만큼 유능하기만 한 사람도,
무능하기만 한 사람도 없다.

인간은 각자마다 다른 성향과 특징을 가지고 있다. 아무리 잘 달리던
야생마도 얼음 위에선 무능하다.

반면에, 아무리 뒤뚱거리던 펭귄도 얼음 썰매 하나만 잘 만나면 정말
빠르게 달린다.

동물이든 인간이든, '다르다'는 사실을 인정하지 않고 획일적으로 '서
열화'시키는 것은 매우 위험한 사고방식이다.

PART 1

세계를 향한
중국과 미국의
교육제도

중국과 미국의
대학 이전 교육제도

      1982년 중국의 덩샤오핑(鄧小平)은 "교육은 현대화를 위해, 세계를 향해, 미래를 향해 나가야 한다."라고 제의하였다. 바로 이것이 이후 중국 교육의 개혁과 발전방향의 지표가 되었다. 교육이란 현시대가 무엇을 말하고 또 요구하는 것이 무엇인지 알아야 한다. 뿐만 아니라 세계가 무엇을 원하는지, 미래는 어떻게 나가야 하는지를 통찰하면서 나아가야 한다는 것을 강조하고 있다. 1966년부터 1976년까지 문혁(文革) 시기를 통해 외부세계와 단절을 해왔던 중국의 입장에서는 '세계를 향한 교육'을 내세웠다는 맥락에서 교육의 변화론을 시도했다고 할 수 있다.

    1990년 전까지만 해도 중국의 교육은 국가가 알아서 해결해주는 분야였다. 아이들은 초등학교, 중학교를 해당 도시나 시골 마을에서 다니고 정말 공부를 잘하는 아이들은 도시의 3년제 고등학교에 진학했다. 더 운이 좋거나 연줄이 좋은 가정에서는 각 도시 중에서도 더 좋은 학교에 자녀를 보낼 수 있기는 했지만, 보통 그런 명문 학교는 고위 관리 및 일반 공무원들의 자녀만 갈 수 있었다. 고등학교만 졸업해도 운이 좋지만 더 극소수의 아이들은 대학에 갈 수 있는 행운과 특권을 가졌다. 힘들게 진학한 대학 생활은 결코 녹록하지 않아서 대학에 진학한 후에도 학생들은 여덟 명이 방을 함께 쓰는 초라한 기숙사에서 죽도록 공부해야 했다.[01]

1990년대 초에 중국정부는 교육 개혁을 단행했는데, 특히 의무교육 연령을 9세에서 15세로 올리는 정책을 도입하여 농촌 지역에 사는 어린이들도 15세에 해당하는 중학교까지는 의무적으로 공부하도록 했다. 중학교까지의 교육은 무상이었다. 그러고 나서 정부는 고등학교와 대학교에서는 국민이 자비로 학비를 부담해야 한다고 발표했다. 이와 더불어 정부는 일부 사립 초·중·고와 대학교 설립을 허용하는 정책을 발표했는데, 이는 정부의 교육비 부담을 줄이기 위한 방책으로 여겨졌다.[02]

미국에서 고등학교까지 의무교육인 것은 사실이다. 그러나 2008년 서브프라임 문제가 대두되면서 공립학교의 경우는 많은 교사를 해고해야 했고, 교사의 해고로 인해 학교 교육은 질적인 후퇴를 해야 했다. 많은 사람들이 미국의 교육이 선진화되어 있다고 생각하지만, 이 시대 미국교육엔 빨간불이 켜졌다고 해도 과언이 아니다.

도심지 공립교육의 붕괴는 가장 시급하게 해결해야 할 국내문제로 꼽힌다. 40년 전 미 고교생의 실력은 세계 최고였다. 지금은 36개 선진

---

01 던컨 휴잇 지음, 김민주·송희령 옮김, 『先富論』, 랜덤하우스, 2007년, 306쪽 참조.
02 던컨 휴잇 지음, 김민주·송희령 옮김, 『先富論』, 랜덤하우스, 2007년, 307쪽 참조.

국 중 18위라고 OECD는 발표하고 있다. 수학은 선진 30개국 중 25위다. 아마 농구실력이 25위였다면 난리가 났을 것이라고 한 교육관계자는 개탄한다. 1995년만 해도 세계 1위였던 대학 진학률 역시 지금은 14위로 밀려나 있다.[03]

21세기 강대국의 핵심은 '교육'이다. 그런데 그 한 축이 무너진다면 미국은 여전히 강대국일 수 있는가? 더군다나 교육의 세계화를 주도했던 미국이 자부심과 긍지를 여전히 느낄 수 있을 것인가? 국제적 경쟁에 대비하여 각국의 교육이 날로 치열해지는 것에 비하면, 미국의 공립교육이 뒷걸음치고 있는 것은 사실이다. 미국의 교육 예산 대폭 삭감, 무상급식 부실화, 비용을 줄이려는 주 4일 수업이 시행되고 있다. 미국 각 주정부의 재정위기로 주정부들이 2009년부터 잇따라 교육 예산을 대폭 줄였기 때문이다. 2011년 4월 13일 『보스턴 한인 회보』에서는 그 구체적인 내용에 대해서 다음과 같이 말하고 있다(출처: 한겨레신문).

미국 교육청은 연방정부의 지원을 일부 받기도 하지만, 교육재정의 대부분을 주정부 지원금과 지역 주민들이 내는 재산세에 포함된 교육세로 충당한다. 교육재정 축소로 인해 가장 먼저 나타난 현상은 교사의 해고다. 그에 따라 나타난 현상은 학급당 학생 수가 크게 늘어난 것이다. 교육부 통계를 보면 2007~2008년 미국의 학급당 학생 수는 초등학교 20명, 고등학교 23.4명이었다. 그러나 재정적자 180억 달러인 캘리포니아(California)는 2009년 교사 3만 명이나 해고되었다. 로스앤젤레스(Los Angeles) 통합교육구의 11~12학년(고2~고3) 영어·수학 학급은 평균 43명에 이른다고 「뉴욕타임스」가 최근 보도했다. 미시간 주 디트

---

03   김남석, "내일을 위한 투자", 「미주한국일보」, 2008년 1월.

로이트(Detroit, Michigan)에서는 고등학교의 학급당 인원을 60명까지 늘리는 방안도 검토되고 있다.

학교급식도 부실화되고 있다. 미국에서의 학교 무상급식은 선별적이다. 전면적으로 추진되어온 일이 없다. 미국에서 4인 가족 기준 연간 가구 소득 2만 8,655달러(3,107만 원) 이하인 가정의 아이는 무상급식을 적용받는다. 또 연소득 2만 8,655달러~4만 793달러(4,423만 원) 가정의 아이는 할인가격으로 급식을 제공받는다. 그런데 금융위기 이후 무상급식을 신청하는 아이들의 수는 늘고 급식예산은 줄었다.

2011년 현재 미국 내 17개 주 100여 개 공립학교에서 주 4일제가 시행되고 있다. 전국에서 교육재정이 가장 우수한 곳 가운데 하나는 버지니아 주(Virginia) 페어팩스 카운티(Fairfax County)이다. 이곳에서도 버지니아 주가 2년간 교육재정을 축소하면서 유치원 반일제 확산, 초등학교 예체능 과외활동 축소, 고등학교 AP(심화학습) 시험 유료화 등의 조처가 잇따라 시행됐다. 재정 축소로 인해 미국 내 학교들의 교과목 이외의 과외활동(Extracurricular activity) 축소는 눈에 띄는 현상이다. 사실 교과목 이외의 과외활동은 한국인들이 선망하던 미국 교육의 장점인데, 이같은 현상은 매우 안타까운 일이다.

대학도 재정적자 몸살을 앓기는 마찬가지이다. 주립대학들이 교원 수를 줄이면서 버클리대 등 명문 주립대에서도 대형 강의실에서 수백 명의 학생들을 놓고 마이크로 수업하는 현상이 늘어나고 있다. 대학 등록금은 어지간한 미국 중산층 가정이 감당하기 힘들 정도로 오르고 있다. 2010년 미국 컬리지 보드(College board) 자료를 보면, 올해 등록금은 4년제 주립대학의 경우 지난해보다 7.9% 올라 주내 거주자는

7,605달러, 주 바깥 거주자는 1만 1,990달러, 사립대는 4만 달러, 아이비리그 등 명문 사립대는 5만 달러까지 올라간다. 여기에 학생 기숙사비, 의료보험료, 책값 등의 비용을 포함하면 엄청난 비용을 부담해야 한다.

고등교육까지는 의무화되어 있더라도 미국 주택 부실정책 문제로 인해 공립학교들의 부실화가 발생하여 학생들에게 혜택이 줄어들고 있다. 과거 5~6년 전의 미국을 생각하여 미국이 여전히 과거와 같은 최고의 교육을 제공한다고 믿는다면 그것은 오류다. 고등학교 졸업률은 여전히 70% 정도에 머물고 있어 해마다 거의 120만 명이 졸업을 못하는 비극이 일어나고 있다. 정부가 중점적으로 요구하는 것은 학생들의 성적, 졸업률의 증가 등이며, 특히 고질적인 교사 정년제에 관해 학생 성적을 교사 평가에 연관시키는 방안을 요구하고 있다.

한국 중·고등학교 공교육은 미국과 상반된 현상을 보이는데, 고등학교 졸업률은 매년 90% 이상이다. 또 OECD가 2006년 세계 36개국을 대상으로 주관한 시험(PICA)에서 한국은 수학과 과학 부문에 최상위권을 차지하였다. 그렇다면 미국 교육은 모두 부실해졌는가? 사실 그렇다. 대학등록금이 가파르게 올라감에도 불구하고 교직원과 교수 해고가 엄청나기 때문이다. 그럼에도, 세계의 많은 학생들을 사로잡는 그 힘은 무엇일까? 미국 교육의 강점은 다양성을 받아들이는 '대학'에 있다. 최고의 인재들을 불러오는 마력이야말로 미국 대학의 무서운 힘이고, 인재들을 영입하려는 지속적인 노력이 미국의 힘인 것은 사실이다.

세계 선진국 중에 도전하는 한국 교육정책은 철저히 점수에만 관심을 기울인다. 또한, 미국과 달리 성적부진 학생보다는 성적 우수학생에게만 중점을 두고 있다. 학생의 교과목 성적 1~2점의 차이에 따라서 대학 입학순위가 달라지니, 자연 부모나 학생은 입시준비 교육에 치중하게 되는 것이다. 이런 상황 속에서 시험준비에 별 효과가 없는 공교육은 이차적이 되고 사교육이 주가 되어버렸다. 치열한 경쟁이란 명분 아래 양보와 배려의 미덕이란 자연스레 뒷전이다. 그러나 사람에 대한 연민 없이는 그 어떤 교육도 소용이 없다. 우리 교육은 사람에서 다시 출발할 때이다.

유아원, 유치원

중국 아이들의 교육은 유아원부터 시작하는 것이 보통이다. 대부분의 중국 가정은 맞벌이를 하고 있기 때문에, 직장 주변의 유아원에 의탁하는 사례가 많다. 일반적으로 부모가 퇴근하는 시간까지 돌보아주고 있다. 그러나 부모의 퇴근이 평소보다 더 늦어지는 아이들에 대해서는 담당자가 번갈아가면서 돌보아주기도 하는데, 직장 생활을 해야하는 부모로서는 심리적인 안정을 취할 수가 있어 좋다. 이러한 측면에서 본다면 우리 한국의 실정에 비해 매우 합리적이다.

중국의 유치원에서는 암기교육에 치중한다. 스펀지 같은 두뇌를 가진 아이들이 암기라는 개념도 없이 노래를 부르듯이 「당시(唐詩) 300수」를 외운다든지 하는 것이 그것이다.

중국에서는 경제력을 가진 부모들이 한 자녀를 둔 경우가 많기 때문에 그들에 대한 교육적 열의가 매우 높아지고 있다. 한국에서의 열의와 비슷하다고 한다면 짐작이 갈 만하다고 할 것이다.

한편, 아이들을 천재로 만들고 싶어하는 학부모들을 위해서 상하이한 학교는 MBA 유치원을 개설했다고 한다. 이처럼 일찍 아이를 천재로 만들어야 한다는 부모의 집착이 중국 사회에서 점점 더 커지고 있다. 심지어 한 텔레비전 분유 광고는 아인슈타인 두뇌에서 발견된 특별한 물질이 들어 있어, 그 분유를 먹이면 더 똑똑한 아기로 만들 수 있다는 얘기를 하고 있을 정도이다.04 한 발자국 물러서서 듣는다면 정말 재미난 얘기이다. 그런데 중국의 엄마들이 잊고 있는 것이 있다. 아인슈타인이 정말 그렇게 똑똑하기만 했던 것일까? 아인슈타인은 자기가 몰두한 과학의 분야에서는 두각을 나타내었지만, 더러는 자기 집을 찾지 못하는 바보스러움도 동시에 지니고 있었다. 결국, 사람마다 각자가 지니고 있는 재능의 부분이 다를 수 있는 것인데, 한쪽으로 부각된 능력을 전면적으로 바라본다는 것은 모순임이 확실하다. 그러나 이 얘기는 그만큼 부모들이 사소한 음식까지도 철저히 신경을 쓰고 있는 이 시대의 중국을 풍자한다고 할 것이다. 물론, 한국의 현시대의 풍속도이기도 하다.

미국의 많은 지역 내의 사립학교들은 6개월에서 3세의 아이들을 위한 반을 운영하고 있다. 이들은 낮에 보육하는 반을 통해 그룹 내에서 다른 아이들과 함께 어울릴 수 있도록 운영된다. 낮에 보육하는(day care) 센터들은 일하는 부모들을 위해 개설되었으며, 오전 6시 반부터 오후 6시까지 운영된다. 많은 지역들은 보육 혹은 육아 프로그램들을

<hr />

04 던컨 휴잇 지음, 김민주·송희령 옮김, 『先富論』, 랜덤하우스, 2007년, 308쪽 참조.

가지고 있는데, 이는 대개 2세에서 4세까지의 아이들의 교육을 담당한다.

일반적인 교육 프로그램으로는 미술, 음악, 교육적 게임, 듣기 연습(Listening Skill) 등을 가르친다. 어려서부터 남의 말을 조용히 잘 듣는 연습을 시킨다는 것은 상당히 중요한 습관을 형성해주는 일이다. 남의 말을 듣는 동안 상대의 이야기를 조용히 기다리고, 자기 식대로 해석하는 것이 아니라, 사실 그대로의 말을 알아듣고 수용하며 이해할 수 있는 계기를 만들어주기 때문이다. 대부분의 지역 단체들은 또한 비공식으로 배움의 터, 지방 YMCA에서의 모닝 프로그램 등을 운영하고 있다. 이들은 사립학교보다 훨씬 저렴하기 때문에 대안적인 선택으로 좋을 수 있다. 지역 대학들도 어린아이들을 위하여 그림, 춤, 요리 등의 프로그램을 1주일에 한 번 내지 두 번을 운영한다.

2세에서 6세까지의 많은 어린이들은 사립유아원과 몇몇 사립학교들에 많이 가는데, 이 학교들은 유아 프로그램과 보육 프로그램 등을 제공하고 있다. 수업시간은 다양하지만, 학생들은 대개 아침 9시에서 11시 30분까지 듣거나 혹은 12시 45분부터 3시 15분까지 수업을 듣는다. 아니면 두 가지를 다 듣는 경우도 있다. 미국 내 유치원 교육을 받은 아이들의 수는 대략 60%에 이르며, 이는 일본과 많은 유럽 국가들 보다 현저히 낮은 비율이다(벨기에와 프랑스는 95% 이상의 아이들이 유치원 교육을 받을 수 있다).

미국의 유치원들은 한국의 유치원처럼 건물이 예쁘게 치장되거나 고급스럽지 않다. 하지만 아이들이 자연과 더불어 뛰어놀 수 있는 마당이나 흙을 만질 수 있는 공간은 어느 유치원이나 갖추고 있다. 아이들이 가장 좋아하는 것은 물과 흙이다. 환경친화적 교육을 주도하는 뉴질랜드에서는 아이들이 맨발로 빗길을 걸어다니는 것은 예삿일이다. 아이들은 지역 환경센터의 도움으로 환경에서 음식 찌꺼기와 지렁이로 액체비료를 만들고, 이를 이용해 예쁜 꽃밭을 가꾸게 한다. 뉴질랜드인들이 환경오염을 일으키지 않을 수 있는 요인도 어린 시절부터 자연과 친화적인 환경을 만들어주는 데서 비롯된다. 실제로 마당에 철퍼덕 주저앉아 흙을 가지고 놀아본 아이들이 다른 일을 할 때 그만큼 적극적이라고 한다. 옷이 더러워지는 것을 걱정하고 꾸지람하는 부모 밑에서 자유롭게 놀이하는 일은 불가능하다.

한국 아이들이 유치원생임에도 불구하고 실내에서의 과잉학습으로 인해 일어나는 부작용도 많아지고 있다. 가령, 눈을 지나치게 자주 깜박이거나 말을 더듬고, 질문한 것과 전혀 상관없는 대답을 하는 아이들의 사례가 그것이다.

6세 이전엔 뇌에서 종합적 사고 기능과 인간성을 담당하는 전두엽이 발달하는 시기다. 이때 지나친 학습을 강요하면 뇌세포가 떨어져 나가 뇌의 기능이 축소돼 장애를 일으킬 수 있다. 고등동물의 뇌인 전두엽은 3층에 있고, 2층에는 감정기능의 뇌가 있다. 해마가 기억을 관장한다는 사실은 이미 잘 알려진 바이다. 그런데 여기서 중요한 것은 감정의 뇌기능이 약해지면 기억력도 낮아지고 학습성과도 낮아진다는 것이다. 그뿐만 아니라 정서 지능도 낮아진다. 어른들 기준으로만 생각해 아이들에게 '이것 하지 마라', '왜 그것을 못하니', '왜 그렇게 지저분해졌니'라고 하며 통제하고 억압하는 것은 아이들에게 성장하지 말라고 하는 것이나 마찬가지다.

미국의 유아원, 유치원에서는 교사가 아이에게 뭘 가르치겠다는 생각보다 아이들의 이야기를 많이 들어주려고 한다. 간식이나 먹을거리도 아이들이 직접 챙기도록 함으로써 자신이 할 일은 스스로 할 수 있는 독립심을 심어준다. 무언가 자신의 행동을 잘 바라봐주고 들어주는 어른에게서 아이들은 절로 따라 하게 마련이다. 지나치게 통제되고 아이의 욕구를 간섭하게 되면 그 아이는 순응은 할지언정 내면적으로 저항을 할 수가 있다. 또한 무엇을 '해야 한다', '하지 말아야 한다'라고 지나치게 간섭하는 것은 결국 아이가 생각할 수 있는 기회를 박탈하는 것으로 일종의 폭력이라고도 할 수 있다.

가르치는 것과 명령이나 억압은 분명히 다른 것이다. 어렸을 때는 어른의 말을 잘 듣는 시기다. 이때 윤리와 도덕질서와 같은 중요한 가치를 가르치는 것이 바람직하다고 본다. 부모들이 아이를 과잉보호해 자기만 알고 버릇이 없게 자란 아이들이 많은 요즘 같은 시대에 '스스로 절제할 줄 알고, 예의 바른 사람'이야말로 꼭 필요한 인성이 아닐까 싶다. 차례 지키기, 남의 말을 기다려주는 행위, '미안하다', '고맙다'라고 말하는 것은 아무것도 아닌 것 같지만, 사람들 간에 작은 기쁨 또는 불쾌감을 줄 수 있는 행위다. 언젠가부터 한국에서는 유치원 과정 중에는 이런 예절교육을 잘 가르쳤지만, 초등학교 과정부터 무너지기 시작했다.

미국교육에서는 예나 지금이나 가장 중요한 교육목표로 삼는 것은 자기 통제하는 법(Self-control)과 예의를 몸에 배도록 하는 것이라고 한다. 여기서 중요한 역할을 하는 사람이 바로 교사와 엄마이고, 그들의 인내심은 매우 중요하다. 어른들 욕심에 하루라도 빨리, 하나라도 더 많은 것을 주입시키려고 급하게 서두르거나, "왜 ~을 못하니?"라고 하다 보면 아이가 진정 원하는 것과 남을 배려하는 마음을 놓치게 할 수가 있다. 아이가 올바른 행동을 할 수 있도록 하기까지 기다려주는 것이 미국식 방법이라면 중국과 한국에서는 올바른 행동을 바로 실천하도록 주입시키는 경향이 있다.

아이들이 무질서하게 움직이고 떠들면 "왜 그렇게 행동하니?"라는 말보다 "조용하게 질서를 지켜볼까?"라고 이야기하고 아이들을 기다려주어야 한다는 것이다. 말이 서툰 아이들에게 어설픈 표현이라도 기다려주었을 때 자신감이 생길 수 있다. 아이 나름대로 의사표현을 하려는데, 말의 마디마디를 자른다거나 억압하는 것은 아이들에겐 폭력이다. 부정적인 언어와 설교보다는 긍정적인 언어와 배려심 있는 자세로 교육시키는 것이 특히 중요한 시기다. 아이들은 가르치는 대로는 하지 않아도 본 대로는 한다는 말도 있지 않은가? 아이들이 어리다고 해서 생각이 없는 것은 아니다. 언어적 표현능력은 부족할지라도 하나의 인격체임에는 틀림이 없다. 눈높이를 맞추어주고 아이가 무엇을 원하고 생각하는지 함께 대화하는 모습이 중요하다.

초등학교

앞에서 이미 언급하였지만, 소학교(小學校)와 초중학교(初中學校)는 중국의 의무교육 과정이다. 소학교란 초등학교 과정을 말하고, 초중학교는 중학교과정을 말한다. 중국에서는 소학교에서부터 입학 경쟁이 치열하다. 여기서 명문대를 가기 위한 인재로 키우고자 할 때는 베이징(北京大)대·칭화(淸華)대·런민(人民)대 부설 소학교가 인기가 있고, 국제적인 감각을 익힌 인재로 키우고자 할 때는 귀족학교를 선호하는 편이다. 경제력이 있는 부모는 국제학교에 보내기도 하지만, 이곳은 거의 외국인으로 외국 회사에서 파견 근무 나온 부모의 자녀들이 대부분이다. 각 반별로 담임이 있고 과목별 선생님이 별도로 있는 것이 한국과는 다른 점이다.

귀족학교로 알려진 명문 초등학교는 전인교육에 치중하는 편이며, 기숙학교 생활을 하고 있다. 금요일 오후, 수업이 끝날 무렵이 되면 교문 앞에서 아이들을 기다리는 고급 승용차들로 유명하다. 중국의 초등학교 학생들은 중국어, 산수, 영어, 컴퓨터, 체육, 음악, 미술, 도덕 등을 배우고, 사교육이 차츰 성행함에 따라 피아노, 바이올린, 서예, 체육에 대한 열의가 높아지고 있다. 중국의 부모들 역시 자녀에 대한 열의는 높으며, 특히 여건이 된다면 외국 유학을 보내고자 하는 부모들이 많아지고 있다.

중국은 법적으로 한 자녀만을 낳게 되어 있다. 그러나 한 자녀 이상을 두게 될 경우에는 정부에 벌금을 내면 된다. 경제적 능력이 되는 가정에서는 어려운 일이 아니지만, 경제적으로 어렵고 궁핍한 시골에서는 한 자녀 이상을 낳게 되었을 경우에 호적에도 올리지 않는 경우가 많다. 부모들은 이 아이들을 감추어두기가 일쑤인데 이런 아이들을 가리켜 '숨겨둔 아이(黑孩子)'라고 한다. 중국 정부에서는 이렇게 출산하는 아이들을 방지하기 위해서 정기적으로 부녀자들의 임신 여부를 확인하는 검사도 실시하고 있다. 만일 벌금을 감당할 수 없는 부녀자의 임신이 확인된다면 바로 낙태를 시키는 것은 물론이다. '어린 황제(小皇帝)'라 하여 대부분 한 자녀를 둔 가정이 많기 때문에 도시에 사는 부모들이 교육에 대한 관심이 높은 것과는 사뭇 대조를 이룬다. 특히, 중국 사회의 상류층들은 크리스마스 파티를 위해 한국 돈으로 2천만 원 정도의 비용을 아무렇지 않게 사용하면서도 그들 자신이 부유하다고 생각지 않는다. 그러니, 이러한 생활 수준을 누리는 사람들이 자기 자녀의 교육을 위해서라면 얼마나 많은 부분을 투자하겠는가?

중국에서는 초등학교에서부터 이미 사회주의의 가치관과 신념을 확실히 심어주고 있다. 사회교육 시간에서조차 마오쩌둥 사상을 가르치는 것으로 보아 중국인들의 마오쩌둥에 대한 신념이 어느 정도인지를 알 수 있다. 초등학교 과정에서부터 모든 과목에서 암기를 중시한다. 초등학교 과정 중 국어 시간에는 거의 암기해야 할 수준의 숙제를 내준다. 그래서 아이들이 발표하는 내용은 거의 암기에 의한 것이라고 해야 할 것이다.

중국에 대한 애국사상을 가르치는 일에도 철저하다. 또한 체력단련, 정신력 단련이라는 명목하에 소학교 3~4학년 어린이부터는 약 3~4일간 정도의 군사훈련을 받고 있는데, 하루 물 한 병 정도로 견뎌내야 할 만큼 초등학교 어린이로서는 호된 훈련을 받기도 한다. 이런 군사훈련은 대학생에게까지도 남녀 구별 없이 이어지고 있다. 어려서부터 혹독하다 싶은 군사훈련을 통해 이들은 어떤 상황이나 입장에서도 대처하는 정신력과 의지력을 키워나가고 있는데, 이러한 점은 너무나 지적인 교육에만 치중하는 우리 한국이 배워야 할 점인 것 같다. 미국식 교육

안에서도 물론 강인하게 도전하는 것을 교육의 기본으로 삼는다고는 하지만, 중국식의 혹독한 군사훈련이라든가 그들의 정신력에 비한다면 현재의 미국식은 조금 느슨하게 풀어놓은 교육이라고도 볼 수 있겠다. 현 미국 대통령인 버락 오바마가 지속적으로 교육정책에 대해 개선을 꼬집어 얘기하는 것도 이러한 이유 때문이다.[05]

아이들의 체육 활동이 공부시간을 잡아먹는 천덕꾸러기가 아닌, 오히려 성적을 향상시켜준다는 연구결과를 철저히 따르는 뉴질랜드. 뉴질랜드 공립학교의 스포츠 관련 수업내용은 매우 다양하다. 암벽등반, 카약, 스키 등은 선택이 아닌 필수과목, 난이도가 높을수록 높은 점수를 받는다. 운동을 통해 정신적 행복감과 자신감을 느낄 수 있다는 것이 그들의 생각이다.

미국의 초등학교에 나타난 확실한 장점은 학교마다 여러 명의 '독서 지도하는 교사'가 있다는 사실이다. 우리나라처럼 그냥 책을 읽으라고만 하는 것이 아니라, 독서 지도하는 교사를 통해 책을 제대로 읽는 법을 가르쳐주는 것이다.

학교 도서관의 책들은 바구니에 담겨 있는데, 이것은 수준별로 책을 담아놓은 것이다. 독서 지도교사들은 책의 매 권마다 지도방침을 정리해놓았다. 독서 노트의 독서목록 맨 앞부분에는 학생이 읽은 책 제목과 내용을 적어 놓고 본문에 나온 단어들을 찾아 기록한다. 책 낭독시간에 선생님이 읽어준 책을 기록하고, 거기서 어떤 공부를 했는지 적는다. 독서지도 선생님들이 초등학교 저학년 동안 학생들 개개인을 평가하여 독서보고서 작성을 한다. 아이에 대한 독서보고서를 다음 해

---

05 오바마 행정부는 "Race to the Top"이라는 구호 하에 창의적이고 실용적인 개혁안을 제출하는 주정부에게는 특별 재정 지원하는 법을 통과시켰다.

로 넘기고, 기록을 토대로 각 교실에서 필요한 독서지도 계획서를 만든다. 조금 부진한 학생들만 따로 불러서 읽기와 쓰기에 대해 중점을 두고 가르친다.

한국에서는 가장 공부를 많이 하는 부류가 정작 박사공부를 마친 사람들이 아니라 초등학생들이 아닌가 싶은 생각이 들 때가 많다. 두꺼운 도수의 안경을 끼고 너무 무거운 가방을 어깨에 멜 수도 없어 핸드캐리어 가방을 끌고 다니는 광경을 자주 보게 된다. 표정만으로는 모두가 전교 1등 할 얼굴들이다. 그런데 그 아이들에게 꿈이 무엇인지, 혹은 행복한지를 질문하게 되면 그들은 모두 묵묵부답이다. 엄마가 스케줄을 짜준 대로 살아가야 하다 보니, 인생 자체 프로그램도 엄마가 알아서 짜줄 거라고 생각하는 듯하다.

무엇보다도 엄마의 말이 틀림없을 것이라 믿는다. 그러나 그렇게 말하거나 생각한다고 해서 그 엄마를 존경한다거나 그 삶을 닮고 싶어 한다거나 인생의 멘토라고 생각하지도 않는다. 그저 무언가를 당장 잘하면 그만이지, 누구에게 상처를 주고 누구를 배려하지 못한 일쯤이야 아무것도 아니라는 것을 서서히 배우기 시작한다. 남과의 비교와 등수 매기기에 대해서는 타의 추종을 불허할 만큼 결사적이니 다른 것을 신경 쓸 여유가 없다. 머리엔 보이지 않는 빨간 띠를 두른 채 굳은 결의로 서서히 몸부림치기를 시작한다.

중학교와 고등학교

중국에서의 초중학교(初中學校)는 우리나라의 중학교 과정으로 생각할 수 있다. 3년간 의무교육 과정이다. 이 과정에서부터 대학 입시를 위한 준비가 시작된다고도 할 수 있다. 미국에서의 중학교 과정은 2년이며 고등학교는 4년 과정이다.

중국의 고등학교는 대략적으로 중점(重點)학교, 일반 공립학교, 사립학교로 나눌 수 있다. 그 외에도 우리나라의 상업고등학교나 공업고등학교와 비슷한 중전학교나 사범학교, 귀족학교도 있다. 우선 중점학교란 수재들만을 모아놓고 교육을 시키는 학교로, 자체적으로 입학시험을 치러 그 중 성적이 우수한 학생들만을 뽑아서 교육한다. 중점학교는 우수한 대학 입학, 즉 중점대학 입학을 위해 중점적으로 공부한다는 의미의 학교이다.

중국의 초등학교와 중학교는 의무교육이라서 중점학교라는 개념이 없다. 그러나 시험을 보고 들어가야 하는 고등학교부터는 시(市)와 구(區)에서 중점(重點)학교를 지정해 관리하고 있다. 중점학교 제도는 중국정부가 우수한 인재의 양성과 교육의 질적 향상을 도모하기 위해 시행하는 교육정책이다. 시나 구에서 교사의 자질, 학교시설물, 학생들의 수준이 상위권인 학교를 중점학교로 중국정부가 지정하고 직접 관리한다.[06]

중국의 일반 공립학교에는 여러 개의 반이 있는데, 대표적인 것이 취업반과 학업반이라고 할 수 있다. 취업반은 보통 2년 과정으로 운영되

---

06 http://www.news.qq.com/2t 2011/ghgcd/49htm? pqy_ref=aio. "重點學校政策 第49期, 2011年 9月 28日, 前30年: 敎育公平被國家經濟發展目標後壓倒, 後30年: 重點學校繼績汎濫, 農村學生寧愿打工"

며, 고등학교에 들어왔지만 졸업 후 취업을 원하는 학생들을 위해 만들어진 반이다. 취업반에서는 주로 컴퓨터 같은 전문적인 기술을 가르치고, 2년 후에 학생들로 하여금 배운 것을 바탕으로 직업을 찾을 수 있도록 도와준다. 그리고 학업반은 대학 입학을 위한 반으로써 3년 과정이고, 주로 대학 입시에 대한 것을 공부하고, 공부한 것을 복습함으로써 대학 입시 시험에 대비한다.

중국정부는 현재 국제화, 세계화 시대를 위한 준비로 '교육의 국제화' 정책을 주도하고 있다. 이를 위해 중국정부는 중국학생들의 외국 유학과 외국학생들의 중국유학제도를 적극 장려한다. 따라서 중국정부는 중국 각지의 명문학교를 선별한 다음 외국학생들에게 우선적으로 개방하여 중국학생과 중국학교의 세계화를 이끌어가고 있다.

중국은 이러한 고등학교 교육 안에서도 크게 귀족학교와 일반 입시 준비 고등학교와 국제학교로 나누고 있다. 중국인들의 입시에 대한 관심과 교육에 대한 관심이 우리만큼이나 치열하지만, 그들의 경우는 다양한 유형의 고등학교를 통해서 자녀를 교육하고 있기 때문에 한국처럼 획일화되어 있는 것은 결코 아니다. 대략 살펴보기로 하자.

중전(中傳)학교란 중등전업학교를 말한다. 우리나라의 상업고등학교나 공업고등학교와 비슷한 역할을 하는 곳이라고 볼 수 있다. 즉, 중등직업학교를 말한다. 중국은 중등전업교육의 학교를 실시한다. 현재 일반적으로 기술학교, 사범학교 및 의약·재무·교육·예술고등학교를 포함한다. 일반적으로 초등학교를 졸업했거나 그에 상응하는 학력 소유자가 다닐 수 있다. 학제는 3년으로 2년은 학습 과정이고, 1년은 실습과정이다. 국가적 차원에서 재정, 정책 방면으로 특혜 지원하고 있다.

중전학교는 기술에 전념할 수 있는 학교로 졸업 후 상당한 직업기술을 가지고 있어 각종 직업분야에 취업할 수 있다.

사회와 경제 발전을 위해서 사회에서 배출하고자 하는 기능, 직업 능력을 가진 분야의 직업인을 배양한다. 사회와 학생의 흥미, 취향, 개성에 따라서 교육을 받을 수 있다. 중전학교에서는 주산, 재무, 컴퓨터 등 취업에 필요한 기술적인 지식을 집중적으로 가르침으로써 학생들로 하여금 배운 지식을 바탕으로 졸업 후에 직업을 찾을 수 있도록 도와주는 역할을 한다.

중전 직업고등학교와 기술학교는 모두 중국 중등직업기술 교육 범위에 포함된다. 다만 관리부서가 다른데, 중전 직업고등학교는 교육부 주관에 속하고, 기술학교는 국가 인력자원과 사회보장부가 주관하는 것에 속한다. 중전 직업고등학교와 기술학교는 모두 일선에서 업무를 보는 직업인을 배양하는 곳으로 신분적 차이는 없다.

중국에서 선생님이 되는 방법은 두 가지가 있다고 할 수 있다. 첫째는 고등학교까지 마친 후에 사범대학으로 진학하는 방법이다. 사범대학으로 진학하게 되면 중·고등학교 선생님이 될 수 있는 자격을 부여받을 수 있다. 두 번째 방법은 소학교나 중학교를 졸업한 뒤에 사범학교에 가는 것이다. 사범학교는 대략 4~5년 과정이며, 사범학교를 졸업하면 초등학교 선생님이 될 수도 있고, 사범대학으로도 진학이 가능하다. 가령 베이징 사범대학이 있는데, 사람들은 이 학교가 베이징 대학 안에 있는 단과대학 정도로 오인하는 경우가 많다. 그러나 실제로 베이징 대학과는 별개의 대학이다.

중국에서는 소위 귀족학교라고 불리는 기숙학교들이 있다. 초등학교부터 고등학교까지 모든 과정이 개설되어 있어서 이 학교에 입학하는 학생들은 일반적으로 12년을 같은 학교에서 보낸다고 할 수 있다. 귀족학교라는 별칭을 가지고 있는 만큼 학비는 일반학교의 몇 배에 달한다. 하지만 사교육비를 별도로 부담하지 않을 수 있도록, 학교 자체 내에서 수영, 피아노, 음악 레슨, 영어 등의 시간을 많이 할애해주고 있다. 또한, 월요일부터 금요일까지의 기숙사 시스템과 학생 관리를 철저히 해주고 있어서, 중국 상류층 사람들에게는 상당히 인기 있는 학교이다. 귀족학교 학생들의 대부분은 외국의 대학을 목표로 잡고 공부하는 학생들이 많다. 2000년 한국의 다큐멘터리 프로그램에서 이 귀족학교들이 소개된 일이 있었다. 그 학교에 매료된 한국 부모들이 그 학교로 자녀들을 많이 보내려고 하자, 외국인에 대한 학비는 자연스레 몇 배로 올라가게 되었다. 그러나 과연 그 학교가 원래의 모습처럼 좋을 수만 있었을까? 한국인의 급증으로 한 기숙사 방 전체는 한국 학생들만 있을 정도로 조건이 악화되기도 했었다.

또 국제학교(International School)라고 하여 해외에서 이주해 온 주재원 자녀들이 많이 다니는 학교가 있다. 한국의 부모들이 오해를 하는 것 중 하나가 이 학교에 자녀를 보내면 중국어와 영어를 동시에 구사할 수 있지 않을까 하는데, 사실 그렇지 않다. 물론 중국어 시간도 있다. 그러나 미미한 시간의 할애일 뿐이다. 학생들은 대부분 시간을 학교에서 보내거나 친구들 중심으로만 교류를 하기 때문에 실제 중국 사회 환경에 적응할 일은 많지가 않다. 따라서 학생들이 중국어를 사용할 시간을 기대하는 일은 거의 불가능하다. 한국에서 제2외국어 하는 정도의 시간 할애로 보면 될 것이다. 중국에서의 국제학교에는 대부분 한국인들이 많아서 그 특수성과 학비에 비해서 시스템이 그렇게 잘 되어 있는 편은 아니라고 본다.

한국과 중국에서는 자녀가 보다 창조적이고 독자적이며, 리더십을 키울 수 있도록 하는 교육을 시도하고자 한다. 한국은 지금 우리들의 방식을 버리고 미국식으로 하려고 하지만, 미국은 미국의 자녀양육에 문제점을 발견하고 있다.

2008년부터 극심해진 미국의 서브프라임 문제로 경기가 악화되면서 미국 내 공립학교들은 교사의 인원을 줄여나갔다. 이러한 현상은 2009년부터 사립학교도 마찬가지였는데, 학교의 교사 인원을 줄여나간다는 것은 학교의 질적 프로그램이 경감되어 감을 의미한다. 그리고 교사 인원을 줄여갈 때, 한국적 시스템과 차이가 있는 것은 경력과 연륜이 오래된 교사는 그대로 채용하고 경력과 연륜이 짧은 교사들을 먼저 해고한다. 그 이유는 모든 일을 법적인 근거에 의해 처리하고 있기 때문에 경력이 오래된 교사들이 소송을 걸 수도 있기 때문이다. 한국과 중국이 교육 내 투자가 증가하고 사교육에 대한 열의가 높아가는 것과는 매우 대조적인 현상이다. 물론, 미국 일부 사립학교들은 여전히 최고의 상류 교육을 지원하고 있다.

미국 역시 부모의 생활 수준과 학력이 높은 가정이 모여 있는 지역일수록 명문 학군으로 꼽힌다. 수도 워싱턴 근교 버지니아 주 페어팩스, 실리콘밸리 인근인 캘리포니아 주 팰러앨토 같은 지역이 대표적이다. 반면에, 도심 빈민층 지역은 기피 학군이다. 학군 간 학력차도 상당히 심하다. 위장 전입은 중산층 이하 흑인과 히스패닉 가정에서 많이 발생하는데, 자녀를 더 좋은 공립학교에 보내기 위해 부모의 거주지를 옮겨 적는 사례가 발생하는 것이 그것이다.

위장 전입을 적발하기 위해 갖가지 방법이 동원된다. 미국 캘리포니아 주와 매사추세츠 주 학교들은 특수 조사관을 고용해 학생들을 미행하게 하고, 일부 지역에서는 사설업체에 의뢰해 몰래카메라로 학생들의 등하굣길을 촬영하기도 한다.[07] 한국의 부모들만큼 극성스러운 느낌은 아니지만, 미국 역시 좋은 학군에서 공부시키려는 열의를 가진 학부형들과 엘리트를 꿈꾸며 최고의 사립학교만을 고집하는 부모들도 늘어나고 있다.

미국에서 고등학생이 졸업하게 되면, 거의 모든 가정의 부모들은 자녀의 졸업 파티를 성대하게 해준다. 이제 더 이상 부모가 울타리가 되어주는 것이 아니라 자신의 인생을 독립적으로 살아가야 한다는 의미이기 때문에 이 졸업 파티의 의미는 매우 크다. 한국에서의 결혼식 의미 정도로 받아들여도 좋을 듯하다. 자신의 일과 경제적인 모든 것에 대해 책임의식을 가지고 살아가는, 진정한 성인이 된다는 의미를 부여하기 때문이다.

독일에서는 초등학교 4년 과정을 마치면 김나지움, 레알슐레, 하우프트슐레 3곳의 학교로 각각 진학한다. 불필요한 경쟁에 따른 사회적 비용을 줄이고 개인별로 적성을 찾아준다는 장점이 있다. 하지만 대체로 상위 계층 자녀들은 김나지움을 거쳐 대학에 가는 반면, 이민자 자녀들은 주로 실업계 학교인 하우프트슐레로 몰린다. 독일은 복지제도가 잘 되어 있다. 그러나 '교육 없는 복지'는 사회 통합을 해치고 양극화를 심화시키고, 사회적 지위도 대물림할 수 있다는 우려가 높아지고 있다.

---

07 주애진 기자, "선진국 '교육 위장 전입' 한국 뺨치네", 「동아일보」, 2011년 12월 31일.

변화의 흐름도 감지된다. 독일에선 올해 최고의 학교로 괴팅겐에 있는 한 게잠트슐레가 뽑힌 것이 화제가 됐다. 김나지움, 레알슐레, 하우프트슐레 세 학교를 통합한 게잠트슐레는 세 그룹 아이들이 함께 어울려 공부하는 독특한 학교형태다.[08]

평균적으로 이 시기의 청소년들이 사춘기를 체험하는 경우가 많다. 특히, 한국의 중학생들은 엄청난 학업 스트레스로 인해 그 스트레스를 욕설이나 반항, 험담, 자기보다 약한 사람에게 함부로 대하는 행위 등이 늘어나고 있다. 사회가 보여주는 지나친 경쟁구도 안에서 강자와 약자의 정글 구조가 팽대하는 현상은 학교 내에 구석구석 배어있다. 한국의 중학생들의 사춘기가 얼마나 매섭게 지나가는지 그 비유에 견준 재밌는 말이 있다. 북한이 한국과 휴전 상태임에도, 한국을 침략하지 못하는 이유는 '한국의 중학생들이 무서워서'라는 우스갯소리가 그것이다.

학교 안에서 '왕따' 문화와 폭력이 매우 심각한 지경에 이르렀다. 한국교총 전국 초·중·고(初中高) 조사에 의하면 다음과 같이 말하고 있다. "우리나라 초·중·고교생 720만 명 중 이른바 왕따(집단 괴롭힘)를 당하고 있는 학생이 약 30만 명(4.1%)에 이르는 것으로 추정했다. 전국 1만 1,000개 초·중·고교별로 평균 27명이 왕따를 당하고 있는 셈이다.[09] 자기 절제와 윤리, 상식을 잃은 체 한 명의 강한 아이가 나타나면 대다수의 아이들은 그 아이의 생각과 행동을 좇아가고, 가장 약하고 여린 아이는 군중의 야유, 인격모독의 폭언을 듣는 일이 많다. 아직

08 강국진 순회특파원, [3색 대학등록금 르포] 정부는 재정난… 학생은 생활고… 유럽서도 '뜨거운 감자', 「서울신문」, 2011년 6월 22일.
09 안석배 기자, "30만 아이들 '왕따'에 눈물", 「조선일보」, 2011년 12월 28일.

성인으로서의 가치관이 제대로 서 있지도 않은 나이에 상처받은 아이는 세상과 차단하고 자살로서 생을 마감하는 사례도 늘고 있다.

학교 내 많은 교장이나 교사들은 학생들 간의 사소한 싸움이나 언쟁은 아이들의 문제로 맡겨야 한다고 생각하지만, 그건 이 시대에는 맞지 않는 논리다. 또 학교 교장이나 교감, 교사들은 이런 사건이 확대된다고 하면 학교의 명예가 손상됨은 물론, 자신들의 승진에도 문제가 되기 때문에 덮고 지나가려는 경향도 많다고 한다. 심지어 학교 폭력이나 왕따를 주도한 학생들이나 그의 부모들은 나중에 폭력을 당한 아이나 왕따 당한 아이의 개인적인 성격에 문제가 있는 것처럼 말하면서 책임을 회피하려는 일도 많다.

이제 더 이상 이런 문제를 덮고 지나가려는 것은 잔인한 일이다. 누구도 자기를 지켜줄 윤리와 도덕이 없는 곳에서 제대로 속내를 토로할 피해자들은 없다. 어느 곳이나 문제가 발생할 수 있다는 점을 인정하고 그 문제 안에서 어른들의 적극적 대처가 필요하다고 할 것이다. 윤리, 성취감, 끈기, 배려심 등의 자기 단련은 청소년기에 잘 조절할 수 있어야 자기 확신과 배려심이 있는 젊은이가 될 수 있다. '또래 조정 프로그램'과 같은 것을 개발하여 친구가 되는 법, 거친 감정을 조절하고 다스리는 법 등을 배울 수 있어야 한다.

뉴질랜드에선 아이들에게 어려서부터 체험시키는 일이 있다. 한 아이가 다른 아이에게 심하게 상처받는 일이 생기면, 상처를 준 아이가 반대로 상처받은 입장을 똑같이 경험하게 하는 연극을 시킨다고 한다. 그런 상황을 재연하고 나면 상처받은 사람의 입장을 배울 수 있게 되어 누구도 다시는 그런 똑같은 상황을 벌이지 않는다는 것이다. 이러한 배경이 심리치료, 심리상담, 심리학이 특히 발달할 수 있는 계기가 되었다고 본다.

　뉴질랜드가 갖고 있는 가장 큰 장점 중의 하나가 법 집행이다. 총리에서부터 초등학생에 이르기까지 법 앞에서는 모두가 평등하고 공정하다. 불과 7살짜리 아이도 학교에서 잘못하면 정학을 받을 수 있는 사회가 뉴질랜드다. 아이라는 이유 때문에 상처를 준 아이를 보호하고 감싸주는 경우는 이따금 상처받은 아이의 감성과 정서는 모두 묵살하는 의미가 되어버릴 수 있다. 한국의 경우가 그렇다. 그러다 보니 약한 아이들은 무대의 한쪽으로 몰아 세워진다. 철저히 외면당한 아이는 더 이상 자기 의사표현을 상실하는 경우가 많다. 그런 아이가 자기가 살고 있는 사회와 국가를 신뢰하며 자랄 수 있을까? 자연을 사랑하고 법의 질서를 잘 지키는 나라, 뉴질랜드가 지난해 국제투명성기구(TI)가 조사한 부패인식지수(CPI) 조사대상 180개국 중 1위를 차지했다. 그 이유는 무엇일까? 무엇보다도 정치인을 포함한 공직자의 경우 가장 먼저 갖추어야 할 덕목으로 국가에 대한 봉사와 청렴함, 정직성을 꼽는 까닭이다. 이러한 덕목과 더불어 그들의 몸소 실천하는 모습은 전 국민, 특히 아이들에게 귀감이 됨과 동시에 훌륭한 교육적 메시지로 전달된다.

대학을 진학하기 위한 과정

중국에서도 대학을 가기 위해서는 우리나라의 수능제도와 비슷한 대학시험을 거쳐야 한다. 중국의 대학시험은 주로 7월에 3일 동안 실시된다. 그들이 여름에 시험을 보는 이유는 9월에 새 학기가 시작되기 때문이다. 하지만 너무 더운 여름에 시험을 보기 때문에 학부모를 비롯한 학생들에게 많은 항의가 들어왔고, 이 때문에 요즈음은 6월에 시험을 본다고 한다.

중국 대학입시제도를 보면 온 나라가 흥분하는 이유를 쉽게 이해할 수 있다. 대학에 입학하느냐 못 하느냐가 바로 단 한 번의 시험에 달려 있기 때문이다. 다시 말해, 단 한 번의 기회가 일생을 좌우한다고 생각하기 때문이다. 한국의 대학진학만큼이나 힘들다.

중국의 대학은 우리나라와 마찬가지로 시험을 본 뒤에 자신이 받은 점수를 가지고 대학에 지원하는 제도를 가지고 있다. 여러 대학에 지원할 수 있으며, 일반 대학에 입학하지 못하면 추후에 전문대학교에 다시 응시할 수 있다. 우선 세 가지 필수과목은 국어, 수학, 영어이며, 선택과목은 물리, 화학, 생물, 정치, 역사, 지리 중 1~2개를 선택해서 시험을 볼 수 있다. 한국과 같이 하루 안에 모든 과목의 시험을 치른 결과로 평가되는 것은 아니기 때문에 우리의 시스템보다는 융통성이 있다고 본다.

미국에서도 명문대학을 가기 위해서는 치열하기는 마찬가지이다. 보통 고등학교 마지막 과정인 12학년을 5월에 마치게 되는데, 늦어도 1월까지는 모든 입학시험 준비가 끝나야 한다. 미국에서는 대학을 가기 위해서는 고등학교 전 학년 과정인 9학년부터 12학년까지 전체의 성적, 토플과 SAT 성적, 과외활동, 수상경력, 임원 경험, 봉사활동, 에세이, 교사 추천서 등이 중요하다.

그런데 여기서 주지해야 할 점이 있다. 한국인이 유독 많이 입학하는 대학들이 있다. 입학생 전체의 과반수나 되니 놀랍다. 시민권자와 국제(international) 학생의 입학정원이 다름에도, 한국인이 절대적으로 많은 학교를 보면 정말 놀랍다. 그런데 이렇게 한국 학생이 많은 대학에서는 추천서를 받지 않는 경우가 많다. 왜일까? 한국 학생들이 받아오는 추천서에는 칭찬 일색에 인맥을 동원한 과시, 전시효과인 경우가 너무나 많기 때문이다. 정작 미국의 학교가 원하는 것은 입학지원 학생이 어떤 학생인지를 알고 싶은 것이다. 장·단점을 정확히 지적해주고, 어떠한 강점을 지녔고, 어떠한 취약한 점을 지녔는지를 알고 싶은 것이다. 그래서 지원한 학교가 요구하는 콘셉트에 학생이 맞는지를 파악하고 싶어한다. 그런 데 비해 칭찬 일색의 정형화되어 있는 추천서로는 학생에 대한 파악이 거의 불가능하다는 것이다.

최근 미국 사립고등학교 카운슬러 교사와의 인터뷰 내용에 의하면 미국의 각 대학마다 추천서에 대한 비중이 약해지고 있다고 한다. 왜 그럴까? 지난 1년 사이 청소년들 사이에서 부쩍 열병처럼 번져나가 인적 교류를 하고 있는 '페이스북(Facebook)'을 대학이 주시하게 된 요인도 상당히 크다. 즉, 페이스북을 통해 지원한 학생의 정서, 관심사, 취향에 대해서 충분히 파악이 가능하다는 것이다.

2011년 4월 13일 『보스턴 한인 회보』에서는 Eduwell Boston에서 제공한 자료에 따르면 다음과 같다. 미국 명문사립대 입학 여부는 단지 성적순으로만 결정되지 않는다. 대학의 입학사정 당국은 고교성적과 SAT(미국수능시험) 점수 결과 외에 실로 다양한 요인들을 고려하여 입학 당락을 결정하게 된다. 어떤 다양한 요인들을 고려하는 것일까? SAT 점수가 학생의 학교 성적을 충분히 뒷받침하고 있는가, 왜 학생은 높은 학교 성적에도 불구하고 AP[10]를 택하지 않았을까, 학생이 과목을 선택할 때의 이유는 무엇인가, 왜 학과와 관련된 과외활동을 하지 않았을까, 단지 성적을 잘 받기 위한 것에만 치중하는 학생이 아닐까, 학생은 자신의 능력을 최대한 발휘하였는가, 학생의 자기소개는 어떤 점을 말하고 있는가, 학생이 어려움에 부딪혔을 때 그 어려움은 어느 정도의 방해를 주었는가, 어려움에 부딪혔을 때 학생의 성적과 과외활동 상황은 어떠했는가, 학생은 가정의 어려운 경제적 여건을 극복하기 위해 무슨 일을 했는가, 선생님의 추천서는 과연 학생의 성적과 자기소개를 충분히 뒷받침하고 있는가, 왜 이 두 선생님의 학생 평가는 이렇게

---

10 미국의 고등학교에서는 학생이 흥미를 느끼는 과목에 대해서, 대학과정의 수업을 이수할 수 있다. 물론 그 분야의 성적이 좋았을 경우에 한해서 가능하다. 이 과목과 동일계열의 학과의 대학으로 입학하게 될 경우, 고교시절 들었던 과목이 대학에서 학점으로 인정된다. 또한 동일계열의 학과로 대학을 갈 경우 입학지원 시 플러스가 된다.

도 차이가 나는 것일까? 예년의 이 고등학교 학생들은 과연 본 대학에서 좋은 성적을 얻고 있는 것일까, 카운슬러에게 연락을 해볼까 등 그가 갖게 되는 궁금증은 학생을 잘 이해하기에 적절한 의문들이다.

미국에서의 입학사정관들은 자신이 맡은 학교에 적절한 학생을 뽑아내는 데 거의 동물적인 수준이라고 할 만하다. 청탁이나 인적 네트워킹에 의하지 않고 자기 영역에 대한 철저한 사명의식을 가지고 다양한 시각을 동원하여 학생을 뽑는다. 입학사정관들은 자기 자신의 관점에 대해 끊임없이 다음과 같은 질문을 던진다. 학생의 리더십에 대해 판단한 것이 충분한 증거에 의한 것인가, 학생의 성적이 훌륭하긴 하지만 성실하고 정직한 삶을 살고 있다는 증거가 불충분하다는 판단은 과연 공정한 것인가, 별 어려움 없이 자라온 학생이고 괜찮은 성적임에도 불구하고 고등학교의 카운슬러가 '어려움을 이기는 능력' 평가에 매우 낮은 점수를 준 것은 무슨 이유에서일까, 성적은 약간 부족하지만 훌륭한 리더십과 열정은 우리 대학에 큰 도움을 줄 것이라고 생각하는 것이 합리적인 것인가, 그 학생이 과목 선택에 있어서 자신의 능력을 최대한 사용하려 하지 않아 보인다는 이유로 대기자 목록(wait list)에 올리는 것은 과연 합리적인 것인지, 성적과 활동을 종합해 보면 아주 우수하지는 않다. 그러나 부모에게 버림받은 고아로서 가난한 조부모 슬하에서 겪은 어려움을 감안하면 이 학생의 업적은 우리 학교에 합격할 만한 것이 아닌가 등.

학생은 자신을 제대로 표현할 훌륭한 입학지원을 준비하는 것이 바로 우수대학에 입학하는 길이다. 대입 지원학생들의 지원서류들은 대학교 입학 허가국에 몰려든다. 한 학생에 관련된 서류가 학생 본인, 출신 고등학교, SAT나 TOEFL 시험기관, 온라인을 통한 포트폴리오 전달기관 등에 의해 대학 당국으로 보내진다. 각 서류의 보안과 공정성은 철저하다. 그러나 이렇게 많은 서류가 중간에 우편배달에 의해서 누락되는 일은 자주 발생하는 현상이다. 따라서 학생은 꼼꼼히 학교 당국에 체크해보는 것이 중요하다. 물론, 학교 측에서도 서류가 누락되었을 경우 학생에게 반드시 연락을 해주고 있다.

하루에도 수백 또는 수천 통씩 들어오는 학생들의 지원서류들은 먼저 사무직원들의 손에 의해 일일이 열리고 도착 날짜 스탬프가 찍히게 된다. 그런 후 학생마다 마련된 폴더에 집어넣어져서는 'abc' 순으로 차례가 맞추어지게 된다. 각 학생의 폴더 내용은 매일 컴퓨터에 입력되고 필요자료가 어느 정도 전산화되면 간략한 학생 정보카드가 쓰여져 학생의 폴더 앞에 붙여진다. 이 카드에는 학생의 성적 석차 등으로부터 만들어진 간단한 CRS(converted rank score)가 기록된다. 동시에 토플, SAT 1, SAT 2 점수들과 그것들로부터 만들어진 '학문적 목록(Academic Index)'이 적혀있게 된다. 이제 준비된 폴더들은 학생의 출신지역에 따라 그 지역을 맡고 있는 담당자에게 보내져서 처음으로 선을 보인다. 담당자는 폴더를 꼼꼼히 읽고 나서 학생의 학업 순위(AR)를 매긴다. 또한, 학생의 과외활동(Extracurricular activities)을 살펴 개인순위(PR)를 매긴다. 그런 후 자신의 소견을 폴더의 맨 마지막에 기록하고 다음 담당관이 읽을 수 있도록 넘긴다. AR과 PR은 학교마다 1부터 9, 또는 1부터 5 등으로 사용하는 것이 정례이고 이들은 AR/PR로 표시한다. 예를 들어, 학생이 GPA(학교 평균성적)가 좋고, SAT 1의 3과목의 성적이 모두 700점 이상이며, 특별활동도 상당히 괜찮다면 학생에 대한 담당관의 평가는 좋을 수 있다. 이와 더불어 소견서에 자신이 학생의 당락에 관하여 어떻게 결심하는가를 적게 되는데, 합격시켜야 한다고 생각하면 A(입학허가), 불합격시켜야 한다고 생각하면 R(입학거부), 잘 모르겠다면 P(입학가능) 등으로 적게 된다.

담당관들이 판정을 내릴 때에는 AR이 PR보다 더욱 중요하다. 이와 같은 과정을 거쳐 첫 담당관의 손을 떠난 학생의 폴더가 두 번째 담당관에게 도착하게 되면 두 번째 담당관은 이전 담당관의 소견을 먼저 읽을 수 없다. 그가 학생의 폴더를 심사하여 자신의 소견을 모두 정리한 이후에 비로소 이전 담당관의 소견을 읽을 수 있다. 이전의 담당관에 의한 편견을 갖지 않고 자신의 소신과 의견을 확실히 밝힐 수 있도록 하기 위해서이다. 합격 여부는 반드시 학생 개개인에게 우편으로 통지해준다. 불합격했을 경우 그 사유가 무엇인지도 함께 통지한다.

입학을 결정하는 이가 학생을 합격시키기로 결정하는 데는 이와 같이 자신의 이성적인 판단과 감성적인 공감을 최대한 사용한다. 또한, 다른 이들과 함께 서로의 의견을 나누며 결정을 함께 내리게 되므로, 이들 대학의 입학결정 과정은 매우 합리적이고 정당해 보인다. 이러한 과정에서 합격 판정을 받는다는 것은 곧 해당 대학 입학사무처의 다수의 구성원들로부터 적격 학생으로 인정받는 것을 말한다.

한국이나 중국은 대학 입학시험이 한 번에 결정되는 경우가 많아 수험생의 정신적 스트레스가 매우 크다. 간간이 한국 학생들이 시험을 치를 때 부정행위를 하는 것에 대해 보도되는 사례가 있다. 미미한 점수의 차이로 대학이 결정된다는 정신적 압박감이 크다 보니 수단과 방법을 가리지 않게 되는 것 같다. 대학 입학생 모집에 지역 할당제를 도입한 중국에서는 '입시 이민'이라는 신조어가 생겼다. 대도시에서 좋은 성적을 받고 있는 학생이 고의적으로 농촌 지역으로 주소를 옮긴 후 그 지역에 할당된 베이징(北京)대 등 명문대에 지원하는 식이다. 중국에서는 매년 입시철만 되면 '대입 이민자', 즉 한국에서 말하는 위장 전입자를 적발하느라 골머리를 앓고 있을 정도다.

미국은 다양한 형태와 여러 차례 시험을 본 결과를 가지고 각 대학에서 학생을 뽑기 때문에 수험생 부담이 덜하다고 할 수 있다. 그러나 최근 몇 년간은 학생들이 여러 방면에서 특출한 성적과 활동을 하는 경우가 많기 때문에 명문대 입학이 더욱 어려워지고 있다. 한국이나 중국처럼 공부도 열심히 해야 하지만, 다른 방면에서도 기량을 보여주어야 하기 때문에 결코 만만치가 않다. 그러나 한국이나 중국처럼 학생의 스펙을 점수화시켜 획일적으로 뽑는 일은 결코 하지 않는다. 그것이 바로 미국 대학의 강점이며, 미국 학생들의 정서에서 여유가 느껴질 수 있는 이유일 것이다. 한편, 하버드대의 입학 사정관은 이미 하버드생으로 합격시킨 학생을 제외하고 다시 신입생을 선출하더라도 그에 상응하는 우수한 학생들을 또 뽑을 수 있을 만큼 우수한 자격을 갖춘 학생들이 해를 더할수록 늘어난다고 입을 모은다.

중국이든, 미국이든, 한국이든 할 것 없이 소위 명문대학을 지원하려는 지원자들의 정신적, 심리적 스트레스는 상당히 크다. 이때 미국의 경우엔 학교의 카운슬러를 통해서 학생과 자주 상담을 한다. 학교는 학부모와 꾸준한 관계를 통해서 학생의 문제 극복은 물론, 학교 밖의 전문 심리상담을 받는 사례도 많다. 심리적 압박감에서 오는 학생의 스트레스는 가족이나 학생 개인의 문제로 넘길 일이 아니다. 사회적 차원에서 전문가들을 통해 적극적으로 도와주어야 한다. 자유롭고 행복해야 할 인간의 존재가 억압받고 있다면 그 억압은 어떤 형태로든 분출되게 마련이다. 사회의 표면으로 불행하게 드러나지 않는다고 하더라도 개인의 자존감과 긍지를 심어주지 못할 뿐만 아니라 꿈을 억압하는 일이기 때문에 전문가와의 대화나 상담은 매우 중요할 것이다. 이런 측면에서 정신과 심리, 영성을 돌볼 수 있는 다양한 프로그램이 만들어지는 일은 그 어떤 IT첨단 산업과 과학의 발달보다 선결되어야 할 문제라고 본다.

대학, 우리에게 무엇인가

최근 한국 20대 젊은이의 가치관을 대표하는 핵심어는 '생존'이라고 한다.[11] '대학교육은 학문적 지식보다 취업준비에 도움이 되는 것이 우선이다(57%)', '특정 분야에서 전문가가 되는 것이 중요하다(74%)'고 응답한 비율이 다른 연령대에 비해 크게 높게 나타났다. 또 '일의 과정보다 결과가 더 중요하다(61%)'는 응답 비율도 높게 나타났다. 입시와 취업 등 치열한 생존 경쟁에서 살아남기 위해 노력한 경험들이 가치관으로 내재됐기 때문으로 풀이됐다.[12] 학문에 대한 열망보다 생존이 목적이라면 대학에 꼭 가야하는 걸까? 그렇다면 '대학'이란 무엇일까?

'대학'이란 말은 다음과 같이 두 가지 뜻으로 정리할 수 있다.

첫째는 교육기관으로서 '소학(小學)'에 대칭되는 옛날 중국의 국가 최

---

11 LG 경제연구원은 8월 16일, 20대의 가치관과 라이프스타일을 조사한 「2011 소비자 라이프스타일 보고서」에서 이 같은 키워드를 소개했다.
12 이호준 기자, "20대 41%만 '자녀 있어야 한다.'", 「경향신문」, 2011년 8월 16일.

고학부의 이름이다. 이때엔 '태학'이라 읽고 '태학(太學)'이라고도 썼다. 그러나 '대학(大學)'이란 이름으로 학교 제도가 확립된 것은 한대(漢代) 이후의 일이다. 우리나라에 있었던 신라의 국학(國學: 太學監), 고려의 국자감(國子監: 國學), 조선의 성균관(成均館)은 모두 이를 계승한 것이다.

둘째로는 글자의 뜻이 나타내는 학문의 범주로서의 '대학'이다. 주희(朱熹)는 '대학'이란 '대인지학(大人之學)'이라 했고, 왕양명(王陽明: 1472~1528년)도 이를 따랐다. 여기서 '대인(大人)'이란 온전한 덕과 배움을 닦고 있는 위대한 사람, 곧 덕있는 군자나 성인을 말한다. 책 이름으로서의 '대학'은 국가 최고 학부로서의 '태학'의 교육이념이란 뜻과 함께, '대인지학'이란 뜻도 아울러 취한 것이라 하겠다.

"『대학』은 바로 학문을 하는 강목이다. 먼저 『대학』에 통하여 강령을 세워 정하면 그 밖의 경은 모두 잡설로서 이 안에 있게 된다. 이것은 바로 '격물치지(格物致知)[13]에 관한 것이다. 바로 '성의정심수신(誠意正心修身)'에 관한 것이다. 또 이것은 바로 '제가치국평천하(齊家治國平天下)'에 관한 것이라고 깨닫게 된다(『朱子語類』 14권)."라고 주희(朱熹)는 밝히고 있다.

그렇다면, 여기서 말하는 '정심수신(正心修身)'이란 무엇일까? 『대학』에선 다음과 같이 말하고 있다. "이른바 몸을 닦는 것이 그 마음을 바르게 함에 있다는 것은, 자신에 노여워하는 바가 있으면 곧 마음이 바르게 될 수 없고, 두려워하는 바가 있으면 곧 마음이 바르게 될 수가 없고, 걱정하는 바가 있으면 곧 마음이 바르게 될 수가 없는 것이다. 마음이 있지 아니하면 보아도 보이지 않으며, 들어도 들리지 않으며, 먹

---

13 '격물치지(格物致知)'는 결국 마음을 밝히기 위한 것이다. '격물(格物)'은 사물의 이치를 깊이 연구하는 것이고, '치지(致知)'는 앎을 투철히 하는 것이라고 할 수 있다.

어도 그 맛을 알지 못한다. 이래서 몸을 닦음이 그 마음을 바르게 함에 있다고 하는 것이다.[14]"

중국 고전시대에 대학의 역할은 결국 '인간이란 무엇이며 어떻게 살아야 할 것인가'에 대한 질문이었고, '내면을 어떻게 다스릴 것인가'가 배움의 목적이었다고 할 수 있다. 학문이 교육의 전부라고 믿는 것은 물론 어리석은 일이다. 그러나 대중이 영화 속의 멋진 주인공을 통해 정신적 카타르시스를 찾으려는 일만큼이나 삶의 귀감이 될 만한 고매한 인격의 소유자를 찾는 간절함이 있게 마련이고, 그런 사람을 만나보기가 힘든 시대일수록 학문에 대한 필요성은 더 절실해지는 법이다.

재능 있는 인재들을 보유한 상태에서 원칙과 철학을 가진 대학은 대학의 자율성을 강하게 인지하고 대학 밖의 군중들의 생각과 논리대로 휩쓸리지 말아야 한다. 이것은 결코 독단적인 것을 의미하는 말이 아니다. 자연과 인간이 중심이 되는 진리의 추구 및 진리의 발견이 대학에 있기 때문이다. 대학은 철학과 신학과 고전에 집중하기도 하지만, 동시에 과학적인 관점도 가지고 있다. 시대의 첨단 기술력을 갖추고 있기도 해야겠지만, 시대를 이끌어갈 만한 마인드와 패러다임도 가지고 있어야 한다. 그러자면 대학은 민주주의에서 가장 소홀히 하기 쉬운 것을 보존하거나 개선하는 데 도움을 줄 수 있어야 한다.

---

14 所謂修身在正其心者, 身有所忿懥則不得期正, 有所恐懼則不得其正, 有所好樂則不得其正, 有所憂患則不得其正。心不在焉, 視而不見, 聽而不聞, 食而不知其味。此謂修身在正其心。

대학의 경쟁력

중국의 대학은 보통 대학(大學, University)과 학원(學院, college)으로 나눌 수 있다. 대부분의 중국 대학생들은 기숙사 생활을 하며, 중국 인구의 1% 정도만이 대학에 진학할 수 있다고 한다. 일반적으로 외국인이 많이 입학한 대학의 경우에 기숙사 생활을 외국인과 중국인으로 분리시켜 생활하게 한다. 그리고 중국의 일반 대학은 1년을 2학기로 나누며, 1학기는 9월에 시작하고, 2학기는 2월 중순에 개강한다.

미국의 경우에 학년 시작은 9월에 시작해서 12월 말에 마치며, 1월 초에 다시 개강하여 5월 초면 학기가 거의 끝난다. 미국의 대학생들은 5월부터 8월까지 방학에 들어가는데, 이때 아르바이트, 봉사, 여행 등을 많이 한다. 또한 11월에 추수감사절과 12월에 크리스마스가 각각 일주일에서 10일간 정도 있다. 중국의 경우는 5월 초에 노동절 일주일과 10월 초 국경일로 일주일 이상의 휴가가 있다.

중국은 우리나라와 마찬가지로 학점제를 도입하고 있다. 학교를 졸업하기 위해서는 필수과목과 선택과목을 들어야 하고, 대부분의 학과는 150학점 이상을 취득해야 졸업할 수 있다. 그리고 대학을 졸업하기 위해서는 졸업논문을 써야 함은 물론 일정한 영어점수를 획득해야 한다.

중국의 대학에서는 미국과 같은 교과목 이외의 봉사활동이라든가 과외활동(Extracurricular activities)같은 것이 거의 없다. 혹은 친구나 동료들과 자연스럽게 회식을 하거나 친목도모를 위한 모임이라든가 그런 것을 거의 주최하지 않는다. 학생들이 학기 중에는 오로지 공부에만 전념할 수가 있는데, 그렇기 때문에 석·박사학위를 빨리 받을 수 있는 문화가 형성될 수 있다고 본다. 오로지 수업을 듣고 나면 기숙사로 돌아가 공부만 하니 말이다. 소수의 지식인들의 측면으로 본다면 이들의 학문적 성과라든가 실적은 국가 간의 경쟁력에 무서운 힘을 제공한다는 것은 간과할 수 없는 일이다. '공산당원'인 교수나 학생인 경우 거의 매일 당 회의에 참석해야 한다는 점도 놀이 문화와는 거리감이 있어 보인다.

그렇다고 해서 중국인들에게 휴식이 없는 것은 아니다. 교내에서 태극권과 춤을 추는 학생이나 교수들의 모습은 아주 흔한 광경이다. 그들은 점심시간에는 낮잠을 잔다. 그래서 낮 12시에서 2시 사이에는 식사 후 낮잠을 자고, 밤 10시 즈음이면 취침시간으로 비교적 규칙적인 생활을 하는 편이다. 우리의 시각으로 보면 너무 느긋한 것 같지만 잘 생각해보면 우리의 경우는 유흥적인 시간에 소모하는 시간이 많다는 점을 돌아볼 필요가 있다.

지금 세계 대학들의 화두는 경쟁력 강화와 재정문제 해결이라고 해도 과언이 아니다.

최근 유럽 47개국 850개 대학 모임인 유럽대학협회(EUA)는 "'국제 대학 순위 평가'가 유행처럼 번지면서 갈수록 문제점이 너무 커지고 있다."라고 밝혔다. EUA는 17일 펴낸 보고서 '국제 대학순위 평가와 그 영향력'에서 중국 지아통(交通)대, 영국 'The Time Higher Education', 미국 'US News and World Report' 등 3대 평가 기관의 대학 평가방식을 분석한 뒤 이같이 결론 내렸다.

EUA 보고서에서 "대학 평가방식이 지나치게 연구성과에만 치우쳐 교육의 존재 이유라 할 수 있는 교육 품질을 놓치고 있다."는 것이다.

"일부 대학에서는 평가 순위를 높이려고 연구 분야에만 투자를 집중하는 일이 빚어지기도 한다. 대학 평가 때문에 오히려 교육 품질이 떨어지게 되는 것이다."라고 지적했다. 과학전문지 네이처도 이 소식을 전하며 "연구 투자금이 가장 많이 몰리는 미국 하버드대가 3대 대학 평가 모두 1위를 차지할 수밖에 없는 게 현실."이라고 평가했다. 또 EUA는 "현재 대학 평가는 각국의 다양한 교육 체계를 서방 기준에 맞게 유도하는 획일적 방식."이라고 비판했다. EUA가 대학 평가 자체를 거부하는 건 아니다. 이들이 내놓은 대안은 '학생 만족도 평가를 기준으로 대학 순위를 만드는 것'이다. 이렇게 해야 학생과 학부모가 대학 수준과 현실을 정확하게 파악할 수 있다는 의견이다.[15]

학교에선 학생을 최우선으로 두어야 한다. 중국과 한국의 많은 전문가들이 항상 미국의 하버드 대학교, 예일 대학교와 같은 연구 중심 종합대학교와 같은 규모와 수준으로 자기 대학을 키워내야 한다고 생각하지만, 미국의 실제 상황은 어떠한지 살펴보기로 하자.

홍콩 중문대학의 랑셴핑(郎咸平) 석좌교수는 다음과 같이 말하고 있다. 미국 전역에 있는 2,386개 사립대학교 중 재학생이 1만 명 이상인 사립대학교는 겨우 57개에 불과하고, 재학생이 5,000명 이상 1만 명 미만인 대학도 95개로, 나머지는 모두 소규모의 단과대학들이다. 중요한 사실은 소규모 대학들이 비록 규모는 작지만 상당히 높은 교육 수준을 자랑하며, 뛰어난 학문적 재능을 갖춘 인재만을 모집한다는 점이다.[16] 그렇다면 지금 현재 중국과 한국의 대학은 어떠한가? 대

---

15 황규인 기자, '국제 대학순위 평가, 교육 질 떨어뜨려', 「동아닷컴(dongA.com)」, 2011년 6월 21일.
16 랑셴핑(郎咸平) 지음, 이지은 옮김, 「부자 중국 가난한 중국인(我們的日子爲什麼这麼難)」, 미래의 창, 2011년, 288쪽 참조.

학교 하나를 세우면서 웬만한 학과는 모두 포함시키기 때문에 학교 경영은 관료적이 된다. 학생과 교수는 자연스레 거리감이 생기게 마련이고, 학교중심의 주축이 되어야 할 학생에 대한 관심도 절로 멀어지게 된다.

미국의 프린스턴 대학교는 10~15명 정도로 구성된 소규모의 커리큘럼을 운영하고 있는데, 각 강의에 참가하는 학생 수가 적기 때문에 교수의 전문성과 책임감이 강화될 수밖에 없다. 프린스턴 대학교의 설리틸먼 총장은 "작은 것이 좋은 것이다. 오로지 두 가지 일에만 에너지와 자원을 쏟아부으면 되기 때문이다. 하나는 아주 엄정한 학사 교육이고, 나머지 하나는 상당한 수준의 학업 능력을 갖춘 대학원생 교육이다."[17]라고 하여 두 가지 일에만 최선을 다하면 된다는 것을 강조하였다. 작은 대학이지만 '학생의 역량'을 키우는데 세계적인 명문대학으로서 자리 잡는 데 손색이 없다.

연구 중심의 대학 역할도 중요하지만, 무엇보다도 대학은 가르치고 배우는 곳이다. 전 세계에 대학이 2만 7,000개가 넘는데, 순위에 포함되는 대학은 200~500개 뿐이라는 것은 무엇을 의미하는 것일까? 마치 많은 중소기업은 외면하고 대기업의 성장만 부추기는 것처럼 보이는 현상이다. 국제 대학순위가 높은 대학일수록 대외 교류가 잘 되어 있고, 그 학교에 속해있던 학생들이 해외에 교류하는 학교로 교환학생으로 가거나 연구할 수 있는 확률이 높다. 그렇다면 그 밖의 대학순위가 높지 않은 대학을 나온 학생들은 부적격자이고 실력이 없다는 얘기인가. 대학순위가 정해지고 대외 교류가 활발해질수록 나타날 수 있는

---

17 상동. 288~289쪽 참조.

단점에 대해 대학들이 돌아봐야 할 것이다.

불과 7~8년 전 까지만 해도 한 개인이 해외의 유수한 대학의 연구원이나 연구교수, 프로젝트 참여가 가능했었다. 그러나 지금 한국은 너도 나도 해외 대학과의 교류를 추진해가다보니 개인의 신청을 받기보다는 교류가 되어 있는 학교 구성원의 신청을 받는다. 얼핏 생각하면 이것이 주는 단점, 결점은 보이지 않는다. 그러나 한 번 잘못된 교류는 몇 년간의 시간이 흘러도 불평등한 조건의 교류가 계속 이어진다. 가령 재능있는 인재가 개인적으로 신청할 경우 얼마든지 좋은 계약조건에 의해서 연구비를 조율할 수 있는 문제를 대학간 교류를 통해서 선례를 남기게 되면 이것은 계속적인 관행이 된다는 점이다. 경쟁에 치중하는 대학들이 대학 자체네 랭킹 순위를 끌어올리는데 급급한 행위일 뿐 진정 그 내부에 탄탄한 전략이나 후학에 대한 배려가 느껴지지 않는 경우가 많다. 대학은 평가 순위를 끌어올리려 존재하는 게 아니다. 즉, 대학의 서열화, 경쟁 가속화로 인해 불필요한 교류까지 '교류'라는 이름으로 박차를 가하고 있다. 내부를 들여다보면 불필요한 거품일 수 있다. 이제 잠시 숨고르기를 해야 할 때가 아닌가 싶다.

랑셴핑(郎咸平) 교수는 상당수의 중국 대학에 대해서 다음과 같이 말하고 있다. "대학의 가장 중요한 역할은 지식을 전달하고 인재를 양성하는 것인데, 그러나 지금 중국의 수많은 학생은 진정한 문화의 의미가 무엇인지 인성이 왜 중요한지에 대해서는 전혀 모르고 있다. 이는 상당히 심각한 문제다. 이렇게 된 배경에는 두 가지 원인이 있는데, 하나는 교수라는 이름에 걸맞지 않게 중국 교수들이 항상 정치권과 얽혀 있다는 점이고, 나머지 하나는 밖으로 돌며 얼굴이나 비출 줄 알지 가르침에는 소홀하고 학문적인 노력이 부족하다는 점이다."[18]

부모가 가정 내 아이들을 외면하고 집안 살림 늘리기에만 바쁘다면 아이들은 제대로 자랄 리 없다. 마찬가지로, 학교가 학생에게 충분한 시선을 주지 않고도 좋은 인성을 가지고 잘 성장할 것이라고 믿는 것은 모순이다. 세계화를 내세우며 대학은 건물 짓기에 바빠졌고, 교수들은 외부적 활동으로 바쁘다. 학교 앞은 허름한 책방을 찾아보기가 힘들고, 세계의 어느 대학가에서도 찾아보기 힘든 화려한 카페와 상점으로만 가득하다. 세계화란 이름으로 대학은 분주하기만 한데, 학생들은 외롭기만 하다. 이러한 현상은 정작 누구를 위한 것이었을까?

대학은 이제 '세계 최고'를 만들자는 목표와 상업화로 화려해지려는 유혹을 물리쳐야 할 시점에 이르렀다. 모든 것을 잘할 수 있는 사람은 없듯이 사회를 위해 모든 일을 하려 하거나 잘할 수 있을 만큼 완전할 수 있는 대학이란 없다. 특성화된 대학을 만들자고 했던 대학들이 그 안을 들여다보면 잡동사니로 가득한 골동품 수집 장소처럼 보이는 일이 많은데, 그들은 정작 대학의 기능을 어떻게 만들어가고 있는 것일까?

나름으로 쏟는 그 열정의 초점이 어디에 있는 것인지, 이제 대학들은 잠시 멈춰 서서 돌아보아야 할 때이다. 대학이 그 기능을 제대로 소화 못하고 사설 학원에서나 가능한 정도의 역할, 학생에게 중점을 두지 못하거나 교수진의 부실한 강의를 할 바에는, 구조 조정하에 장렬히 전사하는 용기나마 보여주어야 할 시점에 이르렀다.

한편, 대학이나 연구소에서는 자기 전공영역만이 아닌 다른 전공분야에서도 교수나 연구원을 초빙해 올 수 있어야 할 것이다. 가령, 법학

---

18 랑셴핑(郎咸平) 지음, 이지은 옮김, 『부자 중국 가난한 중국인(我們的日子爲什麼这麼難)』, 미래의 창, 2011년, 286쪽 참조.

분야에서도 문학이나 정치학과 관련된 연구원을 초빙해 올 수 있어야 한다. 한 가지 틀 안에 갇혀진 학문이 아니라 통합·통섭이 이뤄질 수 있는 방향에서 연구와 강의가 이뤄져야 할 것이란 얘기다. 특히, 연구소는 무엇인가를 배우기 위해 외부에서 온 사람들과 교수들 간의 장벽을 없애는 데 도움을 줄 수 있어야 한다. 모두가 한쪽 모퉁이의 연구 흥취에만 빠져 허우적거리고 있을 때는 아니다.

대학의 유형과 기능

중국과 미국의 종합대학(University)은 한국의 일반 대학교와 유사하다. 주로 4년제이며 중점대학과 일반대학으로 나뉜다. 중점대학이란 명문대학이라고 할 수 있으며, 베이징(北京) 대학교와 칭화(淸華) 대학교, 푸단(復旦) 대학교와 런민(人民) 대학교 등 10여 개 핵심대학을 칭하여 말하며, 그 밖의 대학은 일반대학이라 할 수 있고, 사범대학도 있다. 중국 내의 대학 순위도 선명한 편이다. 명문대학 교수들은 학기 중에 국외에서 강의하는 경우가 많기 때문에 한 학기 내내 학교에서 강의하지 않고 한꺼번에 몰아서 한 달 동안 개설과목을 강의하고 국외로 출강 또는 연구하는 경우도 많다. 한국의 교수들이 정부기관의 일을 겸임하게 되었을 경우를 제외하고는 1년 이상 안식년 기회를 갖기가 쉽지 않은 점과는 상당히 비교되는 일이다.

많은 사람들이 중국의 대학교수들의 수입이 너무나 적다고 생각을 하지만, WTO 가입 전에는 대학교수들의 집 문제와 의료보험 문제, 자녀 교육비를 모두 해결해주었기 때문에 그들이 해결해야 할 문제란 것은 거의 생활비 정도에 그쳤다. 그런가 하면 WTO 가입 이후 양상이 조금 변했다. 2000년 초부터 베이징 대에서는 10명 정도의 석학을 선출해서 그들에겐 기타의 교수들이 받는 연봉의 몇 배를 지불하였다. 한마디로, 명성과 실력을 갖춘 교수들에 대해서는 확실한 예우를 해준다는 것이다.

우선 베이징 대학 교수들에게는 집과 의료보험 문제를 여전히 해결해준다. 또 그들이 해외에서 연구하거나 출강한 경우에 일정수입에 대해서만 국가에 수입의 40~50%를 세금으로 내고, 나머지 수입은 모두 그들 개인의 수입으로 인정받는다. 따라서 교수들은 개인별 능력에 따라서 경제수준도 현격히 다르다. 즉, 일정금액 이상의 수입부터는 전부 교수들 자신의 순수입으로 소유할 수 있다. 또한, 중국 대학 간의 경쟁력이 강화되면서부터 우수한 대학의 교수들에게 최고의 예우를 해줌으로써 초빙하려는 추세가 강해지고 있기 때문에 수입의 문제는 불과 10년 전과는 확연히 달라졌다. 이러한 변화는 학자로서의 자질에 대한 자존심을 심어주고 있으며, 학구열의를 강하게 하는 초석이 될 것이라고 본다.

베이징(北京) 대학은 문과가 강세라고 한다면 칭화(淸華) 대학은 이공계가 강세인데, 이 대학은 후진타오를 배출하기도 했지만, 불과 얼마 후면 미국의 MIT를 능가할 수 있다는 긍지를 가지고 학생 및 연구생들을 키우고 있다.

국가에 특수상황이 발생했을 때, 교육부의 지침을 기준으로 베이징 대학에서 자체 내 행동강령을 정한다. 그러면 기타의 대학들은 그 기준을 참고하여 다시 자체 내 대학들의 행동강령을 만들어 나간다. 가령 2003년 사스 발생과 같은 특수 상황이 도래했을 경우, 교육부의 지침을 고려하여 베이징 대학은 대학 내의 공산당원을 중심으로 학교의 일정이나 행동강령과 방향을 정해나갔다. 기타의 모든 대학들은 베이징 대학이 어떤 결정을 내렸는지에 의거하여, 그에 준하는 구체적인 방향으로 결정하는 것이 대부분이다. 사회주의 국가로서의 색채를 선명하게 엿볼 수가 있는 측면이고, 동시에 중국 내 위계질서를 분명하게 느낄 수 있는 현상이다.

미국 문화의 코드는 연륜에 관계없이 '젊음', '도전', '기회'라고 할 수 있다. 그렇다면 대학은 어떨까? 미국의 대학은 그야말로 젊음과 자유, 창의력을 느낄 수 있는 현장이라고 할 수 있다. 무엇보다 미국의 강점은 다양성을 받아들이는 데 있다. 미국은 알버트 아인슈타인을 비롯한 유럽에서 이민 온 과학자들로 인해 핵무기 경쟁에서 우월함을 보여준 나라다. 1990년대에는 실리콘밸리로 이주한 이민자들 덕분에 하이테크 분야의 한 획을 그을 수 있었던 나라다. 미국은 그 밖의 분야에서도 다양한 문화를 가진 이민자들에 의해 성과를 만들어온 나라다. 변화가 빠른 지금 이 시대에 다양성에 대해 관대하지 않으면 그것은 잘못이라고 생각한다.

일반적으로 아이비리그(Ivy league) 대학[19]들이 미국의 유명대학으로

---

19 미국 동부에 있는 명문대학 간의 연합을 말한다. 아이비리그(Ivy league) 대학이 미국에서의 순위가 높은 것은 사실이지만 반드시 랭킹 10위 안에 드는 대학을 의미하는 것은 아니다. 한국인들은 미국의 명문대학 순위를 꼽을 때 흔히 아이비리그의 대학부터 생각하지만, 이것은 한국인들 사이에 알려진 명문학교이지 실제 랭킹 순위를 의미하는 것은 아니다. 가령 MIT나 Tufts와 같은 명문대학은 아이비리그에 포함되지 않는다. 이와 같이 미국에는 아이비리그에 속하지 않았을 뿐 순위가 높은 학교들이 매우 많다.

선두 가도를 달리는 것은 사실이지만, 대부분 미국 대학은 각기 특성화가 잘 되어 있고, 콘셉트(concept)가 선명한 것이 특징이다. 그렇기 때문에 어느 대학이 더 좋고 나쁘다고 할 수도 없을 만큼 각 대학이 학생에 대해 요구하는 조건도 완연한 차이가 있다. 가령, 랭킹 1위에서 10위로 알려진 대학에서 학생을 뽑을 때, 랭킹 10위의 대학에 합격한 학생이 랭킹 1위의 대학에 합격한 학생보다 더 부족하다고 볼 수 없는 것이 미국의 대학이란 것이다. 각 대학의 입학사정관이나 교수의 기준에 따라서 또는 학교가 추구하는 취지, 취향에 따라서 얼마든지 그 정도 순위에서는 지원자가 엎치락뒤치락할 수 있다. 입학사정관의 입장에서 보면, 자신들이 뽑아 놓은 학생이 다른 학교로 가버린다면 낭패이기 때문에 입학사정관이 학생을 꿰뚫는 통찰력은 대단하다고 할 수 있다. 그래서 아무리 우수한 학생일지라도 소위 랭킹 1위에서 10위의 대학 안에 반드시 합격할 수 있을 것이라는 생각은 오산이다. 이것이 의미하는 것을 무엇일까? 결국, 학생을 뽑을 때 학생의 스펙에만 의존하지 않는다는 점을 꼽을 수 있을 것이다.

두산 그룹의 박용만 회장은 이런 이야기를 했다. "스펙은 과거의 행적을 통해 미래의 성과를 가늠해보는 지표 구실을 합니다. 미래의 역량을 쌓기 위해 과거 어떤 노력을 기울였는가를 객관적으로 보여줄 뿐, 스펙이 미래의 성과를 담보하는 건 아닙니다. 물론, 스펙을 위한 스펙은 말할 필요도 없고요.[20]"

취업도 대학 지원도 모두 마찬가지다. 내가 얼마나 열심히 살았는가를 구구절절 알리는 것은 의미 없다. 기업이든 학교든 왜 자신을 뽑아

---

20 '경영구루와의 대화 「3」 박용만 두산 회장', 「중앙SUNDAY」, 2010년 10월 3일, 25면.

야 하는지, 단 한 가지 이유라도 제대로 전달하는 것이 중요하다. 김난도 교수는 다음과 같이 말하고 있다. "결국 자기 자신을 마케팅하고, 자기 이름을 하나의 '브랜드'로 만드는 작업이 필요하다. 면접관을 움직일 수 있는 자기만의 이야기가 있어야 한다는 것이다. 이것이 곧 브랜드를 만드는 주요 기법인 '스토리텔링(Storytelling)'이다.[21]"

중국에서는 대학교에 대한 명칭에 있어서 대학(University)과 학원(College)이라고 부르는 것으로 나누어진다. 학원(學院)은 단과대학이라고 부를 수 있으며, 주로 체육, 미술, 경제, 무용, 음악 등 특별한 기술을 중점적으로 배우는 학교이다. 한국에서의 2년제 전문대학과는 다른 개념이다. 중앙영화원이나, 중앙음악원, 무용학원 등 특수성을 살린 학교들은 그 영역에서만큼은 최고의 인재들을 배양해내 명성이 높다. 우리나라에서처럼 명성 있는 학교 안의 단과대학으로서 특수학과를 살려가는 것이 아니라, 특수성을 최대한 살린 대학으로 명성을 키워나가는 것이 차이점이라 하겠다. 한마디로, 이 단과대학들은 그 분야에서만큼은 그 대학의 졸업생이 최고라는 것을 인정받는 지름길인 것이다. 미국에서 컬리지(college)의 경우, 한마디로 어떤 분야의 전문적인 대학으로, 한국에서의 전문대학이라고 하는 2년제와는 완연히 다르다. 물론 그들에게도 2년제 대학도 많다. 그러나 여기서 말하는 컬리지(college)는 그야말로 특정분야의 우수한 인재를 배양해내는 단과대학이다. 가령, 아트(art)분야의 컬리지인 경우 다른 일반 종합대학보다 학교가 온전히 아트분야에만 투자할 수가 있어서 학생들에게 더 큰 혜택이 돌아간다고 할 수 있다.

---

21 김난도, 『아프니까 청춘이다』, 쌤앤파커스, 2011년, 270쪽 참조.

그러나 이런 아트분야라고 해도 한국이나 중국의 개념과 달라서 순수미술을 비롯하여 의상 패션이나 영화분야, 건축분야 등도 모두 아트분야로 들어가기 때문에 각 컬리지의 특수성을 잘 고려해야 한다. 또한 어떤 학교는 아카데믹한 분위기보다 기술적이고 상업적인 인재를 육성하는 것이 우선인가 하면, 또 어떤 아트분야는 이론적 아카데믹함을 더 많이 요구하기도 한다는 것이다. 또 같은 아트(art)스쿨이라고 해도 어떤 학교는 패션이, 어떤 학교는 건축분야가, 또 어떤 학교는 순수미술 분야가, 또 어떤 학교는 상업미술 분야가 강점으로 나타난다. 그렇기 때문에 각 아트분야에서도 대략적인 랭킹은 정해질 수 있겠지만, 한국이나 중국처럼 한마디로 판단하고 단정하여 순위를 정하는 일은 매우 어렵다.

미국학생들이나 학부형들은 각 학생의 취향과 선호도에 따라 그 학교를 결정해서 가는 경우가 많다. 학교의 부대시설과 교수진 스타일이나 장학제도 등을 모두 고려해서 학교를 결정하는 것이 통상적인 미국의 스타일이다.

여러 개의 대학에 입학원서를 제출하고, 학교로부터 합격 통지를 받고 나면 학생들은 합격한 학교를 관광하게 된다. 이때 여러 가지 세부사항에 대한 정보를 학교로부터 설명 듣고 최종적으로 학생이 학교를 결정하는데, 이러한 정서는 한국과 중국에서는 찾아볼 수 없는 광경이다. 미국에선 대학의 특성화가 강점이다. 그 강점과 장점을 좇아 세계의 우수한 학생들이 몰려든다. 따라서 한국의 대학생들에게 자주 발생하는 것처럼 일반적인 대학 순위에 의해서 입학을 한 후, 자신의 적성과 학과가 맞지 않아 심적으로 고생하는 사례는 드물다. 왜냐하면, 만일

적성이 맞지 않을 경우 대학의 편입제도 또한 잘 되어 있기 때문이다.

따주안(大專)과 커뮤니티 컬리지(community college)를 살펴보자.

중국에서의 따주안(大專)은 전문적인 기술을 가르치며 학생들의 취업에 중점을 둔 전문대학이다. 3년제인 것이 일반적이며 다루는 과목은 다양하다. 외국어학교, 기술 상업학교, 군사학교, 체육학교, 미술학교, 컴퓨터학교, 심지어 맥주학교도 있을 정도이다.

미국에서의 커뮤니티 컬리지는 한국에서의 전문대학과 같은 성격으로, 지역 전문학교라고 할 수 있다. 2년제로 직장에 다니던 사람이나 오랫동안 학업을 이어오지 못하다가 다양한 부문의 전문지식을 원하는 사람들이 다니기 때문에 나이든 사람이나 직장인이 많다. 커뮤니티 컬리지는 학비가 저렴해 학생들이 이 학교를 마치고 나서, 4년제 대학으로 편입하는 경우도 많다.

프랑스의 실무 엘리트 양성기관인 그랑제콜은 '대학 위의 대학'으로 불릴 정도의 위상을 가지고 있다. 그랑제콜 등 명문대에 자녀를 입학시키기 위해 파리나 수도권 명문 공립학교 근처에 임시로 아파트를 얻어 주소를 옮기는 사례가 늘고 있다. 사교육 열기도 점차 늘어나고 있는 추세다. 그랑제콜은 공립, 법인체, 사립으로 구분되며, 3분의 2가 공립으로 여러 행정부처에 소속돼 있다. 치열한 입시경쟁과 특수 교육과정으로 이루어진 이 학제는 우리나라 말로는 '고등직업 전문학교' 쯤으로 해석된다.

그랑제콜은 학생들에게 전통과 애국심을 중시하는 교육을 시키며 능력 있는 국가의 관리자를 배양한다는 것이 애초의 취지였다. 그러나 차츰 개인 출세에만 치중되더니 최근 1~2년 사이 그랑제콜의 세계화를 강조하며 학교 세일즈에 나서고 있다. '프랑스 리더'일 뿐만 아니라 '글로벌 리더'를 키워야 한다는 뒤늦은 반성 덕분이다. 외국의 젊은 인재를 유치하기 위해 직접 발로 뛰는가 하면 아시아 국가에 분교까지 세우고 있다. 모국어에 대한 자부심이 강한 프랑스의 엘리트 양성소에서 모국어가 아닌 영어로 진행하는 수업이 늘어나고 있다. 프랑스 그랑제콜의 수는 400여 곳이지만, 최고급 인재를 양성한다고 알려진 대표적 그랑제콜은 20여 곳 정도다.

독일에서는 사실상 무상에 가까운 대학 교육이 이뤄진다. 2006년 겨울학기부터 일부 주에서 등록금이 있다고는 하지만, 평균 500유로(약 80만 원)에 불과하기 때문에 큰 부담이라고 할 수 없다. 그럼에도, 독일에서는 대체로 상위 계층 자녀들이 김나지움을 거쳐 대학에 간다는 생각을 하고 있다. 그런 반면, 이민자 자녀들은 주로 실업계 학교인 하우프트슐레로 몰린다. 독일 사회의 고민은 등록금이나 대학교육의 수준보다는 40% 안팎에 불과한 저조한 대학 진학률에 있다. 이러한 사회적 현상은 교육과 사회적 지위의 양극화를 심화시키기 때문이다.

20세기 초반 동안 독일은 고등교육과 직업 전문교육의 모델이었다. 많은 미국인들이 박사 학위를 취득하기 위해 독일 대학으로 몰려갔으며, 지금까지도 존속하고 있는 미국의 대학원들은 독일의 모델을 따라 발전했다. 가령, 1920년대만 해도 전 세계의 물리학자들은 학문을 하기 위해 괴팅겐으로 몰려들었다. 그러나 1930년대로 들어서면서 독일 대학은 순수 직업전문교육의 도덕적 파산을 보여주는 완벽한 표본이 됐다. 지도력이 있는 대부분의 독일 학자들은 자신이 속한 사회의 신념, 도덕, 정치에 대해 문제를 제기하지 못했다. 어쨌든 그것은 그들의 직무가 아니었기 때문이다. 그리고 국제적으로 유명한 학자들의 가르침을 받은 학생들은 교육을 덜 받은 동료 시민들보다도 훨씬 더 나치가 이끄는 정부의 새로운 신념과 도덕, 정치에 대해 무비판적으로 열광했다.[22]

사회의 신념과 도덕에 대해 어떤 문제 제기도 못했다는 것은 '정의'와 '자유'의 선봉자 역할을 해야 할 지식인의 책임을 다하지 못한 것이다. 나치가 이끄는 정부를 적극 추종했던 이들이 상당수의 엘리트였다는 사실과 최근 미국의 월스트리트를 중심으로 엄청난 부를 챙기면서 대다수의 사람들을 경제적 피해자로 몰아세운 이들도 최고의 엘리트들이었다는 사실은 냉철한 비판과 반성이 따라야 할 부분이다.

현재 독일의 대학교육 수준은 거의 세계 최고 수준이다. 유학생들은 독일 교육의 장점으로 수준 높은 교수진과 심도 있는 토론식 수업을 통한 자기주도학습을 꼽는다. 세미나 발표나 암기를 요구하지 않는 구술시험을 통해 자기 논리와 설득력을 중시하고 있다.

중국 역사상 비교적 성공적이라고 평가받은 교육 개혁은 차이위안페이(蔡元培)[23] 시기일 것이다. 당시 개혁과 지금의 개혁 사이에는 어떤 차이점이 있을까? 차이위안페이가 구상한 교육개혁의 진정한 목적은 대학을 학생들에게 창의력과 비판적 사고, 그리고 지식인으로서의 소양을 길러주는 산실이자 학생이 중심이 되는 장소로 만드는 일이었다. 사회를 비판할 수 있어야 사회에 나가 공헌도 할 수 있는 법이다.[24] 따라

---

22 월터 카우프만 저, 이은정 옮김, 『인문학의 미래(The Future of the Humanities)』, 2011년, 81쪽 참조.
23 차이위안페이(蔡元培, 1868~1940): 중국의 윤리학자이자 교육자, 중화민국 성립 후 초대교육청장으로 근대 중국학제의 기초를 세웠다.
24 랑센핑(郎咸平) 지음, 이지은 옮김, 『부자중국, 가난한 중국인(我們的日子爲什麽這麽難)』, 미래의 창, 2011년, 279~280쪽 참조.

서 대학의 역할은 학문의 한쪽 귀퉁이를 잘 지켜나가는 일도 중요하지만, 잘못된 제도나 체제, 시대적 오류에 기꺼이 반기를 들 수 있는 열정 또한 살려내야 할 것이다.

인문학을 가슴에 키워준 교육을 받은 사람과 그런 교육을 받지 않은 사람의 삶은 생활 안에서 미묘한 차이를 드러낸다.

그것은 마치 차가운 겨울바람에 이내 꺼져버리고 마는 성냥개비의 불씨처럼 아무 소용이 없는 것 같으면서도 사람들의 가슴을 한 번씩 뭉클하게 만드는 '성냥팔이 소녀'의 이미지와 메시지로 되살아나곤 한다.

PART 2

세계를 향한
중국과 미국의
교육방법

중국인과 미국인의 교육방식

2001년 1월 21일자 『한겨레신문』에 다음과 같은 기사가 실렸다. 한 미국 교수가 중국을 방문했을 때의 일이다. 같이 간 어린 아들이 호텔방 열쇠를 열쇠통에 넣으려고 이렇게, 저렇게 시도를 하고 있는 동안 교수 부부는 옆에 서서 기다려주고 있었다. 그런데 마침 지나가던 중국 관리가 이 장면을 보고 달려와 아이의 손을 잡고 열쇠를 열쇠통에 넣어 주었다.

이 일화는 서로 다른 교육방법을 간단하게 드러낸다. 미국 교수에게는 아이 스스로 학습할 수 있도록 환경을 만들어주는 것이 교육이라면, 중국 관리에게는 검증된 정답을 가르쳐주는 일이 교육이었다. 확실한 정답이 있을 경우 군이 이렇게 저렇게 시험하는 일을 어린아이에게 시킬 필요가 없다고 생각하는 것이다.

이런 차이는 엄마들이 아이들과 매일 나누는 대화에서도 드러난다. 한 연구에서 미국과 중국의 엄마들이 아이들과 지난 일들을 이야기할 때 감정에 대해 어떻게 이야기하는지 분석했다. 흥미롭게도 미국과 중국 엄마들이 감정을 이야기하는 방법이 서로 달랐다. 미국 엄마들은 슬픈 사건을 이야기할 때 아이가 느꼈던 개인적인 감정에 초점을 맞춘다. 또 슬픈 기분을 느끼게 된 사건의 앞뒤 사건들을 질문하며 슬픔이라는 감정을 인과적으로 설명했다. 반면, 중국 엄마들은 그 상황에서 사회적으로 적절한 행동이 무엇인지를 가르쳤으며, 감정 자체에 대해서는 거의 설명하지 않았다.

검증된 학습과 창의성

확실히 미국의 교육은 과정과 창의력을, 중국의 교육은 검증된 정답에 초점을 맞추는 것처럼 보인다. 그런데 우리가 주목해야 할 사항이 있다. 실제로 사회를 살아갈 때에도 이 교육의 시스템이 그 나라에서 그대로 적용되는지의 문제에 관해서이다. 필자가 미국에서 살아본 경험에 의하면 지금의 미국은 꼭 그런 것 같지만은 않다.

미국 사회에서는 모든 규준의 잣대가 다큐에 의해서이다. 실제 서류에 어떻게 작성했는지와 실제적 증거가 있는지에 따라서만 보장받는다. 법의 규준이 철저한 곳이라 서류상이나 문서상으로 나타난 것만을 중요시하며 말에 의한 감정의 손상이라든가 압박에 대해서는 물적 증거가 없으면 그만이다. 사람과 사람 사이에 사소한 문제가 발생하기 마련이다. 충분히 토론하여 결정할 수 있는 면까지도 더러는 너무 문서적인 것에 의존하는 경우가 많다. 그렇기 때문에 인간의 정서적인 부분이 소통되기가 오히려 어려운 것 같다. 이성이 감정에 우선시되고 따라서 감정적 대응은 언제나 무시되기 마련이다.

동물들은 눈빛과 몸짓으로 교감을 하면서 질서를 잡아간다. 그러나 인간은 동물과는 달라 언어적인 표현에 의해 교감하기를 원한다. 미국에선 모든 인간사회의 문제를 법적 근거와 논리에만 의존하게 되는데, 이럴 경우 교묘한 방법으로 손상된 정서나 감정은 보호받기가 거의 어렵다. 법적 잣대가 강해지다 보면 인간적인 교감은 상실되기 마련이고, 상대방을 신뢰하는 것에 대한 두려움을 가지게 된다. 법이란 여러모로 인간을 보호해주는 것이 사실이지만, 사람 간의 미묘한 방어벽을 쌓게도 한다. 이것이 이민사회로 형성된 미국의 수난이기도 하다. 문화가 다르고 정서가 다른 사람들이 형성된 국가여서 약간의 문제가 발생하면 상호 간에 대화로 풀어가기보다는 법에 호소하는 일이 많다 보니, 사람들 간의 미미한 긴장과 경계가 있게 마련이다. 이제 미국에 국한된 이야기가 아니라 한국에도 감염되어 오는 시스템이다.

한편, 중국의 교육에서는 철저히 검증된 정답에 의해서 가르치기 때문에 창의력이 무시된 듯하고 정서적인 면이 보호받지 못하고 있는 것처럼 보인다. 그러나 과연 그렇다고만 할 수 있을까? 중국에서는 합리적인 원칙과 규준이 없이 주먹구구식으로 처리하는 일들이 많은 것처럼 보인다. 무법천지인 것 같다는 말이다. 그럼에도 불구하고 그들에겐 질서가 있다. 아무런 규준이 없는 것처럼 보이는 일 속에서도 철저한 규준과 질서가 잡힌다. 그리고 합리적이고 아주 타당한 논리가 있다. 오랜 역사의 흐름 속에서 존재하는 엄격한 유교적 제도의 규준이 있고, 자연스런 흐름 속에서 질서를 잡아가는 노장사상의 영향이 암암리에 존재하는 때문이기도 할 것이다.

점점 더 개성이 강해지는 중국의 신세대는 엄격한 교육제도에 대해서 반기를 들기도 한다.

광저우(廣州)의 교육학 전공 교수인 모 교수는 다음과 같이 말하고 있다. "중국의 문제점은 교육이 학생들의 인생을 자극하는 것이 아니라 통제한다는 데 있습니다."/ "학생들에게 압력을 주는 대신 자유를 주어야 합니다." 이 교수의 주도하에 광둥의 일부 학교에서는 새로운 제도가 실험 운영되고 있는데, 그 시범학교들은 일반 학교보다 시험을 훨씬 덜 보고, 대신 학생들 스스로 책을 많이 읽고 그 느낌에 대해서 독후감을 쓰도록 권장하고 있다고 한다. 그렇게 독서를 많이 하면 어려운 중국어도 얼마든지 쉽게 쓸 수가 있다고 한다. 이 실험 제도는 아직은 초기 상태에 있다.[01]

최근 중국의 대학이 설립될 때 그 동기가 기존의 방식과는 다르게 교육하고 싶다는 취지와 목표가 늘어나고 있다. 사실 많은 학생들이 학교에서 배우는 교육과 실제 현장에서 느끼는 격리감을 해소하지 못하는 것에 대한 방안으로 보인다. 가령, 학생들이 대학에서 회계학을 전공했지만, 대학을 졸업했을 때 수표를 어떻게 끊는지 그 방법조차 모르는 경우가 많다는 것이다. 그렇게 현실과 격리된 교육을 하다 보니 대학을 졸업하고 직장에 취직한 사람들이 제대로 적응하지 못한다는 것이다. 따라서 일부의 대학들은 학생들이 현장에서 실무 경험을 쌓도록 하는 데에 중점을 두고 있다. 실무 경험이야말로 중국의 새로운 경

---

01 『선부론(先富論)』, 314~325쪽 참조.

제에 꼭 필요한 것이며, 학교 교육은 최대한 사회, 시장, 그리고 국제적 스타일에 가깝게 진행되어야 한다고 말한다.[02] 즉, 우리 사회에는 새로운 것, 특별한 것 등 우리가 배워야 할 것들이 아주 많다. 그런데 지난 시대의 교육방식만으로 일관한다는 것은 무리가 있다. 이러한 시각과 관점으로 하여 새로운 교육 신념으로 변화를 추구하고 있다.

미래에 더 융통성이 있고, 더 창의적인 교육만 살아남을 것이라는 데에는 누구도 이견이 없다. 한마디로, 기존의 틀에 맞추어 정형화되어 있는 교육의 틀은 미래를 주도할 수 없다는 얘기다. 도약이 없는 안주는 안 된다는 것이다. 저렴한 노동력을 가진 중국이 단순히 하청이나 제조 수준을 뛰어넘으려면 생명력 있고 창의적인 사고를 할 수 있는 교육의 변화 없이는 불가능하다.

그렇다면 미국은 흔히 사람들이 말하는 것처럼 과연 창의적이고 융통성 있는 교육을 하고 있는가? 그리고 그들이 말하는 창의적 교육이란 합리적으로 진행되고 있는 것일까? 사실 미국은 주마다, 학군마다 상황이 다르고 공립과 사립학교의 차이가 크기 때문에 미국 교육을 일반화해 말하기 어렵다. 따라서 캘리포니아 주 공립중학교의 기준으로 미국 교육의 단면을 살펴보도록 하자.

미국은 한국에 비해 교과목이 단출하다. 영어, 수학, 과학, 사회는 공통이고, 여기에 선택과목 2개를 추가해 총 6과목만을 배운다. 우리나라에서는 초등학교에 해당하는 내용이지만, 야드-파운드법을 사용하는 미국에서는 미터법 단위를 늦게 다룬다. km, m, cm, mm의 순서를 외우는 비법으로 소개한 문장이 'king Henry died Monday

---

02 『선부론(先富論)』, 318쪽 참조.

drinking chocolate milk'다. 정공법으로 외우면 될 것을 우선 문장을 암기하고 단어의 첫 알파벳을 추출한 후 'k. m. c. m'이 의미하는 단어를 연결해야 하기 때문에 상당히 비효율적이다. 미국 교육의 이면에 깔려 있는 생각은 딱딱한 지식을 가공해 학생들이 소화하기 쉽도록 만드는 것인데, 이처럼 배려가 지나친 경우도 많다.

미국 수업에서는 교사에 의해 지식이 선언되기보다 탐구를 위주로 하면서 발견하도록 유도하기 때문에 다루는 내용의 양이 적은 편이다. 탐구활동이 제대로 진행되면 학생들이 지식을 의미 있게 구성해 갈 수 있지만, 탐구라는 미명하에 산만한 활동에 그칠 뿐 아무것도 얻지 못하는 경우도 적지 않다. 그에 비해 우리나라에서는 학생들이 흡수하는 것이 불가능할 만큼 과다한 지식을 일사천리로 쏟아놓고 머릿속에 신속하게 저장하기를 강요한다. 부작용이 많을 수 있지만 그런 과정 속에서 내용의 일부라도 익히게 될 가능성이 있다.

우리나라와 미국의 교육은 추의 양쪽에 위치하지 않을까 싶다.[03] 따라서 이 시대, 미국의 교육에 대한 불만과 문제점 지적 또한 많아지고 있다. 사실 미국은 고등학교까지 의무교육이지만, 각 주마다 교육 수준이 다르고, 공립학교와 사립학교의 수준 차이가 매우 크다. 사립학교의 경우 시험을 보는 경우가 대부분이기 때문에 학교마다의 수준 차가 현격하다.

문제점은 고등학교에서부터 시작되고 있다. 2005년 여름, 워싱턴 주의 고등학교 교사인 말콤 데이비슨(Malcolm Davidson)은 다음과 같은 글을 썼다.

---

03 박경미, '미국식 교육 부러워할 일만 아니다', http://blog.naver.com/empjoonki, 2007년 3월 19일.

2년 전에 있었던 두 차례의 학부모 면담은 저에게 평평한 세계를 경험하게 해준 시간이었습니다. 한 번은 데번과 스와티 보라 부부와의 면담이었습니다. 그들의 딸인 쏘냐에 대해 이런저런 얘기를 나누는 동안 보라 씨 부부가 저에게 한 말은 학교에서 숙제를 잘 내주지 않을 뿐 아니라 과제물의 수준도 높지 않다는 것입니다.

그날 오후에는 동유럽 출신의 이민자인 이레나 미케라제 씨와 학부모 면담시간을 가졌습니다. 그는 아들인 티모시에게 왜 과학 교과서가 없는지, 그리고 과학 과목의 교과 과정이 왜 그렇게 허술한지 알고 싶어하더군요.

그날 면담에서 만난 두 나라 출신의 학부모들은 저에게 많은 생각을 하게 하였습니다. 슬프게도 미국의 백인 중산층 학부모들은 5학년의 학습량이 너무 부담스럽고, 아이들이 배우기에 내용이 너무 어렵다고 말합니다. 그 많은 것을 도저히 다 소화할 수도 없을 뿐더러 아이들이 '아이다울 수 있는 시간'을 빼앗아간다고 합니다. 축구나 운동, 음악수업, 외식 등 할 일이 너무 많아 공부할 시간을 억지로 만들어내야 할 지경이라고 합니다. (중략)

미국의 학교들은 과거 베를린 장벽 시대의 사고방식에 머물려는 경향이 있습니다. 학교는 자연히 주변의 다른 학교들과 비교될 수 있습니다. 학부모들은 자녀가 다니는 학교가 같은 지역에 있는 공립학교나 종교단체의 부속학교, 사립학교보다 우수하다고 생각되면 그걸로 만족합니다……. 진짜 경쟁상대는 더 이상 이웃이나 인근 도시에 있는 학교들이 아닙니다.[04]

---

04 Thomas L. Friedman, 『The World is Flat』, Picador, 2007년, 356~357쪽 참조.

다양성과 창의적 사고력

한때 '아메리칸 드림(American Dream)'은 미국의 이상이며 세계인들의 선망의 대상이기도 했다. 그러나 개척 신화가 물질만능주의로 변하고 도전과 모험정신은 새로운 이방인들의 문화와 신념으로 바뀌어가는가 하면, 개인주의는 이기주의로 변질되었다. 제레미 리프킨(Jeremy Rifkin)과 같은 학자들의 견해에 따르면 미국은 확실히 무너져가고 있다. 그럼에도, 미국인들은 세상의 근본적인 변화는 '선택받은 나라' 미국이 주도하리라 믿고 있다. 그들은 마치 성(城) 밖에서 어떤 일이 벌어지고 있는지 모른 채, 자금성(紫禁城) 안에서만 여전히 황제의 권한을 누렸던 청(淸)나라 푸이(傅儀)처럼 보일 때가 많다.

미국이 어려움을 극복하고 한때 세계 무역과 정치를 지배했기 때문에 앞으로도 계속 그럴 것이라는 의식은 위험하다. 창의적인 사고력을 키워야 함에 대해선 모두가 공감을 한다. 그러나 아이들이 즐겁고 여유로운 일상 속에서만 창의적인 사고를 가질 수 있을 것이라는 의식은 과연 합리적인 것일까? 지식이 없는 상태에서 창의력이 나올 수는 없는 일이다. 공자(孔子)는 이러한 부분에 대해서 날카롭게 꼬집어 말하고 있다. "알지 못하고 창작할 수 있으랴. 나는 그러지 못한다. 많이 들어서 그 가운데 옳음을 택하여 따르며, 많은 것을 보고서 지식으로 삼는 것이니 그다음이다.[05]" 따라서 어느 정도 다양한 지식이 겸비되어 있어야 새로움을 창조해 나갈 수 있다는 지적이다. 이러한 관점에서 본다면 공부는 대학에서부터 하는 것이기 때문에 그 이전의 교육단계에서는

05　子曰, "蓋有不知而作之者, 我無是也。多聞, 擇其善者而從之, 多見而識之, 知之次也。"

공부 면에서 스트레스를 주는 것이 위험하다고 생각하는 미국인의 사고는 과연 바람직한 것일까? 풍요로운 자연환경과 이미 부유함을 누린 환경의 자녀들은 그 밖의 세상에 대한 호기심이 없다. 요즘처럼 인터넷을 통해서는 물론, 이방인들과의 교류가 한참인 세상에서 아직껏 자신들이 최고의 나라에서 최상의 의무교육을 받고 있다고 생각한다는 것은 참 의아로운 일이다.

이제 이런 생각과 사고방식이 철저히 보호받을 수 있는 시대가 아니다. 미국이 주도했던, 말 그대로의 글로벌화가 이루어지고 있다. 언제까지 자국민 보호만 하고 있을 수 없는 곳이 미국이다. 하루에도 수많은 사람들이 미국의 국제공항을 드나들면서 많은 영향을 주고 또 받고 있다. 지금까지의 미국 사회에서 교육이라고 하는 합리성과 당위성이 옳든 그르든, 더 이상 그들만이 공유하는 기준으로 아이들의 세계를 가두어둘 수가 없다. 이전의 시대와 지금까지의 시대적 관념이 옳았고, 그것이 많은 아이들에게 행복을 주었다고 해서 앞으로도 그럴 수 있으리라는 시각은 위험하다. 시대를 제대로 읽지 못한다는 것은 미래에 대해 명확한 나침반을 설정해주지 못한다는 것을 의미한다. 나침반이 제대로 방향을 가리키지 못한다면, 아이들은 평평한 세계에서 사회적으로 감당하기 어려운 큰 충격을 받게 될 것이다. 어느 나라에서 살든 이 시대를 바라볼 수 있는 통로는 교육기관에서부터 준비되어야 할 일이다.

반면에 중국은 어떻게 변하고 있는가? 2005년 10월 베이징(北京)에서 우치디(吳啓迪) 중국 교육부 차관은 다음과 같은 말을 하였다.

중국이 급속한 경제 성장을 이뤄나가고 있긴 하지만, 우리가 보유한 지적 재능은 그다지 많지 않습니다. 우리는 나침반, 제지술, 인쇄술, 화약과 같은 중국의 위대한 4대 발명품에 대해 무한한 자부심을 가지고 있습니다. 하지만 후손들은 선조들이 지나온 발명의 행보에 보조를 맞추지 못하고 있습니다. 그 발명품들은 중국인의 타고난 능력을 명확하게 보여주는 것입니다. 바로 지금이 아니라는 법도 없지 않은가요? 중국은 본연의 천성으로 돌아갈 필요가 있다고 봅니다.

앞으로는 예술이 중요한 역할을 담당할 거라 생각합니다. 하지만 그보다 더 중요한 것은 예술과 과학을 결합시켜 창의적이고 독립적인 사고력을 갖춘 인재를 기르는 일입니다. 교사들 중 일부는 예술과 과학의 통합을 이끌어낼 수 있는 자질이 부족한 경우도 있습니다.[06]

우치디(吳啓迪) 차관의 핵심은 바로 이것이다. 중국은 약점을 극복하는 데 중점을 두고 있는데, 창의적인 사고력의 보완이 그것이다. 동시에 예술성 가미를 중요하게 생각하고 있다. 교육의 방향을 이끄는 리더가 자국의 문제점을 정확히 짚어내고 있고, 어떻게 전환해 나갈지를 알고 있다는 것은 이미 상당한 발전의 가능성을 보여주는 것이라고 생각한다. 중국도 고등학교까지 엄청난 양의 암기를 기초로 하는 교육을 받고 있다.

미국 교육 하면 무엇보다도 다양성과 창의성적인 측면이 강점이라고 할 수 있다. "미국 교육에서 늘 강조되는 중요한 원칙이 '다양성(Diversity)'이다. 미국에서 다양성을 중시하는 이유는 다양성이 사회의 생존과 발전을 위해서 꼭 필요하기 때문이다. 다양성을 받아들이는 조

---

06 Thomas L. Friedman, 『The World is Flat』, Picador, 2007년, 366쪽 참조.

직일수록 보다 생산성이 높고, 역경을 헤쳐 나가는 생존능력이 강화된다. 하버드 경영대학원의 연구로는, 은행 직원이 다양한 인종 구성으로 되어 있을수록 예금고가 높아지고, 수익률이 좋아진다고 한다. 직장에서 내가 모르던 새로운 시각으로 세상을 보는 사람을 많이 만나면 만날수록 직원들이 더 뛰어난 대인관계가 가능해지고, 결과적으로 고객 관리를 잘하게 되어 실적이 올라가게 되는 것이다. 반면, 순수한 백인이 직원 대다수인 은행은 해가 갈수록 실적이 떨어져 결국 매각 대상이 되어버리고, 전 직원이 실직을 하게 되는 경우가 많이 발생하게 된다.[07]"는 것이다.

열대어를 다른 기후의 지역으로 보낼 때 열대어가 들어있는 어항에 전갈을 같이 넣는다. 천적과 함께할 경우 열대어는 거의 죽지 않는 반면, 열대어만 넣어서 가면 열대어가 거의 죽는다는 것이다. 적당한 긴장감과 위기의식이 자생력을 키워주기 때문이란다. 위기 때일수록 인간의 세포 또한 더욱 활발하게 움직인다는 것을 교육의 현장에 이입시키는 일은 물론 중요하다. 그것은 일종의 '경쟁력 있는 교육'이란 테마로 명분을 드러낸다. 그러나 이것이 '치열한 경쟁력'이란 구호로 이어질 때조차도 이 명분이 옳은 것일까?

세계 각국은 경쟁력의 강화로 인해 교육방면에서도 경쟁력을 준비하는 교육이 강화되고 있다. 한국은 세계 경쟁력의 경쟁자로 승부를 걸기 위해서는 언어 교육, 특히 영어교육이 중시되고 있다. 오늘날 미국의 교육을 받기 위해 중시되는 영어교육은 말하기·듣기·쓰기·읽기를 부분별로 모두 중시한다. 그렇게 준비하기 위해서 외국인의 입장인 우

---

07 조성기, 'Dr. Ben Carson Story', 「조성기의 교육칼럼」, 2009년 11월 10일.

리가 수고해야 할 몫은 너무 크다. 또 그 부분을 해결하고 나면 언어수단인 영어를 토대로 지식과 경험을 습득하여야 한다. 그것이 몸에 배도록 해야 영어 교육을 제대로 구현할 수 있는 것이다.

미국의 영어수업은 교과서를 기본으로 하여 다양한 연계수업을 중시한다. 논리적으로 표현하는 토론이나 작문을 중시하기 때문에 각기 사고하는 시간을 많이 필요로 한다. 특히, 미국의 교과서는 어떤 작가의 문장도 한 부분만 실어내는 일이 없다. 그것은 문장 전체를 읽어내어 그 작가의 의도와 취지를 정확히 이해하는 것을 중시하기 때문이다. 중고등학생의 교과서가 마치 백과사전처럼 두꺼운 이유도 그 때문이다.

그런데 한국은 어떠한가? 우리의 교과서에는 어떤 작가의 글도 전체를 싣는 예가 거의 없다. 그래서 우리는 부분을 보고 숲을 이해한 것처럼 말하는 예가 많다. 한 단어에 사로잡혀서 전체를 파악한 것처럼 말한다. 그래서 짧은 지식으로 모아진 우리 학생들의 뇌는 많은 지식이 입력되어 있으나 연계해서 생각하는 예가 없고, 무엇을 얘기해도 쉽게 '안다'고 생각하는 짧은 지식의 한계에 묻혀버린다. 이것은 사람들 간에 대화 속에서 악영향으로 나타나기가 쉽다. 짧은 몇 마디나 단어에 매달려 정작 한 사람이 표현하려는 의도나 취지가 제대로 전달되지 않는 예가 너무 많다. 학교에서 학습이 제대로 되지 않으면 사회에 나가서 정치인이 되든 교사가 되든, 상대의 말을 제대로 인지하기도 전에 본인 마음대로 생각하고 결정하기가 쉽다. 깊은 사색 없이 쉽게 '안다'고 생각을 해버리니 이원대립론적인 사고나 편견을 유발하게 되고, 이러한 사고는 심한 긴장과 갈등을 일으킨다.

교육제도라는
이름 아래서의 교육

'교육'이란 이름의 교육, 그 허(虛)와 실(實)

우리는 각자가 교육에 대해서 어떠한 관점과 시각을 가지고 있는가? 과연 교육이란 것이 사람들을 괄목하게 변화시킬 수 있는 것인가? 교육이 사람들을 개선시키고 동시에 평등하게도 만들 수 있는 것인가? 오히려 불평등을 조장하고 신분의 위화감을 조성했던 것은 아닌가? 교육이란 것이 몇 세대를 거듭하여 오면서 꾸준히 반복되어 왔기 때문에 그저 똑같은 관념으로만 굳어져 진행되어 왔던 것은 아닌가?

하버트 스펜서(Herbert Spencer)08를 위시한 여러 철학자들은 교육이

---

08 허버트 스펜서(Herbert Spencer, 1820~1903): 영국 출신의 사회학자, 철학자다. 오귀스트 콩트의 체계에 필적할 대규모의 종합 사회학 체계를 세워 영국 사회학의 창시자가 되었다. 일찍이 자연과학에 흥미를 가졌던 그는 진화철학을 주장하고, 진화가 우주의 원리라고 생각하여, 인간이 살아가는 사회에도 강한 사람만이 살 수 있다는 '적자 생존설'을 믿었으며, '사회유기체설'을 주장하였다.

인간을 더 도덕적으로 만들거나 더 행복하게 만들지 못했고, 인간의 본능도 변화시키지 못했다고 밝히고 있다.[09]

이제 우리가 살아가고 있는 이 시대는 이런 질문을 던져야 할 것 같다. 교육은 아직도 교육으로서의 당위성이 있는가?

라틴적인 제도라고 불러도 무방할 교육제도가 지닌 근본적인 위험은 교과서를 반복 학습하면 지능이 발달한다는 오류에 기반을 두고 있다는 데서 비롯된다. 이런 견해 때문에 교육자들은 책에 담긴 지식을 피교육자에게 최대한 많이 주입하는 데 몰두했다. 그리하여 초등학교에 입학해서 대학을 졸업할 때까지 청소년들은 자신의 판단력이나 개인적인 창의력을 발휘할 모든 기회를 박탈당한 채 오로지 책을 암기하는 데만 몰두해야 한다. 그런 청소년에게 교육은 반복적인 암기와 복종에 불과하다.[10]

그런데 이런 교육이 오히려 신앙의 행위처럼 흘러가고 있는 이유는 무엇이며 그것이 초래하는 결과란 무엇인가?

이런 교육제도는 심각한 위험을 드러낸다고 하여 19세기에 귀스타브 르 봉(Gustave Le Bon)[11]의 『군중심리』에서 다음과 같이 밝히고 있다.

"이와 같은 교육제도는 그 체제를 따르는 사람들에게 자신들이 생활해온 삶의 여건에 대한 증오심과 회피성을 심어주게 된다. 이유는 그

---

09 귀스타브 르 봉 지음, 김상균 옮김, 『군중심리』, 이레미디어, 2008년, 141쪽 참조. 이 저서는 르봉이 1881년에 출간한 1,000쪽에 달하는 대작 『인간과 사회』를 가리키는 것으로 보인다. 이후 르 봉은 사회주의심리와 교육심리에 관한 연구를 더욱 구체화하여 1898년에는 『사회주의심리』를 1902년에는 『교육심리』를 출간했다. - 옮긴이

10 귀스타브 르 봉 지음, 김상균 옮김, 『군중심리』, 이레미디어, 2008년, 143쪽.

11 귀스타브 르 봉(Gustave Le Bon, 1841~1931): 프랑스 사상가, 사회학자, 사회심리학자. 사회 행동에 관한 이론서 중에서 현대정치에 가장 큰 영향을 미친 것은 군집행동에 관한 것이지만 그 기초가 된 것은 1895년 출판된 『군중심리』이다. 당시 상황을 회고하면 부르주아의 지배가 끝나고 산업혁명을 거치면서 노동자계급이 지배계급으로서 정치에 진출하기 시작하였다는 배경이 있다. 이것은 대중이라는 조직이 사회의 보편적 현상이 된 시대였다.

런 여건으로부터 탈출하려는 강렬한 욕망을 자극하기 때문이다. 노동자는 더 이상 노동자로 남기를 원치 않고 농부도 더 이상 농사를 짓지 않으려고 한다." 펜을 든 화이트칼라가 선망의 대상이 된다. 한마디로, 남에게 인정받고 존중받으려는 욕구가 강해진다는 얘기다. 그러다 보니 19세기 프랑스의 학교들은 개인의 창의성을 발휘하지 않아도 되는 공무원을 양성하는 데 필요한 교육에만 몰입하였다. 따라서 정해진 틀과 정해진 관습이나 제도에 맞추어 따라가면 되기 때문에 많은 젊은이들이 이 형식에 맞추어 교육을 받게 되었다.

이와 같은 교육제도의 문제점은 무엇일까? "교육제도는 사회의 최하층에서는 자기들의 입장을 불만스럽게 여기며 언제든지 반란을 일으킬 태세를 갖춘 프롤레타리아 군단을 양성하는 한편, 사회의 최상층에서는 특권의식에 의한 부르주아들을 양산한다.[12]" 사실, 이와 같은 논제는 오늘날의 심각한 한국의 교육을 생각하게 한다. 교육제도를 통해 오히려 신분적 차별화를 양성하거나 대물림하고 있다는 생각이 드는 이유는 무엇 때문일까? 이미 몇 세기 전에도 지적해온 이 논제를 왜 아직껏 해결하지 못하고 관행처럼 좇는 것일까?

국가는 각종 졸업장이나 자격증을 소지한 사람들을 대량 생산하는 데 열을 올린다. 엘리트를 배양한다는 교육철학의 정당성에 사람들도 매료된다. 끝없이 꿈이 있는 도전을 이야기하면서 치열한 현장에서 성공하기 위해 얼마나 노력하며 많은 스펙을 쌓아야 하는지 설명한다. 한번 그 맛에 빠져들면 거기서 헤어나오기가 쉽지 않다. 정작 그들 가운데 극소수밖에 활용하지 못한 채 나머지는 실업자로 방치되고 마는데

---

12 『군중심리』, 144쪽.

도 말이다. 졸업장과 자격증을 소지한 사람들의 경쟁이 시작된다. 그 결과 피라미드 형태의 사회계층이 형성되기 시작하고, 강자와 약자, 최하층과 최상층의 개념이 생기게 된다. 최상층의 신분을 얻으면 그들의 인생은 성공신화로 둔갑하지만, 그렇지 못할 경우에는 한순간 인생의 실패자로 낙인찍힌다. 때로는 인격 모독의 발언을 듣거나 쓸모없는 쓰레기 취급을 받기도 하면서 말이다. 이러한 상황에 내몰린 인간이 과연 존엄한 것인가? 이러한 시각을 사회에 만연화시키면서까지 '교육'이 합당한 이유는 무엇이며, 또 '교육'이 정당화될 수 있는 이유는 무엇인가?

정작 세상을 변화시키고 아름답게 창조해온 것은 틀로 지어지지 않은 누군가의 의지력, 창의력, 기업정신과 같은 것이었다. 그리고 역사의 한 획을 그을 수 있는 진지한 사명의식이었다. 그런데 프랑스의 재래식 교육이 피상적인 지식을 주입하고 교과서의 내용을 달달 외우게 하는 교육임에도 불구하고[13], 그런 교육이 과연 지식수준을 향상시킬 수 있을까? 인생을 성공적으로 이끄는 것은 판단력, 경험, 창의력, 인격이다. 이런 자질들은 책으로만 얻을 수 있는 것이 아니다. 그러나 오랜 시대를 거치면서 책을 통해 얻은 지식의 소유자가 리더가 되는 경우가 많았고, 그들이 이끄는 세상대로 우열이 가려진다. 인생의 아름다움을 성공과 실패라는 이분법 논리와 개념으로 이끌어가고 있다. 우스운 얘기다. 분명히 교육의 장(場)은 신분의 변화와 이동을 이끌어낼 수 있는 소통의 장이 되어야 하며, 꿈과 희망을 유출하는 장이 되어야 함에도 불구하고 말이다.

무엇보다도 '교육'의 현장을 통해서 인생을 성공과 실패, 혹은 우열이

---

13 사상가 텐은 라틴족과 앵글로 색슨족의 교육제도를 비교하여 그와 같이 지적한 바가 있다.

라는 논리와 개념으로만 이끌어가는 것은 매우 위험하다. 당장의 평가 기준에 따라 청소년기는 물론, 미래를 단정 짓고 평가 내린다는 것은 어리석은 일이다. 사회가 말하는 성공과 실패, 그 여부에 따라 사람들은 정말 행복과 불행으로 구별 지어지는 것인가? 판사나 의사가 되면 성공이고, 그렇지 않으면 실패인가? 판사나 의사가 되면 정말 행복한 인생인 것이고, 그렇지 않으면 불행해지는 것인가? 다양한 사회의 변화를 추구하는 이런 시대를 살면서 오히려 극단적인 이념만을 양축으로 생각하고 산다는 것이 어떻게 가능한 일인지 의아하다. 정작 그들에게도 위기의 바람이 불기 시작했는데 말이다.

아주 간단한 한국의 사례를 보자. 한국의 최고 의과대학에서 학부는 물론 석·박사과정을 마친 의사가 땅값 비싼 지역에서 개업을 했다. TV에 자주 얼굴을 비춘 덕에 환자들에게 꽤 인기도 있었다. 그런데 환자들과 상담을 하고 최선을 다해 진료를 봐도 병원 월세를 내기가 힘들어졌다. 이유는 건물주가 유명한 의사니 돈을 잘 벌겠다 싶어 월세를 계속 올렸다는 것이다. 이때 돈을 버는 능력, 전문성, 사회적 책임이나 신념이 얼마나 버틸 수 있을까?[14]

2012년 법학 전문대학원(로스쿨) 졸업생 배출을 앞두고 기존의 사법시험 출신 변호사들과 로스쿨 재학생 간 갈등 역시 대표적인 사례이다. 대한 변호사 협회는 로스쿨생들이 6개월 실무 연수를 로펌이나 합동법률사무소에 위탁하려고 하지만, 로펌 등은 "직접 뽑은 변호사 교육하기도 바쁘다."라며 외면하고 있다. 명문대 입학의 대표적인 등용문인 사법시험도 로스쿨 체제로 바뀌었다. 어렵더라도 1~2차 필기시험

---

14 졸고, 『팍스 아메리카의 침묵』, 생각나눔, 2014년, 187쪽 참조.

을 통과하기만 하면 됐던 행정고시에도 3명 중 1명이 떨어지는 면접이 도입됐다. 시험 결과를 통해 자기 자신을 드러낼 수 있었던 '자천(自薦)'의 시대에서 누군가의 낙점을 받아야 원하는 자리에 올라설 수 있는 '타천(他薦)'의 시대로 세상이 변한 것이다.[15] 전상인 서울대 사회학 교수의 말처럼 '이미 기득권에 올라선 이들이 후반 주자가 올라갈 수 있는 사다리를 걷어차려 하고 있다'고 하니 사다리를 타고 올라가려는 사람들의 간절한 욕구는 더 큰 허기를 부른다. 그러나 기득권에 올라선 주자는 모두 행복했을까?

2010년 한국에서의 한 판사는 사람들 간의 이해관계에 얽혀 법정에서 늘 험담과 쌍방의 다툼으로 싸우는 모습을 보면서 영적·정신적 고통을 겪었고, 심한 우울증에 시달린 끝에 자살로 그의 생을 마감하기도 했다. 사회적 지위와 체면으로 포장되어 오히려 자신의 내면적 아픔과 고통을 호소할 수 있는 통로가 막혀 있었기 때문이라면 한 개인의 문제가 아니라 사회의 시스템이 방치했던 결과로 보아야 마땅하다. 행·불행은 수직적인 기준에 있는 것이 아니라 수평적 관계성 속에 있다는 것을 사회는 시사해주어야 한다. 그러려면 사회가 범하는 많은 오류에 대한 대응책과 프로그램을 마련해야 할 것이다.

장자(莊子)의 마인드처럼 봄이 지나가면 여름이 오고, 여름이 지나가면 가을이 오는 것이고, 가을이 지나가면 겨울이 오는 것이 인생의 순리다. 성공했다고 하는 사람도 실패했다는 사람도, 사회의 강자라고 생각한 사람도 약자라고 생각한 사람도, 건강하던 사람도 건강하지 못했던 사람도 모두 이 자연의 순리를 만나게 된다. 여기서 잠시 성공과 실

---

15 주관웅 기자, '살벌한 로스쿨…… 동료가 답안 늦게 내자 집단 항의', 「조선닷컴(chosun.com)」, 2011년 7월 6일.

패라는 단어로 인간과 사회를 계급화하는 측면이 아닌, 인생의 질적인 측면을 살펴보기로 하자.

김태원이라는 가수는 젊은 시절 자신의 음악성으로 세상에 알려졌다. 많은 이들이 그를 좋아했지만, 그는 얼마 후 작곡가로서 음악을 만들기보다는 방탕한 생활에 젖어들었다고 한다. 그 결과 그는 무명시절 20년을 거쳐야 했다. 그는 늘 돈이 없었기에 배가 고팠고 자신의 아이가 자폐증으로 아프다는 것도 뒤늦게서야 알게 되었을 만큼 그의 삶엔 마음의 여유도 없었다. 그러나 그가 다시 음악으로 세상에 알려졌을 때 그는 자신의 태만했던 점, 가슴 아프게 인생을 보냈던 점, 무능했던 시점의 결핍, 그 쓰라림을 뼈저리게 경험한 이후였다.

세상에 그의 이름이 다시 드러나게 되었을 때, 아픔이란 것이 무엇인지 알기에 후학들을 키워내는 데 있어서 공격적으로 가르치지 않았다. 부드럽게 상대방이 알아들을 수 있도록 눈높이를 맞추었다. 그리고 음악이 생명력을 발휘하려면 어떻게 가슴에서 녹아나야 하는지를 따뜻하게 설명했다. 그의 노래가사는 어느새 한 편의 시가 되어 가슴에 녹아내린다. 그리고 대중은 그의 시에 매료된다. 그의 20년 방황은 과연 아무런 가치가 없었으며 무력한 것이었을까? 그의 인생 마디마디를 누구도 실패라고 말하는 사람은 없을 것이다. 그것은 그저 과정이었을 뿐이다. 그의 인생에 봄·여름·가을·겨울의 질서가 없었다면 그의 음악이 대중에게 그렇게 큰 감동을 줄 수 있었을까? 아울러 대중과 교감(交感)이 되는 언어가 만들어지는 일은 과연 가능한 것이었을까?

불과 얼마 되지 않는 극소수의 지식인이나 교육받은 사람을 양성하기 위해 너무나 많은 사람들을 '교육'이라는 이름으로 희생시킨다. 그것은 인간과 사회, 인간과 사물에 대해 좀 더 예리하고 정확하게 바라볼 수 있는 여유와 기회를 빼앗는 것과도 같다. 마치 '오즈의 마법사(The Wizard of Oz)'처럼 끝없이 꿈을 지니고 도전하라고 격려하거나 채찍질한다. 자신의 한계와 싸우라고 말한다. 과거의 자신이 성공하거나 실패도 하면서 다시 일어서기 위한 도전이 오늘의 성공을 이루었다고, 그러니 신세대의 사람들도 같은 방식으로 그렇게 노력하라고 한다.

인생을 성공과 실패로만 보는 이원화는 정당한가? 성공과 실패의 기준은 무엇인가? 인생을 그렇게 획일적인 좌표에 맞출 수 있는 것인가? 실패했다고 불행하다고만 할 수 있을까? 성공했다고 해서 행복할 수 있는 것이 인생일까? 실패했다는 단어 안에 포함된 많은 깨달음, 인간이 느낄 수 있는 많은 아픔, 슬픔, 처절함, 비참함을 느낀 사람, 더군다나 바닥까지 미끄러져 내려간 사람은 과연 실패란 단어를 족쇄로 삼아 그 안에 갇혀지는 것일까?

바닥을 보았다는 것은 절정으로 올라갈 수 있다는 것을 발견할 수 있는 정점이다. 또한, 절정에 올라가 있다는 것은 다시 바닥을 향해 내동댕이쳐질 수 있는 정점이기도 하다. 그러나 인생에선 그 찰나에 느끼는 느낌과 정서들이 다시 철학이 되어 인간을 변화시키기도 하고, 정화를 시키기도 한다. 그것이 인간의 아름다움이며, 숭고함이란 것을 깨닫게 하며, 동시에 모든 인간은 그 자체만으로도 이미 귀하고 아름답다는 것을 알게 해준다.

교과서 위주의 이론적 교육과 기계적 주입이 아니라 실습 위주로 이루어지는 학교를 생각해보자. 예컨대, 엔지니어 교육은 학교가 아니라 공장실습으로 진행되는데, 그런 실습교육은 교육받는 개인들의 자질에 따라 각자의 지식수준을 최대한 향상시킬 수 있다. 이러한 교육은 프랑스 사상가 텐[16]이 교과서 위주의 주입식 교육에 대한 해법으로 제시했던 내용이다. 병원, 공장, 건설현장 등에서 어릴 때부터 실습생활을 시작한 학생들은 예술가 지망생들이 작업실에서 단계를 밟아나가는 형태의 수련과 실무를 익힌다. 그들은 실습을 시작하기 전에 먼저 개괄적인 교육을 받음은 물론, 현장에서 익힌 기술과 경험에 완전히 숙달하는 실습교육을 받게 된다. 덕분에 학생들의 실무능력은 당장이라도 자신이 맡게 될 특수 작업에 원동력을 제공할 만한 능력을 개발할 수 있다.

그러나 서구에서 공학은 이제 구식이 되어버렸다. 1950년대와 1960년대만 해도 미국에서 가장 뛰어나고 촉망받는 인재들은 대부분 물건을 만들어내는 험한 일을 마다하지 않았고, 무언가를 발명하는 현장에서 열심히 일을 했다. 그러나 이제 기술직은 기피대상으로 낙인이 찍혔고, 아이들에게 변호사나 회계사, 의사 등 '전문직 종사자'가 되라고 부추긴다.

미국에서는 학부의 공학 학사 졸업자 수가 1980년대 중반 약 8만 명으로 정점에 올랐다가 2000년에 가까이 가면서 약 6만 5,000명으로 줄었다. 이와는 대조적으로, 2008년 중국에는 약 370만 명의 공학도가 있다. 1999년까지 거슬러 올라가면 중국에서 학사 학위자 70% 이상이 과학과 공학 전공이었다. 반면에, 2009년 『포브스』 기사에 따르면 미국에선 변호사가 공학도에 비해 41:1의 비율로 선호된다. 더 자세히 들여다 볼수록 실상은 더욱 심각하다. 2004년 18세에서 24세까

---

16 이폴리트 아돌프 텐(Hippolyte Adolphe Taine, 1828~1893년): 프랑스 사상가, 비평가, 역사가이다. 19세기 프랑스 실증주의에서 가장 존중받는 해설자의 한사람으로서 인간성 연구에 과학적 방법을 적용하려고 시도했던 인물이다.

지의 인구에서 자연과학이나 공학 학위를 가진 사람의 비율을 조사한 결과 미국은 조사대상 국가 가운데 17위였다.[17]

서구, 특히 미국과 영국은 지난 30년간 활력이 떨어지는 서비스 산업에 치중하느라 철강과 조선 등 전통적인 산업기반을 해체하고, 한때 논란의 여지가 없었던 교육훈련과 과학기술에 대해 무관심해져 가고 있었다. 그들은 지난 30년간 가장 유능한 인재들을 컨설팅과 금융서비스, 은행업으로 끌어들였다. 그런데 바로 그 산업이 2008년 금융위기로 몰락했다. 그렇다면 그 유능한 인재들은 앞으로 무엇을 해야 할 것인가?[18] 한때 서구를 일으켜 세웠던 제조업 혁신에 대한 가치를 배우지 못한 이 젊은이들의 목표는 어떻게 전환해야 할까? 이러한 성향은 한국도 심각한 사회문제로 부각되고 있다.

학생들을 교실에 앉혀놓고 교사가 주도하는 교과서 위주의 이론적인 교육과정을 생각해보자. 이러한 주입식 교육은 학교 안의 엘리트 의식을 심어주는 기능은 할지언정, 사회와 직면하여 어떻게 대처하고 어떻게 극복해야 하는지를 가르치지 못한다. 삶을 살아가는 실제적인 상식과 용기와 의지력 또는 방어력을 배우지도 못한다. 극소수의 지도계층 배양을 위해 지극히 정형화되어 있는 교육을 지탱해 나간다는 관점도 있을 것이다.

동·서양을 막론하고 공부 잘하는 사람들에겐 일반적인 공통점이 있다. 무슨 일이든 쉽게 의심을 품지 않고 정해진 시스템 안에서 시키는 일에 열심이다. 그런 사람들은 대부분 관료, 학자, 변호사, 의사 등 그

---

17 담비사 모요 지음. 김종수 옮김. 『미국이 파산하는 날(How the west was lost)』, 중앙북스, 2011년, 149~151쪽 참조.
18 상동, 156쪽 참조.

사회의 성실한 엘리트가 된다. 자기 주도적이기보다는 정해진 규준을 잘 따르는, 충실한 유형의 사람들이 많다.

『로마인 이야기』를 15년에 걸쳐 쓴 시오노 나나미는 그러한 수재형 인간에 대해 다음과 같이 말하고 있다. "일본을 '잃어버린 10년'으로 빠뜨린 것도 이들이다. 그들이 성장해 사회에서 기반을 굳혀간 1960~1980년대까지는 일본이 뭘 해도 성공하던 시절이었다. 하지만 성공 체험만 한 사람들은 머리가 굳어버린다. 곤경에 처하면 헤쳐 나갈 방도를 못 찾는다. 베를린 장벽이 무너지고 세계정세가 급변할 때, 뭘 어떻게 해야 할지 우왕좌왕한다는 것이다."

일본의 최고 항공사였던 JAL이 하루아침에 문을 닫게 된 이유도 이런 수재형 리더들의 마인드가 획일적이었기 때문이었고, 132년간 시장을 독주했던 코닥이 2012년 1월 19일 파산보호를 신청하는 신세가 되어버린 것도 창업자 이스트먼이 가졌던 시장 개척자로서의 리더십이 없었기 때문이다. 즉, 적시에 결정을 내리고 그 결정에 대해 추진력 있게 밀고 나갈 수 있는 힘이 없었던 것이다. 생각이 한쪽으로 정형화되어 있는 사람들에겐 선회해서 다른 방향을 찾아나간다는 것은 너무나 어려운 일이다. 과감함과 추진력을 찾아보기가 당연히 어려운 인물 형상이다. 이것은 동양, 특히 한국의 교육을 통해 나타날 수 있는 인물의 유형들이기도 하다.

그렇다면 고대(古代) 중국은 교육에 대해서 어떠한 관점을 가지고 있는가? 중국인들의 정신적 수양의 원조라고 할 수 있는 유가(儒家)에서 먼저 살펴보기로 하자.

공자(孔子)는 일찍이 이런 말을 하였다. "배우기만 하고 생각하지 않으면 한계에 갇히고, 생각만 하고 배우지 않으면 위태롭다.[19]" 글을 많이 읽어 배우기만 하고 사색을 하지 않으면 아무 소용이 없는 것이고, 배운 바의 뜻을 철저히 이해해야 한다는 뜻이다. 반면에, 생각만 할 뿐 독서를 통한 지식을 받아들이지 않으면 탄탄한 내공이 없어 흔들림이 많다는 것이다. 이것은 마치 현대인들이 네트워킹이나 인터넷을 통해서 짧은 지식·정보를 듣기는 하여도 자신이 깊이 있게 공부하고 생각하지 않으면 신념과 가치가 쉽게 흔들릴 수밖에 없다는 것과 같은 의미다. 그러므로 깊이 있는 독서를 하고 새로운 지식을 받아들이되, 자기의 것으로 소화해내는 것은 매우 중요한 일일 것이다. 비판력과 통찰력을 키우는 것까지가 지식인이 해야 할 일이다. 그러지 않으면 거대한 지식 정보와 사람들의 다양한 의견에 따라 이리저리 휩쓸리는 군중으로 머물 뿐이기 때문이다.

공자(孔子)가 말하기를, "알지 못해 분발하지 않으면 계발해주지 않고, 한 모퉁이를 가르치면 나머지 세 모퉁이를 알 만큼 반응을 보이지 않으면 더는 가르치지 않는다.[20]" 공자(孔子)는 상대를 가려서 그 수준에 맞게 교육했고, 특히 자신들이 스스로 분발할 수 있게 가르쳤다. 한마디로 눈높이 교육을 해야 함을 강조한 것이다. 그러므로 제자가 의문을 품고 고민할 때는 스스로 분발하여 해결할 수 있도록 도와주는 것이 스승의 할 일임을 가르치고 있다. 또 깊이 사색하여 표현할 방법을 찾으나 언어적으로 표현을 잘못한다면 설명해주어야 할 것이다. 제자가 하나의 과제를 이해하고 나면 다른 것도 터득하기 위해 자기 사고

---

19 子曰, "學而不思, 則罔, 思而不學, 則殆." -『論語, 爲政篇』
20 子曰, "不憤不啓, 不悱不發, 擧一隅, 不以三隅反, 則不復也." -『論語, 述而篇』

의 시간이 있어야 한다. 배우는 제자가 자기 노력과 계발의 시간이 없이 무조건 스승이 알고 있는 것을 다 알려주면 그 제자가 성숙할 수 있는 시간은 없어질 수 있기 때문이다.

현재 한국 교육이 기존에 있는 이론을 주입하기만 하고 자발적으로 사고하는 측면을 유도하지 못하는 부분을 돌아보게 하는 교훈이라 할 것이다. 또한, 이렇게 주입식 교육에 빠져들다 보면 여러 가지 사고를 수용할 수 있는 힘이 생기기보다는, 흑백의 논리처럼 색깔을 가려내는 논리로 빠져들기 쉽다. 이것은 생각의 장(場)이 자유롭게 열려야 하는 사회구조에서 편견과 폐쇄주의에 빠져들 수가 있다. 깊이 생각하는 과정이나 여과 없이 그저 군중의 하나가 되어 군중심리에 휩쓸리기 쉽다.

또한 공자가 진(陣)나라에서 말하였다. "돌아가자! 돌아가자! 우리 고장의 젊은이들은 뜻이 크고 진취적이긴 하지만, 조잡하고 알차지 못하다. 또한 문물제도는 빛나게 되어 있으나, 그것들을 바르게 재량해 활용할 줄을 모르고 있다.[21]"

현실이 어두울수록 그 사회의 미래는 '교육'이 결정한다. 차세대 주인인 젊은 세대의 의식이 미래를 좌우하기 때문이다. 고향의 제자들은 위대한 포부를 갖고 학문에 골몰하고 있으나, 이상만 높을 뿐 그 높은 이상을 현실에서 유용하게 쓸 줄을 모르는 것을 한탄한 공자(孔子)의 말이다. 공자(孔子)는 그들에게 학문을 하되 현실적 방향을 제대로 제시하고 결실을 맺을 수 있어야 한다고 했다.

아무리 글을 많이 읽어 학문적 품격을 드러낸다고 하더라도 현실과 접목을 하지 못하는 논리는 사회를 변화시키거나 개선시킬 수가 없다.

---

21 子在陳曰, "歸與歸與, 吾黨之小子狂簡, 斐然成章, 不知所以裁之." – 『論語, 公冶長』

학문한다는 것은 너무나 좋은 일이지만, 관념적 한계에 갇혀있으면 오히려 답답한 탁상공론이 될 뿐이다.

21세기 교육의 역할

　과거의 전문가가 오늘 이 시대의 전문가라고 말할 수는 없다. 안철수 원장은 "21세기를 살아가려면 '내가 틀릴 수도 있다'는 마음자세가 중요하다."라고 얘기했고, 이어서 그는 "지난 1990년대 벤처산업 붐이 일던 제1차 정보기술(IT) 혁명 때와 달리 페이스북, 트위터 등으로 대변되는 21세기 제2차 IT 혁명은 정치, 경제, 사회, 문화 등에서 상하좌우 경계를 허물고 있다. 이에 대처하는 전문가의 자세가 중요하다."라고 말하고 있다.[22]

　한국에서는 고등학교 교육과정까지 다방면의 지식과 정보를 습득하고 암기한다. 학생들이 자기 계발이라든가 정작 자신이 무엇을 좋아하는지를 모르고 사는 경우가 많다. 깊이 있는 지식을 갖기도 어렵다. 이것은 내공이 쌓일 시간과 심리적 여유가 없음을 의미한다. 한 국가의 상당한 인적 손실을 유발한다고 할 것이며, 동시에 한 인간의 행복을 방해하는 제도라고도 볼 수 있다. 이것은 매우 불행한 일이다. 어떠한 제도나 체제가 한 개인이 행복을 발견할 수 있는 권리를 침해한다면 그 체제는 전환을 해야 한다고 볼 수 있다. 한 세대에게 유용했다고 해

22　송주희 기자, "안철수 원장, 'SNS 혁명이 모든 경계 허물고 있다'", 「서울경제」, 2011년 6월 17일.

서 혹은 지난날 유용했던 체제라고 해서 현재도 유용할 것이란 생각은 현시대에 맞지 않는 말이다.

암기식 교육의 폐해는 일일이 열거할 수 없을 만큼 자주 발생하고 있다. 그와 관련된 재미있는 이야기가 있다. 옥황상제가 아인슈타인, 에디슨을 한국에 다시 태어나게 해주었으나, 시간이 지나도 한국의 발전에 진전이 없자 두 사람을 찾아가 보았다. 먼저 아인슈타인을 만나 보니 그는 대학에도 못 가고 허드렛일을 하고 있었다. 옥황상제가 물었더니 아인슈타인은 수학에 가장 자신이 있지만, 그것만으로는 대학에 들어갈 수가 없다고 했다. 다음으로 에디슨을 찾아갔다. '에디슨은 원래 대학을 안 나왔으니까 잘 되었겠지' 했더니, 그는 발명은 했는데 특허를 얻기가 어려워 특허 관계법을 공부하고 있다는 것이었다.[23] 우리 한국 교육의 한계를 아프게 묘사한 얘기이다.

마커스 버킹엄(Marcus Burckingham)은 다음과 같이 말하고 있다. "자기 계발은 약점을 보완하는 것으로 인식하는 사람들이 많다. 말을 잘못하니 웅변학원에 다니고, 글을 잘못 쓰니 표현력을 기르려고 한다. 가장 성과가 약한 일에 가장 많은 시간과 돈을 투자하는 꼴이다. 자기 계발은 자신의 강점을 발견하고 집중적으로 활용함으로써 스스로 차별화시키는 것이다.[24]" 현대 경영학의 아버지인 피터 드러커(Peter Ferdinand Drucker) 역시 이와 비슷한 말을 했다. "세상에서 가장 어리석은 인간은 자기가 제일 잘하는 것을 더 잘하려고 하지 않고 잘못하는 것을 잘하려고 노력하는 인간이다. 그래서 현대 경영학에서는 송곳처럼 뾰족한

---

23 차동엽, 『무지개 원리』, 위즈앤비즈, 2008년, 18쪽 참조.
24 마커스 버킹엄(Marcus Burckingham), 박정숙 역, 『위대한 나의 발견 강점혁명』, 청림출판, 2005년.

사람이 되어야 한다."라고 강조한다. 자기 강점을 계발해서 전문성을 지니란 말이다.

모든 사람이 영어를 잘하고 수학을 잘하며, 과학을 잘할 필요는 없다. 마찬가지로 모든 사람이 체육과 미술, 그리고 음악을 잘할 필요도 없다. 우리는 각자의 개성을 인정하는 교육체계를 이루어야 한다. '세계화'와 '경쟁'이라는 말보다는 나의 행복이 무엇인지를 알게 해주는 교육으로 변화해야 한다. 따라서 '부익부 빈익빈(富益富 貧益貧)'의 빈부격차가 커지는 사회적 성향일수록 교육의 장에서만큼은 신분의 변화와 개성의 존중, 소통이 자유로울 수 있는 기회가 마련되어야 한다. 젊은이에게 꿈과 비전을 가질 수 있는 통로가 되어주어야 한다는 얘기다.

뉴질랜드나 영국도 미국처럼 필수과목 이외의 옵션과목들은 학생이 직접 플랜을 짜게 된다. 뉴질랜드의 경우는 수학, 과학, 사회, 영어, 체육 5과목이 필수과목이다. 체육과목이 필수적인 것은 우리의 시각으로는 이색적이다. 건강한 신체를 통해 건강한 정신을 가질 수 있다는 것이 그들의 기본 마인드인데, 매우 과학적이고 합리적인 생각이다. 교육은 평생교육으로 생각할 일이지, 대학입학과 취업, 승진을 위한 과정에만 그쳐서는 안 되기 때문이다. 그러자면 건강한 체력을 중시하는 것은 기본이다. 옵션과목에는 종류가 다양한데, 학생이 갈 대학의 전공이나 자신의 진로 희망에 맞게 과목을 정해서 수업을 들으면 된다. 입시를 앞둔 학생들도 연극단원이 되기도 하고, 음악수업을 통해 인생에 관해 생각할 기회를 갖게 하는데, 그 속에서 학생들은 스스로 학업과 취미활동의 균형을 잡는 법을 터득한다.

모든 사람의 인생은 한 편의 영화와 같다. 화려한 주연도 필요하지만, 주연을 받쳐줄 수 있는 조연의 역할도 필요하다. 수많은 엑스트라가 있어야 하며, 스태프와 배경, 음향효과와 영상음악이 있어야 하고, 촬영감독과 코디네이터가 있어야 한다. 무엇보다 전체 영화를 계획하고 설정할 수 있는 감독과 구체적 상황이 그려지는 대본이 있어야 한다. 화려한 주연이 모든 사람의 스포트라이트를 받는 것은 사실이지만, 어느 한 사람의 사소한 역할도 빠지게 되면 촬영은 무산이 되고 만다. 조명등을 켰다 껐다 하는 스태프의 역할은 아주 작고 보잘것없어 보이지만, 그가 조명등을 담당하는 역할을 제대로 못 해내면 그 무대는 어떻게 될까? 무대를 비롯해 다른 준비가 아무리 완벽하게 준비되었다고 하더라도 무대 위의 주연배우가 빛날 수 있을까? 어느 한 사람의 역할도 귀하지 않은 것이 없다. 모두 소중하다.

경쟁 위주로 살다 보면 당장 1년의 계획과 설계는 있어도 인생 전체를 어떻게 살아야 할지, 그 목표와 목적을 상실하기 쉽다. 인생을 얼마나 자유롭고 행복하게 살아야 하는지, 적어도 교육의 현장에서만큼은 설명되어야 한다. 당장 돈 몇 푼을 벌기 위한 수단을 찾기 위해 스펙 쌓기에 연연할 것이 아니라 먼 길을 어떻게 살아가야 할지에 그 목적과 목표를 알게 해주어야 한다. 즉 '무슨 일을 하며 살 것인가'가 초점이 아니라, '어떻게 살 것인가'라는 질문을 던져야 한다. 군중 속에서의 나는 누구인지 깨닫게 해주어야 한다. 군중이 좇는 삶이 아니라 내가 누구이며, 내가 정녕 원하는 것이 무엇인지 고민하게 해주어야 한다. '직업(Job)'이 자기 삶의 중심이 되는 것이 아니라, 자신의 '건강한 행복과 자유로움'에 초점을 두어야 할 것이다.

지금 이 시대에는 미국이 아닌 중국이 무한한 가능성을 향해 도전을 하고 있다. 창의력을 강조하고 살아왔던 미국의 교육시스템 아래서 이제 새롭게 도전을 하려는 이들은 미국의 국적을 가진 자들이 아니라, 새롭게 이민을 선택한 이방인들이거나 아시아안인 경우가 많다.

그들이 표출하는 기본적인 매너나 생활방식, 질서 개념, 준법정신이 어떠하건 간에 그들은 결코 더 이상 우스운 존재들이 아니다. 이미 기존에 캐나다에서 석탄을 캐며 생활고를 해결하려던 이민자들이 아니고, 새롭게 각성하고 시대를 읽어가려는 신이민 세대들이다. 그들의 도전을 여전히 기존의 관념하에 빠져서 중국인을 바라보고 그들의 교육 열정과 수준을 소홀히 한다면 미국은 지속적인 후퇴만을 거듭하게 될 것이다. 자국에 대한 자존심을 유지하는 일은 중요하다. 그러나 자국만이 최고라는 권위주의에 빠져 시대적 흐름을 보지 않고 과거의 잣대로 현시대를 견주어 말한다면 그것은 퇴보하는 행위이다. 그저 한 곳에 고여 있는 물이라고밖에는 말할 수가 없다. 외부로부터 위기의식을 갖고 대비하지 않으면 그 순간부터 후퇴. 왜냐하면, 교육은 틀림없이 차세대의 미래를 읽을 수 있는 잣대인 것만은 사실이기 때문이다.

21세기 지식 사회에서는 교육받은 사람이 중심이 되는데, 그 이유는 지식 사회에 있어서는 통화, 경제, 직업, 기술, 중심 이슈, 그리고 무엇보다도 정보가 세계적이고 전문화되기 때문이다. 사실 지식 사회는 인문주의자들이 이상형으로 생각하는 것과는 다른 유형의 교육받은 사람을 필요로 한다. 지식이 중요한 자원이 됨에 따라 교육받은 사람은 시대적 새로운 요구와 새로운 도전, 그리고 새로운 책임에 직면하게 되었다. 따라서 시대가 요구하는 새로움을 준비하는 20~30대의 마인드는 확실히 달라졌다. 이전 세대가 중시하던 이데올로기와 조직을 중요시하지 않는다. 그들은 개인의 가치관을 소중하게 여기지 않는 조직을 지키려고 하지 않는다. 따라서 이러한 세대들의 또 다른 지향, 흥미 그것을 제대로 통찰할 수 있는 전문가의 시각이 너무나 중요한 시대가 되었다.

왜 어떤 사람의 눈으로는 현재의 세계와 미래의 세계가 보이는데 왜 어떤 사람의 눈으로는 현재조차 볼 수 없는 것일까? 여기서 교육받은 사람이란 의미는 결국 사회를 주도하는 리더가 다양한 지식을 섭렵하여 통찰력을 가지고 있어야 한다는 논리일 것이다. 통찰가는 자신의 예감을 검증하고 어떤 것이 연구할 만한 가치가 있는지를 찾아내는 훈련이 필요하다. 그러나 직관, 예감, 아이디어로 채워야 하는 창조적인 것이란 어떤 것을 찾아야 할지를 배우는 일이기도 하지만, 어떤 것을 빨리 버려야 할지를 배우는 일이기도 하다.

중국의 유가(儒家)와 도가(道家)의 사상은 확연한 차이를 보인다. 그러나 이들에게 있어 지식은 '무엇을 할 수 있는 능력'을 의미하지 않았다. '인간이 어떻게 살아야 할지' 문제를 생각하는 능력이었다. 즉, 지식은 '실용성'을 내포하고 있지 않았다. 실용성(utility)은 '기능(skill)'― 그리스어로는 'technic'을 말한다.[25] 말하자면, 동양 철학자의 지식에 대한 개념은 만물의 이치를 깨달음이었고, 그것이 학문을 하는 목적이고 이유였다. 동시에 그들의 깨달음이야말로 세상을 살아가는 방식으로 이용되었던 것인 반면에, 소크라테스와 프로타고라스는 'techne'를 중요하게 여겼다.

---

25 피터 드러커 지음, 이재규 옮김, 『프로페셔널의 조건』, 청림출판, 2009년, 37~38쪽 참조. 그리스어로 장인 기술자에 해당하는데, 그리스 신화에 의하면 프로메테우스가 인간을 위해 불과 함께 신들로부터 훔쳐온 자연을 가공하는 기술을 의미한다.

반전통주의자들은 주로 '인도주의(humanism)'에 관심을 두고 있기 때문에 그들의 목표는 같다. 그것이 무엇으로 표현되든 그것은 관계가 없다. 서유럽에서는 '교육받은 사람'이라고 하고, 중국과 일본에서는 '문인(文人)'이라고 불리는 것과 같이 말이다.[26]

'인문주의자(humanists)'라고 불릴 수 있는 사람들 또한 오늘날 미국의 교육제도를 비판하는데, 현재 미국의 교육제도가 보편적인 교육을 받은 사람을 배출하지 못하고 있다고 비난한다. 인문주의자들은 19세기로의 회귀, 즉 '교양과목', '고전문학' 혹은 독일식의 '교양인'으로 돌아가자고 주장한다.[27] 이러한 논리에도 상당한 합리성과 정당성은 있다.

미국은 자본주의 국가이며 모든 것이 '돈' 우선이다. 집을 렌트할 경우든, 학교의 학비를 부담할 때든 반드시 그 사람이 경제적으로 해결할 능력이 되는지를 확인한다. 병원마다 '당신이 진료 받은 비용을 지불함으로써 당신의 의무를 이행하라'는 간판이 걸린 것을 보고 의사가 되는 것을 포기했던 켄 월버(Kenneth Earl Wilber)[28]의 말 속에서도 미국사회가 중시하는 것이 무엇인지를 실감할 수 있다. 그러니 인간이 무엇이며, 인간이 어떻게 인간답게 살아가야 할지에 대한 학문적 내공과 사회학습이 결여되어 있다고 볼 수도 있다. 따라서 인간에 대한 심각한 고민과 회의를 하는 인문학자의 눈으로 본다면 화려한 장막 뒤에 정신적 결핍의 미국을 비판하는 것은 당연할 수 있다.

지식이 핵심 자원이 되는 이 시대는 교육받은 사람이 그 중심축을 이

---

26 피터 드러커 저, 이재규 옮김, 『프로페셔널의 조건』, 2009년, 329쪽 참조.
27 피터 드러커 저, 이재규 옮김, 『프로페셔널의 조건』, 330쪽 참조.
28 켄 월버(Kenneth Earl Wilber, 1949~): 잭 크리텐든(Jack Crittenden)은 "21세기는 다음 세 명 중 한 명을 선택해야 할 기로에 놓여있다. 아리스토텔레스냐, 니체냐, 아니면 월버냐."라는 격찬을 했다. 켄 월버는 동서양의 지혜를 심도 있고 광범위하게 통합시킨 사상가이며, 심리학자이다.

룰 것은 틀림없다. 과거에는 교육을 받아 지식을 갖춘 사람을 엘리트라고 하여 특권의식을 가질 수 있었다. 그러나 지식사회가 필요로 하는 정보, 기술력과 통찰력을 중시하면 할수록 엘리트라는 특권의식은 시대의 변화에 따라 부응하지 못하는 패러다임과 같은 역할을 할 것이다.

여권 소유자가 국민의 30%밖에 되지 않을 정도로 세계화에선 크게 뒤떨어지는 미국에도 새바람이 불고 있다. 뉴욕 김신영 특파원은 2012년 1월 12일자 '졸업 전 중국 6개월 어학연수 의무화 - 뉴욕 신설 사립교 대인기', 『조선닷컴(chosun.com)』에서 다음과 같이 말하고 있다. 뉴욕 맨해튼 남서부에 2012년 9월에 문을 여는 '월드 스쿨(유치원~고등학교)'에 개교 전부터 지원자 4,000명이 몰리면서 뉴욕 학부모들의 관심이 쏠리고 있다. 미국의 명문사립학교는 쟁쟁한 선배 졸업생과 좋은 가문 출신 학생이 얼마나 많은지 등을 기준으로 결정된다는 사실을 고려하면 이처럼 많은 지원자가 신생학교에 몰리는 것은 이례적인 현상이다. 이 학교가 내세우는 교육철학은 미국에선 찾아보기 어려웠던 '글로벌 인재 육성'이다. 그해 1월 6일 입학설명회에서 이 학교를 만든 크리스 위틀 CEO는 다음과 같이 얘기했다. "영어를 배우는 중국인이 3억이 넘는다는 사실을 아십니까? 영어를 하는 중국인 수가 곧 미국 인구를 뛰어넘는다는 뜻입니다. 앞으로 2년 안에 중국 학생 100만 명이 미국 대학에 지원한다는 전망도 있습니다. 여러분의 아이가 이런 시대에 살아남으려면 영어만으로 충분할까요?" 위틀 CEO는 "그동안 미국인들은 영어만으로도 걱정 없이 먹고살 수 있는 호사를 누려 왔습니다. 그러나 다음 세대는 우리처럼 '글로벌(global)'이라는 단어를 무시하고 살아남기 힘들 것입니다."라고 했다.

이 시대는 미래 예측이 거의 불가능한 시대다. 창의력만이 경쟁력이라고 말하는 시대다. 한국에서도 극소수 국제학교가 세계화된 수업방식을 주도하고 있으나, 처음에 그 의도가 무엇이었든지 간에 부유층이 대중들과 다른 담벼락 만들기에 바쁜 형상이다. 본래 의도와는 다르게 거의 대부분의 학생이 한국인으로 구성되어 있는 데 비해, 거의 모든 교사는 외국인으로 구성되어 있어 정작 한국 실정과 다른 교육의 시스템으로 한국의 일반적인 아이들과는 다른 정서의 교육을 받고 있다. 그들이 한국의 차세대 리더로 등극했을 때 체통과 권위 유지에 급급했던 미국의 후버 대통령과 같은 이미지로 변하는 것은 아닐까 우려된다.

'교육받은 사람'과 '지식인', 그들은 누구인가?

변화가 빠른 이 시대, 교육받은 많은 사람들의 마인드는 인문주의적 성향과는 상당한 거리를 두게 될 것이다. 그럼에도, 변해서는 안 되는 것이 있다. '지식인'이 가지고 있어야 할 색깔이다. 시대를 제대로 바라보는 통찰력과 비판정신, 그리고 연민을 느낄 수 있는 마인드가 그것이라고 필자는 생각한다. 시대가 요구하는 정신이 무엇이든 간에 사회가 곪아있고 민중이 아파있을 때 침묵하고만 있는 것이 '지식인'의 모습일 수는 없다. 그것이 바로 교육받은 사람과 지식인의 차별화다.

중국 당대(唐代)의 시인이었던 두보(杜甫, 712~770)는 "붓을 대고 글을 지으면 마치 신들린 듯하더라(下筆如有神)「奉贈韋左丞丈」"라고 할 만큼 대단한 필력을 가지고 있었던 인물이다. 「여인행(麗人行)」과 같은 시에서는 당나라 통치계급의 무절제한 안일에 대해 다음과 같이 풍자하였다. "귀족들의 붉은 대문 안에는 술과 고기가 썩어 냄새를 피우고 있는데, 길가에는 얼어 죽은 사람들의 시체가 뒹굴고 있다. 이렇듯 영화로움과 찢어지는 가난이 지척을 두고 나누어지고 있으니 그 처량한 느낌을 이루 다 말할 수 없구나.[29]"

당시 현종(玄宗)은 양귀비에 빠져 나라 일을 소홀히 했고, 당나라 조정은 이임보(李林甫)와 고력사(高力士)의 흉계에 놀아났다. 학자를 좋아하지 않던 이임보가 과거 응시자를 전부 낙방시키기도 했는데, 두보도 그의 음흉한 술책에서 예외일 수는 없었다. 시대의 아픔을 고스란히 느끼고 있던 두보는 황제의 눈을 어둡게 만드는 간신배에 대한 분노감을 터뜨리는 시를 썼다. 아울러 무고하게 고생하며 생명이나 재산을 잃고 있는 백성들에 대한 안타까움과 우울함을 토로하는 시를 짓기도 하였다.

그 당시 두보는 너무나 궁핍하여, 실제로 그의 자식이 굶주림과 추위에 시달리다가 죽을 지경이었다.[30] 자식이 굶주림으로 죽어가는 것을 바라보는 아비의 심경이 어떠했을까? 백성은 추위와 굶주림으로 아픈데, 그가 바라 본 군주는 한 여인에게 푹 빠져있었다. 현종이 무능한 군주였다면 몰라도 양귀비를 만나기 이전까지의 현종은 정사를 탁월하게 잘 돌보던 황제였다. 그러던 황제가 양귀비(楊貴妃)라는 한 여인에게 푹 빠져 더 이상 국정을 돌보려 하지 않았으니 그 답답함과 울분이 오죽했을까? 물론, 현종과 양귀비의 로맨스는 두 사람의 사랑이라는 측

---

29 "朱門酒肉臭, 路有凍死骨, 榮枯咫尺異, 惆悵難再述."
30 "내 집 문에 들어가니 통곡하는 소리가 들리며 어린 자식이 굶어죽었다고 하네(入門聞號咷, 幼子餓已卒)." – 「自京赴奉先縣」

면에서 본다면 감동할 만도 한 일이다. 그러나 현종은 한 나라의 통치자였으며, 더군다나 그가 국정을 돌보지 않음으로 인해서 민중은 고달픔에 시달렸다. 두보는 양귀비 일가에게 모든 국정운영권을 넘겨주었던 현종에게 진심으로 나라를 걱정하는 시를 써서 민심을 알렸다. 인간이 어떻게 살아야 하는지를 생각하지 않았거나 인간을 사랑하는 마음이 없었다면 이런 시를 통해 국정을 돌보는 리더들을 향해 화살을 쏠 수 있었을까?

그의 필력 정도라면 얼마든지 고위공직을 얻을 수 있었고, 얼마든지 정부와 타협하는 글을 써서 자신의 일신을 편하게 보낼 수도 있었을 것이다. 그러나 그는 굶주림에 울부짖는 자식들을 보면서 많은 서민의 아픔을 함께 읽었던 시인이었다. 부당한 현실에 타협하는 시인이 아니라, 정치인들이 무엇을 잘못하고 있는지 마땅히 해야 할 말을 올곧게 말했던 지식인이었다. 자신의 뛰어난 능력을 개인적인 만족을 위해 사용하지 않고 서민의 편이 되어 군주와 리더가 나아가야 할 방향을 제시했다. 그의 시어(詩語)는 철저한 현실을 기반으로 하고 있으나 결코 공격적이지 않았고, 진심으로 나라를 우려하는 절박한 마음을 담았기에 사람들의 마음을 울릴 수 있었다.

우리는 여기서 결코 간과할 수 없는 사실을 발견하게 된다. 교육받은 사람이라면 인간이 지닌 미덕, 즉 인간미라는 향기가 느껴질 수 있어야 한다는 것이다. 필자는 교육받은 사람들 가운데 그런 통찰력과 비판적 정신을 소유하며, 동시에 인간의 미덕을 겸비한 사람만을 '지식인'이라고 부를 수 있다고 본다. 여기서 말하는 비판적 정신이란 사리사욕을 담은 것이 아니라, 철저히 '타인'이 위주가 되어 시대를 잘 읽고 토로하는 능력을 말한다.

중국의 현대 작가인 루쉰에게서 '지식인'의 표징을 살펴보기로 하자. 루쉰(魯迅)은 중일전쟁 당시 작은 섬나라인 일본군에게 치욕을 겪고 있는 중국인을 보게 된다. 그런데 일본군에게 매를 맞고 있는 동족을 보고 있음에도 멀뚱멀뚱 바라만 보는 중국인들을 보고 충격을 받게 된다. 당시 의사가 되기 위해 일본에서 의과대학에 다니고 있던 루쉰은 펜을 들어 글을 쓰기로 결심한다. 사람의 몸이 병든 것보다 정신이 병들어 있는 것은 더욱 심각한 문제라고 생각한 루쉰은 그 당시의 중국인들을 예리하고 민감하게 지적하면서도 유머를 잊지 않는 글을 써서 민중의 의식을 일깨우려는 노력을 했다.

위에서 이미 언급했듯이 공자(孔子) 역시도 아무리 학문적 뜻이 크고 진취적일지라도 시대적 화두에 맞추어 공감을 일으키지 못한다면 '진정한 지식인'이라고 할 수 없다는 관점을 표현했다. 인문주의자들의 한계에 대해서 피터 드러커(Peter Drucker)[31]는 다음과 같은 헤르만 헤세의 말을 통해 자신의 의견을 제시하고 있다.

스위스계 독일인으로서 노벨 문학상 수상자인 헤세는 1943년 소설 『유리알 유희』에서 인문주의자들이 원하는 세계를 기대했었다.- 그리고 그 실패도 보았다. 이 소설에서 헤세는 위대한 전통의 지혜와 아름다움에 헌신하는 지식인, 예술가, 인문주의자들에 대해 묘사하고 있다. 그러나 유리알 유희의 명수인 이 소설의 주인공은 결국 오염되고, 어리

---

31 피터 드러커(Peter Ferdinand Drucker, 1909~2005): 오스트리아 빈 출신의 미국인이며, 작가이자 경영학자였으며 스스로는 '사회생태학자'라고 불렀다. 그의 저서들은 주로 어떻게 인간이 사업과 정부기관과 비영리단체를 통하여 조직화되는가를 탐구하는 내용이었다.

석고, 저속하고, 시끌벅적하고, 싸움으로 얼룩진, 그리고 돈벌이를 추구하는 현실로 돌아가리라고 결심한다.— 왜냐하면 그가 추구하는 가치들이 세상과 관련이 없다면 그것들은 황금이 아니라, 다만 구리덩어리일 뿐이기 때문이다.[32]

헤세가 50년 전에 자신의 소설에서 예견했던 일들이 오늘날 일어나고 있다. 인문주의에 국한하는 교육을 받은 사람들이 교육을 마치고 세상을 만났을 때 현실에 대한 이해도가 떨어지는 이유를 시사하고 있다. 오늘날의 많은 학생들은 졸업하고 나면 자신이 흥미를 갖고 있거나 자신이 하고자 하는 일(Job)이 자신이 배웠던 학문과는 별 연관성이 없다고 생각한다. 그럼에도, 그들은 여전히 자기 자식들이 영국의 옥스퍼드와 케임브리지 대학, 일본의 도쿄 대학, 프랑스의 리세, 독일의 김나지움에 입학하기를 원한다. 막상 그들 자신의 삶에서는 인문주의적 교육을 받은 사람은 거부하면서 말이다. 사회적 지위와 좋은 직업을 얻기 위해서 거쳐야 하는 엘리트 코스라고 믿기 때문일까?

오늘날은 대중적인 직업인 의사, 변호사, 언론인, 연예인 등도 교양적인 학문과는 거의 무관하다. 직업을 찾는 일이거나 기술적인 교육이 아닌 교육은 불필요하다고 보는 추세다. 따라서 이 시대는 자주 인문학이 위기에 직면했다고 얘기한다. 그런데 가만히 그 이유와 근거를 들여다보면 인문학을 하는 사람들 자신에게서 그 문제점을 발견하게 된다. 외국문학, 문화, 역사를 공부한 많은 사람들이 원서를 해독하거나 그 안에 묶이는 시간과 자기 연구라는 한계에 자주 묶여있다. 연구

---

32 피터 드러커, 『프로페셔널의 조건』, 332쪽 참조.

비 신청자들은 비전문가들이 읽을 수 없는 논문이 전문 학술지에 실릴 가능성이 훨씬 더 높다는 것을 경험해왔다. 그러다 보니 대중의 눈높이에 맞는 연구서를 계발하는 일은 등한시하게 된다. 인문학 연구에 있어서 번역 전문, 학술연구, 대중의 눈높이에 맞출 수 있는 분야로 나누어 각기 영역별로 연구하는 것이 필요하다. 가령, 영문학과 중문학의 통합이라든가, 역사학과 문학의 통합이라든가, 철학과 예술, 그리고 문학과 같은 학문을 통합하거나 통섭할 수 있는 연구 사례를 늘려야 한다고 본다. 아울러 국제학술 세미나를 포함한 학술 세미나를 규모적으로 부풀리는 것보다 대중과 호흡할 수 있는 인문학 중심의 프로그램이 더욱더 적극적으로 개발되어야 할 때가 아닌가 싶다.

종교·문학·예술분야에서 대중에게 관심을 불러일으킨 사람들은 항상 다양한 분야에 관한 기초 지식이 있는 사람들이었다. 반면, 고도의 전문가들은 장편 시나 소설의 한 귀퉁이를 찾아내는 식으로 자신의 영역을 깊고 좁은 곳에 국한시키는 경향이 있다. 인문학자가 예술과 종교, 그리고 역사의 일반적인 것에 대해 너무 모른다는 점도 이런 이유 때문이다. 그런가 하면 정보의 체증에 걸려있는 대중은 극도로 피로한 상태다. 대중과 호흡할 수 있는 쉽고 간결한 언어도 심각하게 생각해야 할 부분일 것이다. 인문학 연구자가 대중을 외면한 채 몇몇 사람들만 이해할 수 있는 인문학에 심취한다면 인문학의 위기는 지속될 수밖에 없다. 동시에 사회에 아무런 기여도 없이 끝내 대학 내 한 모퉁이에서 뜻 모를 그들만의 진리 안에 갇혀있게 될 것이다.

인문학을 연구하는 사람은 학생들의 시각이 과거에 열려 있도록 도와주어야 한다. 과거를 제대로 바라볼 수 있어야만 현재에 대한 어떤 전망을 얻을 수 있기 때문이다. 과거를 제대로 이해해야만 자신이 살고 있는 사회와 조건에 대해, 그 문제점과 현재의 경향에 대해 더 잘 이해할 수 있다. 또한, 비교의 기준들이 명확했을 때 비로소 적절한 대안과 전망을 할 수 있는 것이다.

소위, 사회에서 힘을 가졌다고 말하는 사람들이 무엇을 해야 하는지에 대해 말하는 것은 어렵지 않다. 간단히 말하면, 그들은 절실하게 해야 할 필요가 있는 것을 하는 사람들에게 동기를 부여해야 한다. 플라톤이 오래 전에 지적한 것처럼 정말 필요한 것은, 왕이 철학자가 되거나 철학자가 왕이 되는 것이다. 하지만 소금이 짠 맛을 잃고 철학자가 사변가가 되어버린다면 어떤 희망도 없다.[33]

예를 들어, 법학도는 그들이 쌓아야 하는 스펙으로 인해 재판에 참여하거나 감옥에서 지내는 시간도 가져보지 못한 상태에서 판사가 되어 사람들에게 판결이나 징역형을 내린다. 권위를 부여받을지언정 그들이 판결하게 될 많은 사람들의 세계에 대해선 철저히 분리되는 인상이다. 판결은 분명 '너'와 '나'라는 분리적 의미가 있어야 한다. 그러나 나 역시 네가 될 수도 있다는 인간 중심의 사고는 반드시 필요하다. '인간'이 우선이 되어야 하는 목적을 이루기 위해서는 그에 관련하는 서적을 읽고, 강의를 듣고, 토론을 할 수 있는 특별한 통합 프로그램이 고안되어야 한다. 즉, 인문학에 대한 교육은 의학, 법학과 같은 특수 전문대학들에서도 행해져야 할 것이다.

확실히 자본주의 이후 사회는 교육받은 사람을 필요로 한다. 그렇다면 여기서 교육받은 사람은 어떤 사람을 의미하는 걸까? 당장 사회에

---

33 「인문학의 미래」, 365쪽 참조.

유익하지 않거나 사회를 사는 데 아무런 연관이 없는 지식은 그저 무능하고 무력하기만 한 인간을 만들어내는 것일까? 인간을 인간답게 만드는 것, 내면을 다스리는 교육은 분명 세상에 유익한 지식과 분리되어 있는 면이 있다. 지금 이 시대가 요구하는 것에 대응하는 능력은 반드시 필요하다. 그런데 시대가 아무리 발전과 변화를 위해 지식과 테크닉을 동시에 요구한다고 할지라도, 인간의 아름다운 본성을 상실한 상태의 유능함으로는 감동을 느낄 수가 없다. 인간은 '언어'보다 '눈빛'에 의한 느낌과 감각으로 이미 많은 대화를 하게 된다. 상대방의 언어를 몸짓에서 이미 상당히 인지하는 법이다. 인간은 의식적으로든, 무의식적으로든 사람에 의해 감동받을 수 있었을 때 함께 목표를 향해서 달려가고자 하는 갈구를 표출하게 된다. 그러나 열심히 좇아가다가도 감동을 느낄 수 없었을 때는 뒷걸음질을 치게 마련인 법이다.

전 세계가 지나친 경쟁의 사회가 되고, 약육강식의 사회가 되어가다 보니 우리는 인간의 미덕을 잊고 살아간다. 위에서 잠시 켄 윌버에 대해서 언급한 바 있다.

켄 윌버가 자기 아내의 병 치료를 위해 독일의 병원을 찾아갔다. 그곳에서 그는 감동적인 장면을 목격했다. 암 치료를 위해 병원에 머무는 어느 할머니가 미국에 사는 아들을 만나고 싶다며 암수술을 거부했다. 어느 날, 담당 의사가 할머니에게 미국 비자와 비행기 티켓을 손에 쥐여주면서 이렇게 말했다. "할머니가 암수술을 마치고 나면 언제든 미국행 비행기를 타실 수 있습니다." 켄 윌버는 자신이 미국에서 이런 의사를 한 번이라도 만났었더라면 의사가 되는 일을 결코 포기하지 않았을 거라고 고백하기도 했다.

몸이 아파 누군가에게 온전히 의지하지 않으면 안 되는 상황처럼 인간을 무력하게 만드는 일은 없다고 한다. 똑같은 병원과 의사임에도, 왜 어떤 나라에선 인간의 아름다움 그 절정을 볼 수가 있는데 반해, 어떤 나라에선 '돈의 지불'만 절대적으로 강조하는 것일까? 똑같이 인권을 이야기하고 똑같이 약자를 생각해야 한다고 하는 나라임에도, 왜 이런 개념과 가치관의 차이가 확연히 나타나는 것일까?

어떤 사람의 능력과 재주는 결국 교육에 의해 두각을 드러낼 수 있는 것이고, 깊은 인간의 내공과 아름다움은 몸짓과 매너, 사랑에서 나타난다. 교육받은 사람에게서 기대되는 에너지다. 그것은 하루 이틀의 경쟁적 교육으로는 도저히 메워질 수가 없는 문제다. 프랑스식 교육이 인간을 한없이 무기력하게 만드는 것 같아도 인문학을 가슴에 키워준 교육을 받은 사람과 그런 교육을 받지 않은 사람의 삶은 생활 안에서 미묘한 차이를 드러낸다. 그것은 마치 차가운 겨울바람에 이내 꺼져버리고 마는 성냥개비의 불씨처럼 아무 소용이 없는 것 같으면서도 사람들의 가슴을 한 번씩 뭉클하게 만드는 '성냥팔이 소녀'의 이미지와 메시지로 되살아나곤 한다. 인간의 숭고한 아름다움은 인문학과 영성학의 깊이가 삶을 살아가는 순간순간 인간의 미덕 안에서 비로소 발견될 수 있는 까닭이다.

불새 : 열정과 에너지의 상징　작품 | 최선주, 2009
독수리가 다시 새롭게 태어나기 위해서 극도의 고통을 참아가며 부리
와 손톱과 날개를 스스로 절벽에 부딪쳐가며 뽑아내고 떨구어낸다고
한다. 독수리가 조류 중의 최고 권위를 누리는 당위성이 여기에 있을
것이다.

PART 3

**교사와
학부모의
교육 열정**

교사의 마인드와 열정

2007년 9월 워싱턴 DC 교육감으로 미셸 리가 선발되었다. 워싱턴 DC는 미국에서 학생 1인당 교육예산은 가장 많으면서도 학력평가는 최하위 결과로 나타난 곳이다. 그녀는 그런 워싱턴 DC의 교육개혁을 지휘했다. 미셸 리는 코넬대에서 정치학을 전공하고, 하버드대에서 행정학 석사를 전공한 인재이다. 학교를 마친 뒤 다시 비영리기관인 '미국을 위한 교육(Teach for America, TFA)의 교사 양성 프로그램에 들어갔다.

미셸 리는 좋은 선생님에 대한 정의를 다음과 같이 내리고 있다. "학생의 학업 성취도를 현저하게 높이는 사람이다. 그런 교사를 가려내는 데엔 여러 렌즈가 필요하다. 학생의 시험성적만 봐서는 안 된다. 교사의 프로정신과 교수법, 학생에 대한 헌신 등을 모두 고려해야 한다."[01]

교사가 훌륭해도 학생의 능력, 가정환경이 다르면 그 결과도 달라지

---

01 이상일 기자, '미셸 리 워싱턴 교육감과의 인터뷰', 「중앙일보」, 2009년 3월 6일.

지 않을까? 미셸 리의 답변은 결코 그렇지 않다는 것이다. 그녀는 『중앙일보』와의 인터뷰에서 다음과 같이 말했다. "좋은 교사는 어떤 나쁜 환경도 극복할 수 있다고 확신한다. 나는 그걸 직접 체험했다. 20대 초반 볼티모어 할렘파크 초등학교에서 2, 3학년을 가르쳤을 때 첫해엔 성공적인 성과를 못 냈다. 그러나 둘째 해엔 다른 교사와 함께 학생을 수준별로 가르치고 개별지도를 했다. 그랬더니 '능숙' 평가를 받은 학생의 비율이 13%에서 90%로 급증했다."[02]

사람에 대한 연민이 교육의 출발점이다

TFA는 미국 명문대 졸업생들을 대상으로 한 설문조사에서도 졸업 후 가장 가고 싶은 직장 Top 10 안에 들 정도로 인기가 높다. 수입은 적지만 교사들의 능력을 사회에 환원한다는 의식을 가진 졸업생들의 신념과 열정은 대단하다. 한국인들의 마인드와 정서로는 쉽게 이해가 안 된다. 한국의 명문대 학생들이 명문대를 선호했던 것은 최고의 연봉, 최고의 직장을 선택할 수 있는 기회를 부여받기 위함이고, 그것이 곧 자아를 실현하는 것이라고 생각하기 때문이다. '타인'에 대한 사랑과 관심, 배려가 중심이 아니라, '나'란 인물이 예우 받을 수 있는 '자아' 중심적이기 때문이다. TFA 교사들이 학생들에게 심어주는 자존감을 기초로 원동력을 얻게 된 공립학교 학생들의 학업성적은 일반 교사들

---

02 이상일 기자, '미셸 리 워싱턴 교육감과의 인터뷰', 「중앙일보」, 2009년 3월 6일.

에게 배운 학생들에 비해 훨씬 좋은 것으로 나타났다.

교사의 열정과 마인드가 학생에게 미치는 영향은 단순히 학업성적에만 미치는 것이 아니다. 학습해야 할 각각의 주제에 생동감을 불어넣어 주도록 힘쓰고, 학생들이 일련의 도전을 시도할 수 있도록 도와주는 교사는 학생으로 하여금 탐색하고 질문을 던질 수 있도록 도와준다. 미국에서 명문대를 다녔던 교사들이 교육여건이 좋지 않은 환경의 학생들에게 다가갈 수 있었던 것은 컴패션(Compassion)이라고도 볼 수 있다. 남의 고통이나 고난에 동참하고 공감하는 마음을 의미하는 컴패션은 인간의 가장 순수한 동심(童心)일 수 있다. 자신의 능력을 단지 돈을 벌고 지위를 얻기 위한 것으로 쓰지 않고 어려운 환경의 학생들과 나누어 줄 수 있는 마인드, 그 자체만으로도 학생들에겐 원동력이 된다. 자신을 지도하는 교사가 명문대의 유능한 교사라는 것도 학생들에겐 자존감을 높여주고 긍지를 가질 수 있는 기회가 된다. 좋은 교사에게서 좋은 에너지를 받은 사람은 그 받은 에너지를 결코 허투루 쓰지 않고, 또 다른 누군가에게 전달해주게 되어 있다.

이태석 신부(1962~2010)는 1987년 의과대를 졸업하고 안정된 직장에서 일하는 길을 포기하고 사제의 길을 택해, 가장 척박하고 빈곤한 당카족 마을에서의 선교활동을 시작했다. 희망이라곤 찾아보려야 찾아볼 수 없는 아프리카 수단 '톤즈'에 최초로 병원과 학교를 세웠고, 한센병을 앓고 있는 이들에게 맞춤 가죽 샌들을 만들어주었다. 전쟁으로 황폐화된 수단 땅이지만, 희망을 잃지 않도록 하기 위해 36명의 밴드부를 조직하기도 하여, 제법 그럴듯한 밴드부 복장을 걸치고 그들은 한국 가요인 「사랑해 당신을」을 연주하기도 했다. 톤즈의 사람들은 무슨 이유때문인지는 모르지만, 눈물을 쉽게 흘리지 않는 전통을 가지고 있다. 그러나 이태석 신부의 죽음 앞에서만큼은 어린아이, 노인 할 것 없이 눈물을 참지 못한다. 사람은 자기가 받은 사랑이 완전했을 때 그 사랑에 응답하게 되어 있다. 완전한 사랑 앞에서 완고해질 수 있는 사람은 아무도 없기 때문이다.

누군가 이태석 신부에게 다음과 같은 질문을 던졌다. "당신은 왜 그런 삶을 선택하셨습니까?" 그는 다음과 같이 답변했다. "언젠가 나병 환자촌에서 나환자를 돌보다 감염되어 죽어간 한 신부를 목격하게 되었습니다. 그때부터 제 가슴에는 그런 삶을 살겠다는 의지를 심었습니다. 어떤 사람은 우리 한국 땅에도 가난한 이웃이 많은데 왜 꼭 그 먼 아프리카 수단 땅까지 가서 봉사를 해야 했는지를 묻습니다. 우리 한국은 40년 전까지만 해도 외국의 원조를 받으며 살던 국가였습니다. 이제 우리는 그것을 갚을 수 있을 만큼 성장했다고 생각합니다."[03] 그는 "너희가 여기 있는 형제 중 가장 보잘것없는 사람, 한 사람에게 해준 것이 바로 나에게 해준 것이다(『성경, 마태 25:40』)."라는 성서의 구절을 몸으로 살아낸 교사였다.

다음은 필자가 체험한 일이다. 아이가 미국에서 고등학교를 졸업하던 날, 집에서부터 졸업 장소까지 가는데 1시간이 넘는 거리를 가야 했다. 당일 심한 교통체증은 물론, 웬 졸업식 축하객 차량이 그리도 많은지 주차할 공간을 찾기가 너무 힘들었다. 출입문도 찾기가 어려워 땀을 뻘뻘 흘리며 우리는 헤맸다. 우리가 도착했을 때 졸업생들은 이미 모두 단상 위에 올라가서 졸업 메달을 받고 있는 중이었다. 단상에 올라

---

03 다큐멘터리영화, 「울지마 톤즈- 고(故) 이태석 신부 이야기」, 2011년.

가는 것을 망설이던 아이를 향해 한 교사가 손짓하며 불렀는데, 필자는 내 실수로 지각하게 되었다는 자책감으로 절절매고 있었다. 졸업 가운을 입고 졸업생 사각모에 실핀을 찔러야 했는데, 우리는 긴장을 해서 손을 떨고 있었다. 한 교사가 아이에게 다가오더니 "마음 가라 앉히렴." 하면서 심호흡을 하라는 제스처를 보였다. 그리고 아주 잔잔한 목소리로 노래를 불러주었다. "괜찮단다. 단상에 올라 가렴." 하고 미소를 띠우며 사각모에 머리 실핀을 꽂아주었다.

졸업을 마치고 선생님들과 사진촬영을 했다. 아이는 늘 자신을 애제자라고 말하는 교사를 만나 자신이 지각하게 된 상황과 속상했던 마음을 열심히 얘기했다. 그러자 그 교사는 환하게 웃으며 이렇게 말했다. "네가 늦은 것에 대해 아무도 신경 쓰지 않아. 그리고 다른 아이들은 이 졸업식을 마치고 나면 금방 졸업식을 잊어버리고 말 테지만, 너는 오래도록 이 졸업식을 기억하게 되지 않겠니?" 그 순간, 어떻게 그렇게 긍정적으로 말해줄 수 있는지 우리는 감동을 했다. 그의 반응으로 인해 우리의 기억에 남은 딸아이의 졸업식 이미지는 평생 기쁨과 아름다운 감동으로 남게 되었다.

교사의 아이디어 계발과 혁신

한국엔 TFA나 '신교사 프로젝트(The New Teacher Project, TNTP. 우수교사 양성과 충원을 돕는 단체)' 같은 기관이 없다. 한국과 어떤 점이 다른 것일까? 미국은 한국과 달리 다양한 경로로 교사를 충원한다. TFA나 TNTP를 통하면 은행가나 변호사, 의사 등도 교사가 될 수 있다. 사범대학이나 교육대학을 나오지 않은 이들도 좋은 교사가 될 수 있다는 점이다. 사실 이렇게 다양한 분야에서 활동하던 인재가 교사가 된다면 학생들에게 다양한 감각을 심어줄 수가 있다.

실제로 영국의 경우도 창의성 교육을 위해 새로운 실험이 이루어지고 있다. 이제 영국의 런던은 유럽의 어느 도시보다도 문화와 예술교육에 초점을 맞추고 있다. 2010년 9월 30일자, 『서울신문』의 최재헌 기자가 쓴 〈왜 창의교육인가? 런던의 조용한 교육실험〉이란 기사를 보면 다음과 같이 언급하고 있다.

창의성 교육 프로젝트인 'Creative Partnership(이하 CP)'의 지휘자 스티브 모핏(Steve Moffit)은 "런던 사람의 20%를 먹여 살리는 것은 문화·예술 산업이다."라고 단언했다. 영국은 창의력을 바탕으로 인재들이 10년 뒤 세계를 주도하게 될 것이며 그들이 부의 핵심적 가치를 모을 것으로 기대하고 있다. 문화와 예술은 유럽 전체의 '코드'이지만, 이를 통해 미래의 확실한 콘셉트를 시도하는 개척자 역할을 하고 있는 것은 바로 런던이다.

유럽 각국이 영국의 교육실험에 주목하는 것은 '희망'을 보았기 때문이다. 영국은 어느 나라보다도 보수적인 나라다. 그런 나라가 이 시대가 요구하는 것이 무엇인지, 어떻게 교육의 현장에 새바람을 일으켜야 하는지, 새로운 혁신에 열정을 쏟고 있다는 것은 놀라운 일이다. 'CP 프로젝트'는 런던에 살던 미국의 교육학자 켄 로빈슨의 제안을 2002년 영국 정부가 받아들이면서 시작됐다. 건축가, 과학자, 음악가, 디자이

너 등 각 분야의 전문가를 직접 교실로 초빙하여 학생들을 가르치는 일종의 산학 교육 프로그램이다. 고유의 교사만이 교사로서 활동하는 것이 아니다. 새로운 아이디어와 창의력을 가진 전문가들의 학교 내 참여는 학생들에겐 신선한 충격을 던져주었다.

이런 성과를 만들기까지 영국 정부도 어려움이 많았다고 한다. 영국 정부는 1964년부터 문학과 예술에 집중 투자를 했지만, 대상을 명확히 하지 않아 빈익빈 부익부 현상이 생겼고, 문화와 예술이 오히려 지역과 계층 간의 골을 깊게 했다. 런던은 산업화와 함께 세계 각국에서 몰려든 이민자들로 다문화, 다인종의 극심한 혼란 상황을 맞았다. 이런 각양각색의 인종과 언어를 하나의 문화적 에너지로 활용하려고 시도했으나 성과 없이 실패로 끝났다. 그러나 CP 프로젝트 교육현장에서의 학교는 향후 런던을 문화와 예술로 상징되는 세계적인 도시로 만들어내는, 또 다른 매개체 역할을 하게 되었다. 다양한 문화를 하나로 흡수하기보다는 전문가가 직접 교육의 현장인 학교로 들어가서 학생들을 만나고 수용하여 지도하는 것이 최상의 방법이라고 판단한 것이다.

뉴질랜드 역시 영국의 학제를 사용하고 있다. 2007년 세계 제2의 식품 제약회사를 상대로 주스의 실제 비타민 C 함량이 성분표시와 다른 점을 과학 실험기간에 발견, 승소한 이들은 바로 뉴질랜드의 두 여고생이다. 세계를 놀라게 한 뉴질랜드 과학교육의 바탕은 교과서 중심의 정형화된 수업이 아닌 실험위주의 수업이었다. 미래 에너지 고갈을 대비해 폐수를 이용한 천연 연료를 연구하고, 운동선수들의 민첩성 향상에 관한 연구로 베이징 과학 페스티벌에 참가하는 고등학생들의 공통점은 뉴질랜드 학술원의 크레스트 프로그램의 지원을 받았다는 점,

집 뒤뜰에 전용 작업실까지 차려 목재를 이용한 액화 석유가스를 생성해내 온 고등학생도 마찬가지다. 학생뿐 아니라 현직교사들도 정부로부터 월급과 보조교사의 지원을 받으며 자유주제로 연구를 진행, 첨단 과학계의 흐름을 놓치지 않고 이를 바로 수업에 접목시킨다.[04]

뉴질랜드 학교 교육은 사유지를 생태, 환경공원으로 가꾸는 데에서 출발한다. 뉴질랜드는 문명의 발전을 위해 개발해야 한다는 진보자들의 유혹과 늘 싸우고 있지만, 다음 세대에게 물려줄 유산은 '자연 그대로의 자연'이라는 신념이 지배적이다. 이러한 환경교육 덕분에 전 세계가 광우병으로 고생할 때 그들은 그런 어려움을 겪지 않은 유일한 국가일 수 있었고, 자연을 위한 실험욕구와 목표야말로 청년들의 꿈으로 자리 잡는 원동력이 되고 있다.

이제는 세계화의 흐름 속에서 자국의 문화 안에서만 갇혀서 살 수 없는 세상이 되었다. 동시에 변화의 속도도 너무나 빠르다. 따라서 시대의 흐름을 이해하기 위해서 교육은 필수다. 그런데 그 교육이란 것도 분류를 나누어서 보아야 할 필요가 있다. 이 시대를 살아가는 데 테크닉적인 부분에 대한 교육과 살아가는 삶을 근본적으로 물어야 하는 학문, 지식을 향한 교육으로 우선 나누어야 할 것이다.

지금 한국뿐만 아니라 세계의 교육은 빠른 변화에 대해 회의를 품고 있다. 어느 한쪽으로 기울어지는 추처럼 각기 나라마다 교육시스템은 장·단점을 안고 있다. 어떻게 교육하는 것이 완전한 프로젝트일까?

한국의 교육은 확실히 너무 지나치게 지식에 제한되어 있다. 정신, 영성, 건강을 돌보는 측면은 전혀 고려하지 않고 있다고 하여도 과언이

---

04 박정남 PD, "과학기술 강국, 뉴질랜드의 교육", 「EBS 세계의 교육현장—뉴질랜드 편」, 2010년 3월 24일.

아니다. 지나치게 경쟁적이기만 할 뿐 무엇을 위한 경쟁이고, 정녕 이것이 교육이라고 할 수 있는가 하고 되묻게 된다.

2009년 김연아의 세계 피겨스케이팅 선수권 우승으로 한국인이라는 자부심과 기쁨을 맛보았다. 서구인의 전유물 같았던 피겨 부문에서 뛰어난 아시안이 배출되었다는 것은 정말 대견한 일이다. 그런데 만일 한국인 거의 모두가 피겨에 발을 담근다면 어떻게 되었을까? 그 또한 예술성, 표정연기 등을 운운하면서 소수점 하나로 성적을 나눈다면 오늘의 김연아가 나올 수 있었을까? 그녀는 일찌감치 자신이 좋아하는 것과 장기를 발견한 것이다. 그것을 발견해준 것은 어린 시절의 운동 선생님이었고 어머니였다.

한국은 이제 세계에서의 입지조건을 정확히 파악해야 한다. 한국이란 나라는 지정학적 위치상 마음 편안하게 인생을 즐기면서 살 수 있는 여건이 못된다. 그렇다면 미국이 말하는 창의력만을 강조하면서 유유자적할 수 있는 교육적 조건과 환경마련은 기대하기가 힘들다. 대외적으로, 한국이라는 국적으로 미국의 국적을 가진 사람처럼 대우받는 처지도 못된다. 국내 지하자원이 풍부하여 놀고만 있어도 풍류를 즐길 수 있는 나라도 못된다. 확실히 공부에 열정을 쏟아서 인적자원으로 승부를 내야 하는 것은 엄연한 사실이다.

그런데 모두가 한 방향으로 이유도 모른 채 순위만을 매기며 달려가는 교육은 이제 안 된다. 그렇게 가면 젊은 세대는 너무나 정신적으로 상처받게 됨은 물론, 그들이 마지막으로 선택하게 되는 길은 무엇일까? 초등학교시절부터 공부에 대해 순위를 매기고 그 결과에 따라서 아이들을 서열화한다는 것은 우스운 일이다. 더군다나 20살 즈음이 되어서 우열화를 가리고 낙인찍어 주홍글씨를 붙여준다는 것은 '우물 안 개구리' 상을 만들어주는 일이다.

어떤 사람도 우열이란 이분법으로 나뉠 만큼 유능하기만 한 사람도, 무능하기만 한 사람도 없다. 어떤 사람도 모든 면에서 유능하진 않다. 인간은 각자마다 다른 성향과 특징을 가지고 있다. 아무리 잘 달리던 야생마도 얼음 위에선 무능하다. 반면에, 아무리 뒤뚱거리던 펭귄도 얼음썰매 하나만 잘 만나면 정말 빠르게 달린다. 동물이든, 인간이든 '다르다'는 사실을 인정하지 않고 획일적으로 '서열화'시키는 것은 매우 위험한 사고방식이다. 더군다나 청소년 시기는 변화가 많을 수 있는 시기인데, 일찌감치 이러한 잣대로 인간을 평가·단정한다는 것은 매우 편협하고 우매한 생각이다. 중요한 것은 그 학생의 관심이 어디에 있는지 관찰하는 일과 영감을 불러일으키는 리더십을 발휘하는 일일 것이다.

교사의 마인드가 열려있어야 학생이 성장할 수 있다. 이찬승은 다음과 같이 말하고 있다. "학생이 겉으로 드러낸 당장의 성과나 행위만 보고 잘났다, 못났다고 해서는 안 된다. 그 배경이 무엇인지 알아야 한다. 다시 말하면 뇌를 들여다보아야 한다.[05]"

무능해도 정년제를 보장해주어야 한다면 그 피해는 결국 학생들에게 돌아간다. 뉴욕의 경우는 무능한 교사 한 명을 퇴출시키는 데 2년의 시간과 25만 달러의 비용이 들었다는 연구결과가 나왔다. 그러나 교육에 대한 핵심인물은 교사가 아니라 학생들이다.

2011년 미국의 해고된 교사의 수는 워싱턴 DC 전체 교사 4,100명

---

05 신동호 선임기자, '대통령 생각 조금만 바꿔도 교육 엄청나게 달라져', 「경향닷컴」, 2011년 6월 7일, '신동호가 만난 사람들'의 이찬승은 능률 교육 대표 이사와 21세기 교육 연구소 소장을 역임한 바 있으며, 현재 교육을 바꾸는 사람들의 대표이다.

의 약 5%에 달한다. 해고 조치는 2007년부터 시행하게 된 교사들의 업무수행 평가 프로그램(IMPACT)의 평가 결과에 따른 것이다. IMPACT 프로그램은 교사들의 역량을 수업참관 5회(각 30분) 결과 및 개별 교사에 대한 9개 기준에 대한 평가 결과 등에 바탕을 두고 이뤄진다. IMPACT는 교사들을 4등급으로 분류하는데, 1등급으로 분류된 교사에게는 성과급 보너스를 준다. 반면에, 4등급으로 분류된 교사는 당장 해고 조치를 받으며, 2년 연속 3등급으로 분류된 교사도 해고 조치를 받는다.[06] 교사들이 갑작스레 받는 스트레스가 상당할 것이다. 그러나 교사에 대한 예우보다 중요한 것은 아이들의 현재와 미래 성장이다. 그리고 지나치게 교사의 실적 위주로 선별하는 것 같지만, 미국의 교사들이 정년을 내세워 해이해져 있었던 것도 사실이다.

필자의 아이는 가톨릭계 고등학교에 다녔다. 그곳에선 매일 '신학' 과목 시험을 보는데 10학년 때 그 과목을 가장 힘들어했다. 그러나 12학년 즈음이 되어서는 정년을 얼마 남겨두지 않은 '신학'교사가 매일 학교 웹사이트에 교훈적인 만화나 다큐멘터리 동영상을 올리거나 감동이 될 만한 시사 내용을 올려주었는데, 아이는 어느새 그 과목을 제일 재미있게 받아들였고 정서적으로도 많은 도움을 받게 되었다. 누구든 간절히 목말라 있을 때는 시원하게 들이켤 수 있는 콜라나 맥주의 맛을 그리워하게 되어있는 법이고, 그 갈증을 김빠진 콜라나 맥주의 맛으로 만족할 수는 없지 않은 일인가 싶다.

일본 『요미우리신문』에 의하면, 일본 미야기(宮城)현 교육위원회 교육장은 2010년 11월 17일 교직원 자질을 높이는 방안으로 교원채용시험

06　황재훈 특파원, '미 워싱턴 D.C., 무능교사 206명 대량해고', 『워싱턴=연합뉴스』, 2011년 7월 17일.

에 적성검사를 도입하겠다고 발표했다. 특히, 40~50대의 모든 교직원의 정신건강 대책에도 충실하겠다고 밝혔다. 교사의 건강한 마음과 긍정적 사고방식이 학생에게 전달되는 영향력은 상당하다. 병원에 가면 의사의 한마디가 환자의 투병의지를 좌우할 수 있지만, 학교에서는 교사의 한마디와 태도가 학생의 감정과 의지를 좌우하게 된다.

중·고등학교부터는 확실히 특성화시켜야 한다. 어느 정도 잘 크던 한국의 유수한 인재들이 해외의 특출한 코치나 지도 교사를 만나기 전까지는 왜 세계적인 인물로 성장하질 못하는 걸까? 이제 한국에선 '교육'의 부문에서만큼은 더 냉정하고 이성적이어야 할 때이다.

한국에는 바이올린을 켜거나 피아노를 치는 아이는 그렇게 많은데, 왜 이 나라, 이 땅에서는 최고의 바이올리니스트가 나오지 않는가? 한국에는 발레를 하는 아이는 그렇게 많은데, 왜 이 나라 이 땅에서는 최고의 발레리나가 나오지 않을까? 왜 꼭 해외에서 좋은 스승을 만났을 때 비로소 최고의 바이올리니스트나 발레리나가 될까? 수학과 과학 성적이 우수한 학생이 그렇게 많은 이 나라 이 땅에서 왜 최고의 과학자가 나오지 않는지 안타까운 일이다. 그뿐만이 아니다. 외국어 열풍이 이렇듯 과열되어 있는 나라에서 FTA와 같은 중요한 국제문서에서 오역 발생으로 인한 해프닝이 일어나는 것은 어떻게 이해해야 할까? 또 세계에서 가장 많은 경제학자를 배출해 낸 한국에서, 더군다나 1998년 IMF의 위기까지 경험했던 이 땅에서 2008년 경제위기와 환율 변동을 예측, 대처가 불가능했던 이유는 무엇일까?

너무나 획일화된 시스템과 마인드에서 전환이 필요한데 전혀 그 작업을 안 하고, 20년 전에 한 번 학위를 받은 것과 이전 시대의 잣대로 계속 학생을 가르친다면 새로운 시대를 배우려는 학생에겐 적합하지가 않다. 독수리가 다시 새롭게 태어나기 위해서 극도의 고통을 참아가며 부리와 손톱과 날개를 스스로 절벽에 부딪쳐가면서 뽑아내고 떨구어 낸다고 한다. 독수리가 조류 중의 최고 권위를 누리는 당위성이 여기에 있을 것이다. 누구에게나 초심은 어려운 일이다. 그러나 학생을 지도하려는 사람이 끝없이 연구·개발하지 않고 시대를 회의(懷疑)하지 않는다면, 거기서 글로벌화된 인물이 배출되기는 어려운 일이다. 더 이상 노력하지 않는 독수리는 새장 안에 갇힌 독수리나 마찬가지다. 독수리로 군림하려고 해봐야 아무도 그의 말에 귀를 기울일 리 없다.

꿈이 있는
문제아를 키우는 교육

　　　　　　대학 입학을 둘러싸고 입시 경쟁은 날로 치열해지고 있다. 왜 그럴까? 좋은 대학에 들어가는 순간, 이것은 자기 능력을 입증할 수 있는 객관적인 자료로 받아들여지기 때문이다. 한 번 좋은 대학에 들어가고 나면 최소한 몇 년 동안 교육의 장에서뿐만 아니라 사회의 장에서 그럴듯한 예우를 받게 된다. 사람들의 시선이 그렇고 그 둥지로부터 나와 출세한 선배들과의 인맥이 보장되니, 그래도 대다수의 사람들보다는 출세할 수 있는 기회와 가능성이 높아진다는 생각 때문이다. 결국 시험점수가 좋은 학생은 좋은 대학에 가게 되고, 그런 사람들을 사회는 모범생이라고 부르게 되며 엄청난 예우를 받는다. 신분적 상승의 기회가 생겨날 수 있는 기회가 되니 많은 청소년들과 부모들은 입시경쟁에 목을 맨다.

　　미국에서도 명문대 입학을 위한 경쟁은 치열하다. 2011년은 미국 대학입시 사상 최대의 경쟁률을 보였다고 한다. 그러나 미국의 대학이 국내의 대학과 다른 점은 좋은 학생을 선발하기 위해 다양한 측면에서 학생을 바라보는 렌즈를 가지고 있다는 것이다. 한마디로 획일적이지 않다. 그렇다면 미국의 대학이 원하는 좋은 학생이란 누구를 말하는 걸까? 좋은 대학에 합격하기 위해서는 물론 내신과 SAT에서 높은 점수를 받아야 한다. 시민권자가 아닌 국제(International) 학생들에겐 토플의 비중을 더 중시하는 학교나 학과도 많다. 그렇다면 공부를 잘하는 모범생이 꼭 미국의 명문대에 합격하는 것일까? 그렇지 않다. 미국 대학의 시각으로는 공부를 잘하는 학생에 대해서 그 우수한 점을 인정은 하지만 한국에서처럼 심취하지 않는다.

그들이 심취하는 학생은 어떤 학생일까? 배움을 즐기고 열정과 꿈이 있으면서 인간적 성숙이 계속 진행되는 학생이란 것이다. 잠시 잠깐 학생이 방황하고 성실한 삶을 살지 못했던 것은 그리 중요하게 생각지 않는다. 방황을 동기부여의 기회로 삼아 다시 자기 방향을 잡고 일어선다면 오히려 플러스가 되는 경우가 많다. 이러한 잠재력을 가진 학생을 발굴하기 위해 미국 대학은 입학사정 절차에 엄청난 시간과 비용, 인력을 투자하고 있다. 물론, 미국의 대학도 성적과 각종 시험점수로 학생들을 평가한다. 그러나 점수에 대한 치밀한 렌즈로 학생에 대한 우열을 가리기보다는 그 속에 담겨있는 배움에 대한 도전성, 성취도를 중시한다. 그리고 이것저것 모든 것을 잘하는 학생에 대한 관심보다는 학생이 좋아하고 심취해 있는 분야가 있는지, 있다면 무엇인지, 또 그것으로부터 무엇을 배웠는지를 살펴보려고 한다. 그저 밋밋하게 성장하는 학생보다는 문제를 일으키고 방황하였을지라도 그 과정에 확실한 자기 발견이 있었다면 박수를 보낸다. 좌충우돌하는 가운데 얻었을 그 역동성에 점수를 준다. 현재의 점수가 아니라 앞으로 그 학생이 분출해낼 힘과 에너지를 기대한다는 의미다. 이러한 요소들을 결합해 종합적인 평가를 내리는 것이 대학입학 사무실의 역할이다. 따라서 미국 대학에서는 획일적인 평가로 학생의 합격을 결정하지 않는다. 입학사정관이나 교수들의 시각은 다양하다. 합격의 당락을 불신하여 '왜?'라는 질문을 던지는 학생이나 학부형은 더더욱 없다. 전폭적으로 학교를 신뢰하고 맡긴다.

좌절과 실패 안에서 도전을 배운다

2009년 10월 21일 『뉴잉글랜드 한인 회보』에 제시된 에듀웰 보스턴 자료 〈미국 입시-'꿈이 있는 문제아'에 더 활짝〉에 의하면 다음과 같이 언급한 내용이 있다. 종종 성적이 뛰어난 학생(A)이 미국 명문대로부터 거절당하고 성적이 이에 훨씬 못 미치는 학생(B)이 합격되는 사례가 많다. 이유는 바로 대학 측의 다양한 시각 때문이다. 미국 교육자의 입장에서는 A 학생이 작성한 에세이와 과외활동 기록을 볼 때 뚜렷한 열정이나 자기만의 특성이 없는 학생으로 평가되었을 수 있다. 그리고 성적이 좋은 학생이 쉽게 빠질 수 있는 교만함이 입학지원서 전반에 표출되었을 수도 있다. 물론, 이러한 평가는 주관적인 판단이나 편견에 의한 오류일 수 있다. 하지만 미국의 대학은 주관적 판단을 더욱 '정확하게' 하기 위해 엄청난 비용을 투자한다. 많은 인력을 고용하여 입학지원서상에서 서로 모순되는 내용을 찾아낸다. 이를 두고 입학사정위원회에서 수많은 논의를 한다. 또 필요할 경우 고등학교와 추천인들에게 일일이 질의한다. 수십 년간 축적된 이러한 경험과 인재를 알아보는 시각은 거의 '족집게' 수준이다. 미국의 대학들이 입학을 원하는 학생들을 평가할 때 가장 '문제시'하는 부분은 오히려 사실에 대한 왜곡과 교만이다. 학습능력이 아무리 뛰어나더라도 거짓된 말과 행동을 하고 있다고 판단된다면 선발하지 않는다. 대학은 정확한 사실, 즉 있는 그대로의 상황을 알고 싶어한다.

B 학생은 공부와는 거리가 멀고 텔레비전에 심취하여 비현실적인 몽상만 일삼는 이른바 '문제아'였다. 하지만 B 학생에게는 부모님의 반대에도 불구하고 호텔에서 일하고 싶은 뜨거운 열정과 꿈이 있었다. 대학 진학을 앞둔 마지막 방학에 부모님을 설득하여 수십 번 이력서를 제출한 끝에 작은 호텔에서 허드렛일을 할 기회를 얻었다. B 학생은 힘든 과정을 겪으며 노동의 가치, 작은 돈의 소중함, 사회적 약자들의 아픔을 깨달았고, 이러한 내용을 담아 에세이를 쓸 수 있었다. 그 에세이를 읽은 입학사정관들은 만장일치로 합격에 동의했다. 현재는 미미하지만 미래의 가능성에 손을 들어준 것이다. 자기 삶의 원동력이 어디에 있는지, 꿈과 열정을 가질 수 있었던 동기가 무엇인지가 잘 나타나 있는 학생을 미국 대학은 선호한다.

2011년 현재 한국학생들은 학교성적이 좋고 교과목 이외의 과외활동(Extracurricular activities)으로 오케스트라를 하며, 한 가지 정도의 운동을 하는 경우가 많은데, 그런 학생들에 대해 미국의 대학은 오히려 흥미를 느끼지 못한다고 말한다. 왜 이렇게 한국의 학생은 천편일률적이냐는 질문을 던진다. 입학사정관의 시각으로는 매우 평범한 학생으로 보일 뿐이라는 것이다. 대학에서 보고 싶은 것은 학생이 무엇에 흥미를 느끼고 어떻게 그 관심에 열정을 쏟았는지에 대한 것인데, 미국 대학에 지원하는 대다수의 한국 학생들에게선 그것이 잘 나타나지 않는 점을 꼬집은 말이다. 특히, 학교의 소소한 행사가 너무 밋밋하다고 생각하여 흥미를 느끼지 못하고 참석하지 않는 한국 학생들이 많은데, 이런 행위는 대학 당국의 관점에서 보면 마이너스다.

중국의 유교적(儒敎的)인 관점에서 바라본다면 방황과 반항의 문제아를 긍정적으로 생각하는 교육은 선뜻 이해가 되지 않을 수 있다. 그러나 모순이 가득한 세상을 살아가면서 인간을 둘러싸고 있는 많은 원칙에 대해서 항상 수용할 수 있는 것은 아니지 않는가. 청소년기의 반항과 방황, 그리고 고생스러움은 오히려 향후의 삶에 대해서 도전과 희망이 될 수 있다고 하는 것이 미국 교육의 신념이다. 물론, 중국에서도 도가(道家)사상, 특히 장자(莊子)의 관점에서 방황과 반항, 그리고 유유자적할 수 있는 자유로움을 강조한다. 그러나 중국의 유가(儒家)는 정치나 사회의 제도 및 체제를 어떻게 이끌어갈 것인지, 또한 그 시스템에서 인간이 어떻게 살아가야 하는지를 제시했기 때문에 수용과 중용(中庸)의 미덕을 추구한다. 따라서 그들에겐 교육의 의미 또한 그러한 성향이 강하다. 다만, 살아가는 과정이나 교육의 내용 안에서는 도가사상의 영향이 도처에서 발견되어 무한한 신비와 자연스러움, 자유로움을 강조한다. 그 자유로움을 토대로 한 낭만과 해탈(解脫)의 미학이 생활의 배경이 된다고 해도 과언이 아니다.

중국은 원칙과 규준이 분명하여 질서가 정연하지만 약간의 이탈과 자유로운 방종을 수용하는 정서가 있다. 엄격한 듯하지만 유머와 여유를 잊지 않는 문화와 정서도 살아있는 민족이라고 할 수 있다. 따라서 그들의 사회·문화적 특성으로는 대학의 특성화를 강조하는 것은 분명하다. 그러나 미국과 같이 '문제아'라고 느낄 만한 학생을 입학시키는 그러한 프로그램은 없다. 한국에서는 정형화된 틀과 제도를 이탈한 학생에 대한 시선이 곱지 않다. 그들은 그저 문제아에 불과하다고 바라보는 시각이 강하다.

인지 발달이 사회적·문화적 환경에 영향을 받는다는 비고츠키 이론[07]에 의하면, 네모난 교실에서는 협동학습이 이루어질 수 없고 주입식 교육밖에 안 된다고 한다. 교사의 일방적인 수업을 들어야 하는 학생들이 반수 이상은 잠을 자는 나라가 대한민국 말고 또 있을까? 그렇게 잠을 자는 아이들에 대해서 그 누구도 문제시하지 않는다. 특히, 학교 성적이 좋은 학생에 대해서는 관대하다. 이 비정상적인 분위기 속에서 공부 하나 잘하면 모든 것이 허용되고 모범생으로 둔갑을 하게 된다. 게다가 부유한 집안의 자녀로 컸으면 사회에서는 '엄친아'라고 부른다. 모범생의 성격과 흥미, 관심, 정서에 대해서는 아무것도 문제 삼지 않는다. 그는 그저 화려한 스펙을 자랑하는 주연배우가 되는 것이다. 반대로, 교실에서 집중하지 못하고 학업성적이 좋지 못한 학생에겐 아무도 시선을 주지 않는 것이 이 나라 이 땅의 만성질환이다. 누구도 이

---

07 비고츠키(Vygotsky, 1896~1934)는 1924년부터 모스크바에서 심리학 연구를 시작했고, 10년 동안 왕성한 연구활동을 했다. 비고츠키 이론의 핵심은 첫째, 마르크스 변증법을 심리학에 적용하여 인간 정신의 본질을 밝혀내는 것이다. 둘째, 대중교육에서 발생한 문제를 해결하기 위해 정신지체, 학습장애, 장애아동을 위한 치료심리학을 연구하는 것이다. 핀란드에서는 비고츠키 이론을 현실 교육에 적용하고 있다. 교육과정에서 학생들이 협력하여 문제를 해결하는 방법을 가장 중요하게 사용한다. 시험에서 서열화를 폐지하고 학생들의 발달하는 관점에서 평가하고 지도한다.

질환이 인간과 자기 자신을 조금씩 갉아먹는 기생충과 같은 사고방식이라는 것은 미처 느끼지 못한다. 공부 하나 잘하면 학교 내뿐만 아니라 그 동네에선 고위관직에 오른 것과 같으며, 공부 하나 못하면 죄인 취급을 받는다. 그런 아이가 자존감과 자신감을 갖는 일은 거의 불가능하다. 이 나라에서 자녀를 제대로 키울 수 있을까?

최근 한국에서 교사가 학생에게 체벌하는 것이 금지되고 있다. 그런데 체벌이 나쁜 것일까? 청소년기 아이들은 진심어린 충고와 꾸중을 외면하는 것이 아니라 편애에 의한 회초리를 외면하는 것이다. 교사의 감정적이고 충동적인 체벌을 거부하는 것이다. 부유한 아이, 공부 잘하는 아이, 부모가 학교 내에서 봉사하는 아이에겐 해당하지 않는 체벌이 불공평하게 이뤄질 때 아이들은 수용할 수 없는 것이다. 아이들은 눈빛, 몸짓에 아주 민감하다. 진심어린 충고와 꾸중, 사랑의 회초리는 그들이 먼저 감지하게 마련이다. 그것이 인간의 법칙이고 사랑의 법칙인 까닭이다.

그 나라의 특수한 상황과 환경이 어떠한지가 교육제도를 만들어내는 관건이 될 것이라고 본다. 어느 전문가는 미국에는 10대 모순이 있다고 지적하였다. 그 가운데 몇 가지만을 요약하기로 하자. "다섯째, 미국은 이민이 없으면 미국도 없지만, 현재 미국이 가장 두려워하는 것 또한 이민이다. 여섯째, 문화적으로 미국은 세계를 정복했지만, 다른 측면에서 미국의 문화는 사람의 원한을 사고 있다. 일곱째, 평화와 안전 문제에 있어 미국인들은 윤택한 생활을 향유하고 평화를 사랑하며 전쟁과 폭력을 무서워한다. 그러나 미국은 오히려 매일 한사람씩 권총에 의해 살해되는 나라이다……. 아홉째, 정신적 도덕적 측면에서 미국인들은 자유와 인권의 깃발을 높이 들었지만, 미국은 또한 정신문명의 사막이기도 하여 붉은색(유혈폭력), 황색(선정), 그리고 흰색(마약)이 재앙을 만들고 있다. 열 번째, 미국은 유일한 초강대국이면서도 약자를 무시하고 강자를 두려워한다.[08]"

미국의 경우에는 이민으로 이루어진 국가이며, 마약과 총기의 소유가 대중화되어 있는 사회이다. 이민자들은 미국의 체제와 제도에 맞추어 미국인으로 살아간다고 하더라도 그들에겐 자신의 피부와 얼굴이 먼저 말해주고 있는 문화와 정서를 각기 다르게 가지고 있다. 따라서 그들에겐 뭔가 모를 고향에 대한 향수와 그리움이 있기에 정서적인 결핍도 지니고 있다. 그리고 자신이 어느 나라 사람인지에 대한 정체성 혼란도 겪는다.

그들의 손을 조금만 뻗으면 마약이란 유혹이 너무나 가까이에 있다. 방황하고 고통받는 사람에겐 마약 중독의 길로 빠지는 일은 한순간의 일이 아닌가! 아울러 미국이란 사회 자체가 확고하게 끌어가는 정신적 신념이 자본주의가 말하는 '돈' 말고 무엇이 있는가? 그런 나라가 도리어 중국에게 빚을 지는 채무국 신세가 되었다. 자본주의 국가에서 부유한 경제력을 지녔다는 것은 많은 부분에서 여유와 자유로움을 주어왔다. 그러나 미국 내 서브프라임 문제 이후 많은 중산층이 무너지고 의료보험 혜택을 받는 것이 어려워졌다. 과연 그들의 신념과도 같았던 '경제', '돈'의 문제에서 자유로워졌는가? 이런 사회를 살면서 청년기에 방황과 진통을 겪지 않는다는 것이 가능한 일일까?

미국은 젊음의 문화와 부지런히 일하는 것을 말하지만 더 이상 부지

---

08 譚中, '十中矛盾影響布十政策: 10대 모순이 부시의 정책에 영향을 주고 있다'. [싱가포르], 「聯合朝報」, 2002년 4월 26일.

런히 일할 수 있는 공간이 또 다른 신 이민자로 채워지고 있기 때문에 일자리를 얻는 문제에 대해서 자유롭지 못하다. 또 월가(Wall street) 부유층의 재산 독식에 의해 시민들이 누려야 할 최소한의 권리마저 상실되고 있다. 그 분노감이 마침내 폭발하기 시작하여, 2011년 10월 월가 반대여론과 시위가 세계적으로 확산되었다. 정의를 잃어버린 사회에 반항하는 것은 건강한 시민의 권리다. 분노와 반항은 너무나 당연한 일이다. 물론, 그들은 '다시 일어서야 한다'는 신념과 '우리는 할 수 있다'는 에너지로 극복하려 한다. '좌절'과 '실패'는 '노력'과 '극복'이란 단어로 넘어서야 한다는 것이 그들의 가치관이다. 그러나 인간의 내면에서 절규하거나 호소하는 소리를 채워줄 수 있는 인간적 정서나 철학이 불행히도 미국문화에는 없다.

미시간 주가 최근 의료용 마리화나 합법화 법안을 통과시킨 것을 계기로 마리화나 논쟁이 미국 전역으로 확산되고 있다. 마리화나 옹호 단체인 마리화나 폴리시 프로젝트 브루스 머켄 홍보국장은 "일부에선 마리화나의 위험성을 경고하지만, 마리화나 흡연자였던 최근 미국 대통령 3명 모두가 성공한 인생을 살지 않았느냐?"라고 반문했다.

미시간 주 호웰시 진 베이서 경찰서장은 "이번 법안은 사실상 재앙을 초래할 수 있는 악법중의 악법이다."고 비판했고, 마리화나 반대운동 단체인 교육의 소리 주디 크라머 회장은 "의료용 마리화나를 합법화하게 되면 청소년들에게 '마리화나는 약품'이라는 잘못된 정보를 제공할 수 있다."면서 "의료용 마리화나의 확산은 궁극적으로 마리화나 암시장을 활성화해 사회적 재앙으로 이어질 것이다."라고 우려했다.[09]

---

09 정성일 기자, '의료용 마리화나 합법화 논란, 서부에 이어 동부지역으로 확산', 「보스턴 코리아」, 2009년 10월 9일.

이렇게 미국사회에서는 마약을 도처에서 만날 수가 있다. 문제아가 문제인 것이 아니라 기본적으로 사회 안에 노출되어 있는 문제가 호기심이 많을 수 있는 청소년들에게 너무나 쉽게 만날 수 있는 사회가 문제로 대두되고 있다.

1940년 이래로 미국의 공립학교에서 제일 많이 징계해야 하는 문제들은 껌을 씹는 것이나 새치기와 같은 것에서 마약이나 음주, 강간, 폭행 같은 것으로 급속히 악화되어 왔다.[10]

인간이 건강하게 생활하려면 산수(山水)가 좋고 주변 환경이 좋은 것이 무엇보다 중요하다. 마찬가지로, 한 인간이 건강한 정신을 가지고 살려면 그 사회의 가치관과 신념이 건강하고 정의로워야 한다. 교육의 장소는 청소년이 건강한 정신과 육신을 가지고 사회에 잘 적응할 수 있도록 철저히 도와줄 수 있는 장소여야 한다.

스티븐 코비의 책 『성공하는 가족들의 7가지 습관(The Seven Habits of Highly Effective Families)』에는 다음과 같은 내용이 있다.

> 코비는 7살짜리 문제아에 관해 이야기한다. 그 아이는 노골적인 성묘사가 담긴 끔찍한 포르노를 보고 아버지에게 설명하기 시작했다. 도대체 그러한 저질 포르노를 어디서 알게 되었을까? 아버지는 자신의 경악을 자제하면서 아들에게 물어보았다. 결국, 이웃집의 9살짜리 소년이 자기 집 지하실에 있는 컴퓨터를 통해 온갖 포르노를 보여주었다는 사실을 알아냈다.
>
> 코비는 질문을 던졌다. "어떻게 이런 일이 일어날 수 있는가?"라고.

---

10 Congressional Quarterly, quoted in William Bennett, Index of Leading Cultural Indicators (New York: Simon &Schuster, 1994), 83쪽 참조.

어떻게 이러한 문제에 대한 아무런 지식이나 경험, 판단력이 없는 아이들이 이렇게 추하고, 무서운 포르노의 희생물이 되는 세상에 살고 있단 말인가!

한편, 지난 30년 동안 미국가정의 상황은 매우 극적으로 변했다.
- 사생아의 출생률이 400% 이상 증가했다.
- 홀부모 가정의 비율이 3배 이상 증가했다.
- 이혼율이 2배 이상 증가했다.
- 십대의 자살률이 300% 이상 증가했다.
- 학생들의 학력 평가 점수(SAT)는 평균 73점이나 떨어졌다.
- 청소년 중 1/4이 고등학교를 졸업하기 전에 성병에 걸린다.[11]

이 사실보다 더 놀라운 것은 실제로 아이들이 보통 하루에 7시간씩 텔레비전을 보면서도 아버지와는 단 5분도 함께 대화하지 않는다는 사실이다.[12] 미국의 보통 어린이는 학교에서 있는 시간보다 TV를 보는 시간이 66%나 많다. 대화의 단절은 모든 인간적 교감과 사랑의 단절을 의미한다고 해도 과언이 아닐 것이다.

2010년 10월 영국 BBC에서 실시된 설문조사 결과, 대다수의 교사들은 학생들이 소셜네트워크(채팅이나 페이스북, 트위터 등)에 몰두해 학업에 지장을 초래한다고 응답했다. 소셜네트워크(Social Network)로 인해 학생들은 공부에 대한 집중력이 약해지게 되어 학교성적도 낮아지는 것으로

11 Stephen R. Covey, 『The Seven Habits of Highly Effective Families』, New York: Golden Books, 1997년, 16~17쪽 참조.
12 Robert G. DeMoss, Jr., Leaven to Discern, Grand Rapids, Mich: Zondervan Publishing House, 1992년, 53쪽 참조.

나타났다. 세계의 다양한 문제와 상황에 대해 다양한 사람들이 친구가되어 생각을 공유하거나 토론할 수 있는 장점이 있는 반면 파생되는 문제도 적지 않다. 성인들도 이런 SNS에 빠지면 일에 대한 집중력이 현격히 떨어지는데, 성장기의 아이들을 공부에 집중시킬 수 있겠는가?

미국 사회의 이모저모의 특수성을 고려할 때 청소년기의 방황은 너무나 당연할 수 있다. 그런 방황과 진통의 시간을 지나온 사람은 오히려 남을 배려하고 보듬을 수 있는 사회인으로 성장할 수 있다고 보는 것이 정확한 관찰일 것이다. 따라서 미국인에게는 끊임없는 좌절과 실패의 터널을 건너온 차별화된 여정을 걸어가는 사람에 대한 지지도가 한층 높다. 그들은 미래의 가능성 있는 사람이란 이미지나 감성으로 꾸미려는 사람이 아니라 다른 사람과는 차별화된 길을 가고, 그러기 위해서는 기꺼이 유아독존(唯我獨尊)의 고통을 극복하려고 시도하는 사람이기 때문이다.

방황과 진통하는 삶을 사는 것도 건강한 자아와 건강한 심장을 가졌기 때문이라고 볼 수 있다. 건강한 자유의지도 건강한 심장도 갖지 않았다면 그런 반항으로 진통할 수 있는 에너지란 찾아 볼 수 가 없을 것이다. 그러한 맥락에서 미국은 반항하는 문제아의 도전과 극복을 볼 수 있는 스토리텔링(Storytelling)을 환영한다.

가슴과 직관을 따르라

2005년 하버드대에서 애플의 CEO였던 스티브 잡스(Steve Jobs)는 다음과 같이 강연했다. "다른 사람이 바라는 삶을 살기 위해 너의 시간을 낭비하지 마라. 남의 의견이 네 맘으로 들게 마라. 네 가슴과 직관을 따르는 용기를 가져라. 이미 네 가슴과 직관은 네가 무엇이 되고 싶은지 알고 있다. 때로는 배고픔과 때로는 미련함과 따라오기 마련이다." 위험이 없는 도전은 있을 수 없고 더욱이 도전 없이 세상을 바꿀 수는 없다는 것이 개척의 나라에서 살아온 미국인들의 생각이다. 따라서 편안한 조건과 안주, 무언가 도전하려는 시도가 없는 학생을 선호하지 않는다. 다소 위험한 방황의 여정이 있었을지라도 도전하고 개성을 살려나가는 문제아를 교육받을 훌륭한 사람의 조건으로 삼는 것이다.

2002년 노벨 물리학상은 일본인 코시마 마사토시 교수에게로 돌아갔다. 그해 3월 그는 도쿄 대학 졸업식에서 초청을 받았다. 그는 과거 도쿄대학의 물리학과를 꼴찌로 졸업하였다는 고백에서부터 강연을 시작한다. 졸업식장의 대형 스크린에는 그의 학창 시절 성적표가 공개되었는데, 16개 과목 중 우는 '물리학 실험1'과 '물리학 실험2' 두 개뿐이었다. 나머지는 양이 10개, 가가 4개였다. 그런 그가 노벨상을 받게 되었던 것이다.

그의 비밀은 무엇이었을까? 그는 이를 '능동적 인식'이라 표현하였다. 그는 학교의 우등생이라고 해서 사회에서도 우등생이 된다는 법은 없다고 지적하면서, '수동적인 인식'과 '능동적인 인식'에 대하여 말했다. "학업 성적이라는 것은 배운 것을 얼마나 수동적으로 잘 인식하였는가를 나타내는 것입니다. 성적이 좋은 사람이 관료가 되고 혹은 교수가 되기도 하지만, 해외로부터 문헌이나 이론을 수입하는 일에만 골몰하는 경우가 자주 있습니다. 사실은 성적 우수자가 빠지기 쉬운 함정이기도 합니다.[13]"

오늘날 '수동식 인식'의 가치가 점점 추락하고 있다고 해도 과언이 아니다. 수동적 인식은 '남이 간 길을 착실히 따라가는 것'이다. 생각의 방향이 다양하지 못할 뿐더러 사고하는 에너지에 탄력이 없다. 수동적 인식으로는 새로움에 대한 도전이 부족하고 어려움을 헤치는 능력이 부족할 수밖에 없다. 능동적 인식에 대한 평가가 높아지는 것은 당연하다. '남이 가지 않은 길에서 스스로 길을 만들어가는' 과정 속에서는 실패자로 낙인이 찍히거나 문제아 취급을 당할 수도 있으나, 사람이 겪어야 할 당연한 고통과 수고다.

이미 선각자들이 내어놓은 길만 따라가는 것은 아무리 책임감을 가지고 열심히 살아간다고 하더라도 거기엔 도전과 진취성을 강조하는 미국인의 입장에선 에너지와 생명력이 느껴지지 않는다. 그렇다면 미국 교육 역시 어디서 생명력을 찾는 것일까? 에머슨(Ralph Waldo Emerson)의 말에서 답이 찾아지지 않을까 싶다. "길이 있는 곳으로 나아가지 말라. 대신 길이 없는 곳으로 나아가 너의 발자취를 남겨라.[14]" 이것이 미국 교육, 특히 '대학'의 핵심이다.

---

13 차동엽, 『무지개 원리』, 워즈 앤 비즈, 2007년, 26쪽 참조.
14 "Do not go Where the path may lead. Go instead Where there is no path and leave a trail."
    랄프 에머슨(Ralph Waldo Emerson, 1803~1882): 미국의 강연가, 시인. 에머슨은 18세기 합리주의의 막다른 골목에서 이상적인 철학을 개건했다. 그는 감각적 경험과 사실로 이루어진 물질적 세계를 초월하는 능력, 우주에 내재하는 영혼을 깨닫고 인간 자유의 잠재력을 의식할 수 있는 능력이 인간에게 있음을 주장했다. 인간이 자신의 자아와 영혼이 내면을 들여다 볼 때 신을 가장 잘 발견하게 되며 그러한 계몽된 자기 인식으로부터 행동의 자유와 자신의 이상과 양심의 지시에 따라 자신의 세계를 변화시키는 능력이 생기게 되리라는 것이었다.

중국의 경우에는 현재 중국식 사회주의 제도를 추구하고 있지만 그들의 오랜 역사를 통해 유교적(儒敎的) 전통과 도가(道家) 사상을 흡수하고 있기 때문에 그들의 문화에는 자유로움과 여유로움이 깊이 배어 있다. 시대를 이어가는 정형화된 틀과 규준도 중시하지만, 일어나는 현상을 그대로 수용하려는 삶의 자세도 중시한다. 또 기존의 틀을 깨는 사고와 반증을 제시하기도 한다. 그것이 그들에게 흘러나오는 깊은 생명력이다. 따라서 그들은 교육을 통한 치열한 경쟁을 하되, 상대방의 능력을 존중할 수 있는 것도 이러한 사상의 흡수에 의해서일 것이다.

맥스웰 몰츠가 쓴 『성공의 법칙』에는 다음과 같은 내용이 있다. 자아 이미지 심리학의 선구자인 프레스코트 레키(Prescott Lecky) 박사가 입증한 개인의 자아 이미지가 그 자신의 인생에 미치는 엄청난 영향력에 관한 것이다. 입증된 사례를 살펴보면 다음과 같다.

단어 시험 100개 중 55개의 철자가 틀려서 여러 과목에서 낙제점을 받았던 학생이 다음 해에는 평균 91점을 받아 교내에서 가장 뛰어난 학생이 되었다. 학점이 나빠 학교를 그만둔 한 여학생은 콜롬비아 대학에 입학하여 전 과목 A학점을 받는 우등생이 되었다. 시험 당국으로부터 영어를 구사할 능력이 없다고 통보받았던 한 소년은 다음해 문학상 시상식에서 표창장을 받았다. 어떻게 이런 일이 가능한 것일까? 과연 한국의 교육 시스템에서처럼 한 번의 성적으로 모든 것을 평가하고, 그 아이를 우열화라는 틀에 가두어둔다면 이와 같은 일이 가능하기나 한 일일까?

그 학생들의 성적이 나쁜 것은 그들이 아둔하거나 기본 능력이 부족해서가 아니었다. 문제의 핵심은 부정적인 자아 이미지였다. 그들은 우연히 시험 성적이 나쁘게 나온 사실을 토대로 다음과 같은 결론을 내렸다. "나는 수학적인 개념이 없어요."/ "나는 천성적으로 철자에 약해요."

한마디로 그들은 점수와 실패를 동일시했던 것이다. 그저 "시험에 떨어졌어요."라고 말하는 대신에 "나는 실패자입니다."라는 결론을 내리고, "그 과목에 낙제했어요."라고 말하는 대신에 "나는 낙제생이예요."라고 말했던 것이다.

실수와 실패는 완연히 다른 개념이다. 잦은 실수를 수용하지 못하고 부정하는 것은 결국 학생이나 성인들에게 자기계발이나 성장, 성숙을 멈추라는 말이 될 수도 있다. '미운 오리 새끼'는 오리가 아니었다. 백조가 되는 과정이었을 뿐이다. 긍정적인 마인드가 긍정적인 결과를 만든다는 것은 과학적으로도 이미 규명되어 있는 사실이다. 많은 사람들이 미국을 환호하는 이유 중 하나는 그들의 마인드에는 '실수'를 곧 '실패'라고 생각지 않는다는 것이다. 다시 일어서려는 의지와 계획이 있고 자기계발 프로그램만 짜놓는다면 그에게 기꺼이 다시 일어설 수 있는 기회를 부여한다는 점이다. 중국에서도 "신념만 있다면 이 세상에 두려워할 일은 아무것도 없다(天下無難事, 只怕有信人)."란 말과 "마음 속에서 상상하는 일은 결국 이루어지는 법이다(心想事成)."라는 말속에서도 긍정의 미학을 보여주고 있다. 자기 암시가 부정적이면 부정적인 결과를 초래한다. 그러나 자기 암시가 긍정적이고 희망적인 사람에겐 희망적인 결과가 생긴다.

우리가 소위 사회의 성공했다는 사람들의 경험담 듣기를 좋아하는 것은 그들이 성과를 불러일으킬 수 있었던 긍정과 희망의 언어를 듣기를 좋아한다는 뜻이다. 긍정적 마인드에 대한 갈구가 있는 까닭이다.

인생을 조금 더 살았다는 사람들의 인생담은 교훈이 되고 도움이 되는 경우가 많다. 그런데 이따금 조금 더 인생을 산 사람들의 언어 속에는 부정적 언어, 그리고 평균적으로 이정도의 사람은 이 정도의 성과를 만들어낸다고 하는 표준적 기준치를 가지고 있다는 것을 발견하게 된다. 그러한 관점에서의 말은 아이들의 발전에 큰 도움이 되지 않는다. 그렇게 말하는 사람들의 논리는 그저 일반적으로 그렇게 살아가는 사람들의 상식이 되었을 뿐이다.

모든 인간에겐, 특히 성장하는 청소년들이 발전할 수 있는 여지는 사실 무한하다. 희망과 도전의 이야기가 더 아름다운 성과를 초래할 수 있는 미래를 만들어줄 것이라고 필자는 믿는다. 헬렌 켈러(Helen Keller)의 말처럼, "하나의 문이 닫히면 다른 하나의 문이 열리게 마련이다. 그러나 우리는 너무도 자주 후회 속에서 오래도록 닫힌 문을 쳐다보며 아쉬워한다. 우리 앞에 또 하나의 문이 열려져 있는 것을 알지 못한 채."

청소년기는 인생의 몇 %를 살아낸 것일까? 인생의 겨우 몇 %의 성과에 한계지어 더러는 대단한 평가를, 더러는 대단한 폄하(貶下)를 한다는 것은 지독한 모순이다. 특히, 폄하로 일관하는 부정적 언어는 발전할 수 있는 가능성이 무한한 청소년기에 장애물을 만들어 놓는 행위와 같은 것이다.

한국 부모들이 자녀에게 가장 크게 상처 주는 말로는 "너, 언제 인간이 될래?"/ "그때 그냥 낳지 말아야 했는데"/ "도대체 뭘 제대로 할 줄 아는 게 없어"/ "옆집 아이는……"/ "너도 이다음에 너 같은 자식 낳아봐라." 등과 같은 말이라고 한다. 얼마 전 한국에서는 『도가니』라는 영화가 화제를 모았다. 장애아들이 성폭행과 성추행을 당한 사실에 대해 많은 사람들은 분노했다. 그러나 한참 성장할 수 있는 청소년기의 아이들에게 존재 자체를 모욕하는 말과 남과 비교하는 말, 능력에 대해 무시하는 말도 섬뜩하게 생각할 일이다. 부정적 언어를 전달하는 것도 횡포이고, 폭력이라는 사실에 대해서는 참 무감한 것 같다. 그러나 언어는 아무도 모르는 사이에 너무나 조용히 사람의 미래를 좌지우지하는 나침반 역할을 한다.

화초에게도 물을 주고 영양분을 주면서 '사랑한다'거나 '잘 자라 달라'고 매일 얘기해주면 그 화초는 정말 잘 자라난다. 피그말리온 효과(Pygmalion effect)다. 실제로 필자도 경험한 바가 있다. 화초에게 주는 사랑과 긍정적인 마인드도 생명력을 주는 법이다. 하물며 사람이 사람에게 부정적 언어를 전달한다면 그 사람이 제대로 성장한다는 것이 가능한 일일까?

미국의 문화 코드가 '젊음'과 '도전', 그리고 '기회'라고 믿는 것은, 그들이 남북전쟁 후 황무지가 되어버린 땅을 다시 개척하여 부를 일궈내었다는 성공 의식이 가슴에 남아있기 때문이다. 마가렛 미첼의 『바람과 함께 사라지다(Gone with the wind)』의 여주인공 스칼렛 오하라는 자기 고향인 타라가 남북전쟁의 후유증으로 황무지가 되어버렸을 때, 타라의 땅에서 무를 캐며 눈물로 일어선다. 반드시 재건하겠노라고 다짐한다. "내일은 또 내일의 태양이 떠오를 것이다."라고 말하면서. 이것이 미국이 가진 신념이다. 그들은 실패했다고 하더라도 다시 일어날 의지와 신념을 가진 자를 좋아한다. 연륜이나 경험을 말하며, 편안하고 안락한 길로 가라고 말하지 않는다. 이것이 그들이 말하는 '도전'과 '개척' 정신이고, 그런 의지를 가진 사람들을 존중하며, 열정적 '젊음'의 문화를 키워내는 원동력이다. 그들은 문제아라는 현재의 시각은 중요하게 생각지 않는다. "이만큼이나 나이를 먹었는데."라는 한계에 얽매이지도 않는다. 그의 학업 성적표, 성장과정, 체험담을 통해서 '꿈'이 보인다면 대학은 그들을 선택하는 행위를 외면하지 않는다. 그들을 선택하는 모험을 기꺼이 환영한다.

위에서도 설명한 바와 같이 미국의 대학진학 과정을 살펴보면, 거의 만점을 받은 명문 사립고교 학생들이 하버드나 예일대 등에서 탈락하는 예가 많다. 이런 대학의 입학 사정관들은 지원자 심사가 너무나 어렵다고 전하고 있다. 모두가 수학에는 거의 만점이고 악기 한두 가지를 다루며 사회봉사에도 참여하는 모범생이라고 한다. 그런데 왜 불합격이 되었을까? 창의성과 강한 개성을 가지고 대학활동에 기여할 잠재력을 중요시하는 대학 측으로서는 이러한 학생들이 그저 평범한 지원생으로만 보인다고 한다. 모든 것을 아무리 잘한다고 해도 '개성'을 발견할 수 없는 학생에 대해 손을 들어줄 수 없는 것이 미국의 대학 특성이다.

최근 미국 고등학교 공교육은 실패에 가깝다고 한다. 그러나 미국에는 근 1,400개 교육청이 있으며, 각기 자주성을 가지고 전인교육에 힘쓰고 있다. 학생이 현재 보여준 점수 자체보다 학생의 발전 가능성, 잠재력을 보고 뽑는 대학이 많다. 그들이 원하는 학생은 만능탤런트가 아니다. 삶의 초점이 어디에 있느냐, 다른 사람과 차별화되어 있는 특성이 무엇인가, 그런 인재를 찾는 것이다. 세계 20개 최우수 대학 중 3분의 2가 미국의 대학일 수 있는 미국의 저력은 바로 여기에 있다.

청소년기의 학생이 비틀거리며 문제를 일으키고 방황한다는 것은 자기를 발견하기 위한 과정일 수 있다. 다른 친구들이 외적인 명분을 좇으며 외적인 스펙을 쌓아가는 동안에 그들은 인생을 살면서 내면적 스펙을 쌓아가는 것이라고도 볼 수 있다. 한국은 사물을 정형화된 관점에서 바라보는 경향이 있다. '강남키드', '엄친딸', 이와 같은 표현은 어찌 보면 몰개성이고 신비감을 상실한 표현일 수 있다. 부유하게 자란 아이, 모든 면에서 부러움을 불러일으키는 모범적인 아이란 말의 이 표현이 가져다주는 의미가 그렇다. 영화『로마의 휴일』의 앤 공주가 왜 그 답답한 성곽을 박차고 로마의 거리를 방황했었을까? 이제 세상은 획일적인 성향에 열광할 만큼 단조롭지도 않다. 너무 다양하다. 획일적인 시각에서 평가할 수 있는 것은 없다. 미국아이들에게서 유쾌함이 흘러나올 수 있는 것은 다양함을 인정하는 문화적 요소 때문이며, 이것은 미국 교육의 강점이다.

세기의 뮤지컬인『캣츠(Cats)』와『오페라의 유령(The Phantom of the Opera)』의 안무를 했던 질리안 린의 사례를 들어보자. 창의력을 억누르기보다는 키워줄 수 있는 교육제도를 만들어야 한다고 주장한 켄 로빈슨(Ken Robinson)이 질리안에게 질문을 던졌다. "어떻게 해서 댄서가 되셨어요?" 그녀는 1930년대 학창시절 성적이 엉망이어서 학교로부터 "질리안은 학습장애가 있는 것 같습니다."라는 편지를 받았다. 도대체 집중을 못하고 안절부절못했던 질리안은 오늘날이라면 ADHD(주의결핍과잉행동장애)로 진단을 받은 것이다. 그래서 어머니는 질리안과 함께 의사를 찾아가 학교 문제에 대해 상담을 했다.

문제라고 의논한 내용은 숙제를 늦게 내고 다른 사람들을 귀찮게 굴었던 것들이다. 상담이 끝나자, 의사는 "잠깐 어머님과 따로 나가서 얘기를 나누어야 될 것 같아, 잠깐 기다려줘."라고 하고 그녀를 혼자 방에 두고 나갔다. 의사는 방에서 나가면서 라디오를 켜고 나갔다. 의사는 어머니에게 "잠깐 여기서 따님을 관찰해 보세요."라고 했다. 그들이 방을 나간 순간 질리안은 일어나서 음악에 따라 움직였다. 몇 분 동안 관찰하던 의사는 어머니에게 이렇게 얘기했다. "질리안은 문제아가 아니고, 댄서입니다. 댄스 학교로 보내주세요."

결국 그녀는 댄스학교로 갔고, 그곳이 얼마나 환상적이었는지 경이로움을 느꼈다고 한다. 그리고 그녀는 다음과 같이 말했다. "교실에 들어갔는데 저처럼 가만히 앉아 있을 수 없는 사람들, 생각을 하기 위해서 몸을 움직여야 되는 사람들로 꽉 차있었죠. 그건 정말 흥분되는 일이었어요." 과연 그녀는 역대 최고의 여러 뮤지컬을 책임지게 되었고, 수백만 명에게 즐거움을 가져다주었다.

만일 질리안 린이 다른 의사를 만나게 되었다면 어떻게 되었을까? 또 한국의 교육제도 안에 있었다면 어떤 인물로 성장했을까? 미동도 없이 꼬박 책상에 앉아 공부만 해도 잘 살아갈 수 있는 사람이 있지만, 도대체 가만히 앉아있을 수 없고 움직여야만 살 수 있는 사람이 있다. 그래야 행복감을 느끼고 자유로움을 느낄 수 있는 사람이 있다. 하나의 시스템이 한 사람의 인생을 완연히 다르게 변화시켜 놓을 수 있다는 것을 본다면 시스템 하나가 주는 영향력은 과연 충격적이라고 할 수 있다.

세계가 변하고 있다. 미래를 추측하기도 너무 어렵다. 미국 서브프라임의 영향으로 한국 경제 역시 어려워지긴 했지만, 10년 전, 20년 전보다 좋아진 것은 사실이다. 그런 사회를 살면서도 획일적인 교육제도로 한 가지 인간 유형만 우상화하는 것은 참 이상한 일이다. 2007년 한국의 초등학교 2학년 아이가 자살을 한 일이 있다. 그 아이의 일기장엔 이렇게 쓰여 있었다. "나도 물고기처럼 자유롭게 살고 싶다." 아이들은 숨을 쉬고 싶어한다. 자유롭고 싶어 한다. 자신의 이성과 감정을 조절하면서 즐거움을 누리고 싶어한다. 그것이 인간의 본성인 까닭이다.

제2차 세계대전 아우슈비츠 수용소에서 가까스로 탈출에 성공한 유대인들은 연합군에게 수용소에서 겪고 있는 그들의 고통스런 상황을 보고했다. 보고받은 연합군은 이렇게 답변했다고 한다. "그래서, 그게 뭐?" 지금 이 시대 한국 교육을 좌우할 수 있는 사람들의 반응이 그에 상응하는 게 아닌가 싶다. 사회는 사회성을 가르쳐주어야 하지만 감정을 억압하면서 개인의 생명력을 억압해선 안 된다. 영성과 정신, 신념, 행복, 자유를 느낄 수 있도록 도와주어야 한다. 그렇지 않고 잘못된 제도와 관습을 계속 이어가는 것도 횡포라는 것을 인식해야 한다. 이제 이런 사회제도적 폭력에서 아이들을 해방시켜줘야 한다.

인터넷을 들여다보고 SNS(소셜네트워크서비스)로 이야기를 주고받는 세상이다. 그러다 보면 남에 대한 얘기가 많아지게 마련이다. 정작 자신의 얘기는 어디에 있을까? 자신이 살고 있는 무대에서 주연이 '나'라는 사실을 잊어버리게 된다. 타인에 대한 호기심은 폭발적이지만, 정작 내가 원하고 내 드라마가 어떻게 잘 진행되어야 할지 열정을 쏟는 일에는 소홀하다. 인생의 답을 찾아가는 데 남의 말과 의견, 남의 시선, 남이 만들어 놓은 가치에 좌지우지하기 쉬운 시대다. 따라서 '나'를 파악해서 내 길을 알아낸다는 것은 결코 쉬운 일이 아니다. 남의 견해를 외면하라는 말이 아니다. 세상이 예쁘다고 하는 얼굴대로 내 얼굴을 만들어갈 필요가 없듯이 내 생각이 남들의 일반적인 생각에 묻혀서 정작 자신이 무엇을 생각하고 있는지 '자아'를 상실하지 말라는 말이다. 아바타에게 매력을 느낄 수 있는 사람은 아무도 없다. 이 세상을 마감하게 되는 날 자신이 행복할 수 있고 감동할 수 있는 삶의 원동력, 그 주인은 바로 자신이란 얘기다.

사람들은 인생 전체에 대한 자기 역할에 대해선 소홀히 하는 경향이 많다. 실패가 두려워 정작 자신이 원하는 일을 거부하는 경우도 많다. 그런데 인생에서 넘어지지 않아 본 사람이 무엇을 이룬다는 것이 가능한 일일까? 세계적으로 성공했다고 하는 CEO 50명을 대상으로 설문조사를 하니, 그들은 많은 실패가 있었을지라도 '도전'할 수 있었음이 가장 행복했다고 한다. 동시에 마지막 일생을 마감하는 많은 노인들에게 가장 후회스러운 일이 무엇인지를 물어보니, "자신이 하고 싶었던 일에 도전하지 않았던 일이다."고 답변했다고 한다.

늘 새로운 도전을 추구하는 전 아나운서 손미나 씨는 다음과 같이 말하고 있다. "새로운 인생을 시작하는 것은 번지점프를 뛰는 것과 같습니다. 뛰어내리기 전에는 엄청난 공포가 밀려오지만, 안전장치를 확인하고 뛰어내리는 순간 자유를 느낄 수 있습니다. 안정된 직장을 뒤로하고 새 삶에 대한 결정을 내리기 전까지 저도 불안감에 휩싸였지만, 결정한 뒤에는 내 의지대로 삶을 디자인할 수 있게 됐습니다. 젊음만큼 강한 무기는 없다고 생각합니다.[15]"

영국 정부에서 추진하고 있는 CP(창의성 교육) 프로젝트 교육현장에서의 학교는 향후 런던을 문화와 예술로 상징되는 세계적인 도시로 만들어내는 활력 에너지가 될 것이라고 한다. 실제 사례를 보자. 영어를 못

---

15 정선화 기자, [인터뷰] 손미나 '번지점프 같은 내 삶…… 두려웠지만 자유도 느껴', 「서울경제」, 2011년 7월 26일.

한다는 이유로 급우들로부터 따돌림을 당했던 아프리카 출신 퉁가(18) 는 미술 시간에 런던 화가들한테서 피카소 수업을 들으면서 학교 교육 에 참맛을 느꼈다. 일 년이 지난 뒤 그는 런던 잡지사의 도움으로 자기 이름이 박힌 미술기사를 만들게 되었다. 인도계 소녀 밀리(16)는 영화감 독의 도움으로 올해 말 런던올림픽 주경기장이 들어서는 스트래트퍼드 를 무대로 장애인올림픽 영화를 찍을 계획이다. 인종주의와 열등감에 시달리던 아이들이 교실의 변화와 더불어 평등과 파트너십을 배우고 스스로 삶에서 의미 있는 가치를 발견해나가고 있다.[16]

부모로부터 부여받지 못한 교육의 혜택을 사회가 마련해주는 것이 다. 사회로부터 혜택을 받아본 사람이라면 그 공(功)을 당연히 그 사회 에 돌리게 될 것이다. 더군다나 무능함과 차별적인 대우를 받는 일에 익숙했던 청소년기의 학생들이라면 더욱 그렇지 않겠는가. 어떤 곳에 서도 혜택과 사랑을 받을 수 없는데 '힘'을 내라고 한다거나 '도전'하라 고 말로만 부추긴다는 것은 오히려 더 깊은 자괴감과 무력감으로 이끄 는 일일 수 있다.

중국식 교육과 한국식 교육에서는 문제아를 좋은 대학에서 받아들 이는 일이나 혹은 성적이 좋지 않은 학생이 최고의 권위 있는 교수가 되었다는 일이 선뜻 받아들여지지 않는다. 미국은 교육시스템을 획일 화시키지 않는다. 여러 가지로 도전하고 반항과 모험을 할 수 있는 것 또한 청소년기의 특권이라는 것을 인정한다. 바로 '기회'와 '수용'의 미덕 을 교육의 현장에서 느낄 수 있으니 그야말로 생명력을 실감하게 된다. 지금 현재는 아니지만, 어딘가에 숨어있을 유능한 인재를 발굴할 수

---

16 최재헌 기자, '왜 창의 교육인가? 런던의 조용한 교육 실험', 「서울신문」, 2010년 9월 30일.

있는 또 다른 하나의 통로를 만들어주는 일이지 않을까 싶다.

한국은 어떠한가? 이제 갓 유명대학을 들어간 아이들, 특히 아이비리그에 해당하는 대학을 들어간 아이들은 소위 명품을 하나 소지한 존망의 인물로 한순간 둔갑한다. 열심히 자기 일에 일단락의 결실을 얻은 학생들이 필자도 자랑스럽다. 그러나 그것이 그의 인생에 몇 %를 차지하는 것일까? 그들은 아직 장거리 달리기를 해야 하는데, 「토끼와 거북이」의 이야기에서처럼 토끼가 잠깐 선두에 섰다고 그 인생의 전면처럼 포장될 만큼 인생이 그렇게 만만하고, 세계의 흐름이 일관성 있는 걸까? 인생의 한 장(chapter)에서 큰 수확을 얻은 것이 평생 갈 수 있는 것인가? 더군다나 지금은 국내의 변화에만 의존할 수 있는 세상이 아니다. 세계의 변화가 어떠한지에 따라서 다양한 변화가 일어나고 있다. 인생과 교육을 한쪽으로만, 특히 학벌이나 공부만 우상처럼 섬기면서 다른 문제나 장애들을 극복할 수 있는 교육이 함께하지 않는 한, 인간이 어딘가에서 부딪칠 장애에서 지난날의 승리로만 모든 것이 극복될 수 있다고 보는 것은 무리이다. 그들이 질퍽거리는 이 인생을 도약하자면 우여곡절과 더 큰 힘겨움과 싸워 나가야 할 텐데, 이제 한 테이프를 끊었다고 도전의 한 부분이 성공 수기로 둔갑을 해도 좋은 것일까?

명품 옷과 액세서리를 하지 않아도 자기의 개성이 살아나는 콘셉트로 옷을 잘 입는 사람도 많다. 즉, 교육이란 그런 것이라고 생각한다. 자기 색깔과 개성에 맞는 것으로 디자인하여 그 방향을 향해 달려 나가는 인생을 살도록 키워주어야 한다는 것 말이다. 우리는 각자가 연출한 인생을 인정할 줄 아는 사회로 변화해야 한다. 그러자면 제도 역시 너무나 중요하지만, 엄마들의 마인드와 사회의 스케일이 더 커져야 한다. 명품을 둘렀다고 반드시 자기만족이 있고 행복한 것이 아닐 수 있다면, 상대적으로 자기 개성에 맞는 콘셉트대로 인생을 디자인함으로써 얼마든지 행복할 수 있다.

교육을 받는 과정에서 우리는 자녀에게 틀림없이 질문을 던져야 한다. "이렇게 사는 것이 또는 이것을 하는 것이 행복하니?"라고. 그런 질문도 없이 그저 던져진 대로 먹이를 열심히 순종하며 주워 먹게만 하는 것은 동물농장에서나 볼 수 있는 인간 사육이며 현대판 노예제도이다.

어머니의 교육 방향성이
자녀를 만든다

밥상머리 교육

이스라엘은 정치적 상황과 자연적인 환경이 열악할 뿐만 아니라 국민 수도 적다. 그런 나라가 항상 세계 역사의 중심에 서 있다. 그 이유가 무엇일까? 이스라엘 국립대의 교수였던 류태영 박사는 그의 책 『지혜의 삶– 탈무드에서 배우는 자녀교육법』에서 탈무드 교육의 기본 정신을 다음과 같이 정리하고 있다.

첫째, 개척정신이다. 이스라엘 사람들은 자녀들을 선인장 꽃의 열매인 '사브라'라고 부른다. 이 선인장에는 사막의 어떤 악조건에서도 꽃을 피우고 열매를 맺는 강인함과 억척스러움이 배어 있기 때문이다. 그들은 '사브라'를 통해 생존의 지혜를 배웠다.

둘째, 민족의 연대감이다. 유대인은 우선 가정에서 기초교육을 받고,

마을에서는 회당 공동체 교육, 성전에서는 민족 공동체 교육을 받는다. 그들은 공동체를 통해 자존감과 긍지를 배운다.

셋째, 정신적 자산이다. 어떤 재산이나 가시적인 것보다 탈무드에 의한 정신적인 자산을 강조한다. 탈무드에서는 "부모들이 가진 사랑, 근면성, 겸허함, 검소함 이러한 것들을 자식들에게 물려주는 것만으로도 훌륭한 교육이 되는 것이다."라고 가르치고 있다.

세계를 지배하는 강인한 힘, 유대인의 그 뿌리는 '밥상머리 교육'에서 시작한다고 한다. 살펴보기로 하자. 유대계 미국인 랍비 빅터 M. 솔로몬이 쓴 『유대인의 생활방식』이란 책에 의하면 다음과 같은 내용이 있다.

유대인들은 아무리 가난해도 안식일만은 최고의 음식을 차리고 목욕재계를 하며 가장 좋은 옷을 입는다. 온 가족이 함께 회당에 다녀와 식탁 위에 촛불을 켜고 포도주를 올려놓는다. 어머니가 성경구절을 읽으면 가족들은 새로 시작되는 한 주간이 더 좋은 한 주간이 되기를 가족이 함께 기도한다. 아버지는 식사 감사기도를 드리고 빵에 축복을 하고 나서 가족들에게 포도주를 따라주고 빵을 손으로 떼어 나누어주신다. 집을 떠난 형제가 있을 경우 한 가족이라는 의식을 늘 간직하게 하기 위해 따로 접시에 빵을 뜯어 놓는다.

식사가 끝난 뒤 가족들은 조상이 부르던 노래를 함께 부르며 대대로 이어져 내려온 노래임을 상기시켰다. 안식일에 가정에서 나누는 대화는 오로지 교육에 관한 것뿐이다. 자식이 아버지가 질문한 내용에 흡족한 대답을 못하더라도 화를 내지 않고 아주 부드러운 태도로 다음을 기대해 보겠다고 얘기한다. 여기서 주지할 핵심은 '밥상머리 교육'과 '공통된 언어와 화제', 그리고 '가족이란 울타리', '축복'을 생각할 수 있겠다. 축복의 언어는 가족의 미래에 희망을 준다. 가정이 존속하고 그 역할을 수행하기 위해서는 자연과 관습, 신성한 것과 인간적인 것을 절묘하게 조화시켰을 때 절정을 이루는 것 같다.

교육학자 강영우 박사는 다음과 같은 내용을 얘기한 바 있다. "미국 콜롬비아대학에서 최근 발표한 연구 중에는 온 가족이 저녁식사를 함께하면 아이의 성적이 올라가고 술, 담배, 약물 복용 등이 줄어든다는 내용이 있다. 왜 그럴까? 그것은 식사를 하면서 가족 간에 가치관이 소통되기 때문이다. 여기서 인생의 비전과 목적, 진로 방향, 긍정적인 태도 등이 자연스레 소통되어 원동력을 강화시킬 수 있다. 특히, 자녀들의 자아 개념이 향상되고 자신감이 높아진다.[17]"

가정의 기반은 단순히 육체적 번식을 이루는 데서 비롯되지만, 그 가정의 목적은 문명인, 문화인을 만들어내는 일이다. 따라서 그 울타리를 제대로 이행했을 때, 자녀에게 교육의 근본과 완성을 만들어준다고 해도 과언이 아닐 듯싶다.

송호근 서울대 사회학 교수는 이렇게 말한다. "한국은 한때 고등어 한 마리만으로도 온 가족의 밥상을 풍족하게 해주던 그런 시절이 있었다. 노모가 가난에 찌든 석쇠로 조심스레 구워낸 고등어 한 마리엔 조촐한 행복이 묻어났다. 정치는 엄동설한(嚴冬雪寒)이었지만, 내일은 형편이 나아질 거라는 꿈이 있었고, 잘난 것 없는 평범한 가정이 누구에게든 든든한 정신적 둥지였다.[18]"

자녀에게 자존감을 심어주는 것은 어머니의 애정이고, 자식은 어머니가 맡아보는 밥상머리에서도 자란다는 것은 틀림없는 사실이다. 그

---

17 강영우, 『원동력』, 두란노, 2011년, 108쪽 참조.
18 송호근 칼럼, '고등어의 추억', 「중앙일보」, 2011년 7월 5일.

런데 요즘 한국에서는 한솥밥을 먹는 문화가 예전과 달라지고 있다. 책상에서 책을 보며 밥을 먹기도 하고, 한 손에 컴퓨터 마우스를 쥐고 다른 한 손으로 허겁지겁 밥을 먹기도 한다. 서로가 공감할 수 있는 화제와 언어는 더욱이 없다. 몇 시간씩 TV나 인터넷을 할지언정 단 몇 분 정도의 대화조차도 않는 가정도 많다. 서로 눈을 마주치며 정감을 나누는 식사시간은 사라지고 있다. 같이 밥을 먹는 식구(食口)라는 의미의 가족 울타리가 무너져 간다는 의미다.

사람이 눈을 마주치고 식사를 함께한다는 것은 많은 의미가 부여된다. 사랑 없이 식사를 준비한 엄마의 밥을 먹으면서 사랑을 느끼는 사람은 아무도 없을 것이다. 눈을 마주치고 식사를 한다는 것은 사랑을 나누는 일이고 마음을 나눈다는 것을 의미한다. 가정에서뿐만 아니라 비즈니스를 하는 사람들 간에도 함께 식사를 하고 눈을 마주치고 이런 저런 얘기를 나눈 사람과 그렇지 못한 사람과는 현격한 차이가 발생한다. 사람 간의 '교감과 공감, 연민'이 그 안에서 일어나기 때문이다. 실제로 마음을 나눌 수 없는 사람과 식사하는 일이 거의 불가능하듯이 마음을 나눌 수 없는 사람과 눈을 마주치는 일도 불가능하다. 마음이 통하지 않으면 일단 눈을 마주치는 일을 회피하는 것이 일반적인 현상이고, 인종차별이 발생하는 지역일수록 이런 행위는 심하다.

유대인 교육의 핵심은 밥상공동체와 밥상 준비에서 비롯되지만, 그들이 세계적으로 우수한 인재를 끊임없이 배양해내는 원동력도 바로 여기에 있다. 손수 음식을 준비하는 어머니의 정성, 가족이 한 자리에 모여 이야기를 나누는 즐거움, 밥상 앞에서 자녀들이 하느님께 드리는 감사, 그리고 아버지가 아이들을 축복해주는 모습들이 그것이다. 이

밥상공동체에서 아버지는 자녀들에게 신앙과 모국어와 애국심을 책임지고 전수해 왔다. 가정은 하늘의 섭리와 인간적인 방식에 대해 특정한 권위와 지혜를 지닐 필요가 있음을 보여주는 예다.

안식일 전통이 지켜지도록 하기 위해서 이스라엘은 국가적 차원에서도 노력을 보이고 있다. 그런 특별한 시간과 공간 안에서 유대인은 가족의 사랑을 배우게 된다. 한 인간으로서 자부심과 긍지는 가족의 사랑 안에서 출발한다. 한남대 김형태 교수의 칼럼에서는 다음과 같이 설명을 덧붙인다. "이스라엘에선 토요일마다 음식점, 유원지, 공원, 박물관이 모두 문을 닫는다. 대중교통도 거의 정지되며 혹시 탄다고 해도 30% 할증요금을 내야 하고 주유소들도 문을 닫는다. 사회 전체가 안식을 취하기 때문에 밖에 나가는 게 매우 불편하다. 자연스럽게 가정의 날이 된다.[19]"

가정의 소중함을 백번 강조만 할 일이 아니라 사회의 시스템 자체가 적극적으로 협조하는 분위기가 과연 본받을 만하다. 이렇게 가정교육을 받은 유대인들은 미국 전체 법조인들 중 30% 이상을 유대계가 차지하고 있고 경제계, 정치계를 좌지우지하고 있다. 가정에서 주는 에너지가 사회에서 활동하는 강력한 원동력이 된 것이다.

이상의 내용이 마치 이스라엘에만 국한된 것 같아도 중국에서도 그와 비슷한 맥락으로 자녀를 교육한다고 할 수 있다.

첫째, 중국인들에겐 중국이 세계의 중심이고, 누구에게도 뒤지지 않는 역사와 전통, 사상이 있다는 강한 자부심이 있다. 동시에 이미 많은 것을 이루어왔고 이루어갈 것이란 자부심 또한 그들 중국인 개개인에

---

19 김형태 칼럼, '밥상머리 교육—유대인의 생활방식', 크리스천 투데이(christiantoday.co.kr), 2011년 8월 1일.

겐 강한 자존감을 심어주었다. 그 자부심과 자존감은 결국 어떤 어려움이 있어도 일어서게 하는 강인한 의지력의 초석(礎石)이 된다.

둘째, 중국인들은 한(漢)족이라는 민족주의를 중심으로 결속력이 상당하다. '우리'라고 하는 개념이 힘을 만들어주고 든든한 둥우리라는 것을 그들은 역사적 교훈 속에서 이미 깊이 인식하고 있는 터이다. 중국은 서구열강에 의해서 많은 아픔을 겪었으며, 또한 그 후 국내의 진통을 뼈저리게 겪은 나라이다. 자국에 대한 자부심과 긍지로만 안주하다가 외국인들로부터 자국을 지키지 못해 받은 수모와 아픔을 철저히 느껴본 나라이다. 1911년 신해혁명(辛亥革命)을 통해 그들이 반성하는 계기를 마련한 것도 그런 이유에서이다. 따라서 매 시대적 상황과 문제점을 통해서 자신들을 정확하게 볼 줄 아는 통찰력을 지녔고, 현재에 대한 냉철한 지적을 스펀지처럼 받아들일 줄 아는 수용력을 지니고 있다. 어떤 시대나 상황 속에서도 문제와 충돌은 발생할 수 있다. 그런 속에서도 중국인들은 자국민의 결속력을 매우 강조하고 있다.

셋째, 풍부한 정신적 유산이다. 유가(儒家)와 도가(道家)의 사상을 기초로 한 다양한 사상의 뿌리는 그들에게 정신적 내공을 키워주는 원동력이 되었다. 특히, 유교적(儒敎的) 위계질서의 전통은 리더를 중심으로 국민의 질서를 잡아가는 기초가 되어오는 한편, 가족의 질서를 잡아주었다. 유가의 현실주의적인 사상이 인간 중심의 사랑을 키워가도록 하였다면 도가의 낭만주의적이면서 자연주의적인 사상은 자유로운 인간의 마인드와 출구를 열어주었다. 이러한 풍요로운 사상은 중국이 편협한 사고에 매이지 않는 수용성을 키워주기에 가능했다. 따라서 매 시대적 상황과 문제점을 통해서 자신들을 정확하게 볼 줄 아는 통찰력을 지녔고, 현 문제점의 냉철한 지적을 스펀지처럼 받아들일 줄 아는 수용력을 지니고 있다.

넷째, 중국을 이끌어갈 지식인을 해외에서 공부할 수 있도록 아낌없이 투자를 하고, 그들의 학문적 가치가 국내에서 발휘될 수 있도록 유도한다는 점이다. 최근 중국은 교육받은 많은 사람들의 지적인 능력을 해외에서 소모하기보다 국내에서 활동할 수 있도록 충분한 예우를 해주려는 노력을 아끼지 않고 있다.

위와 같은 내용의 교육을 학교와 가정 내에서 중시하는 것은 중국인들의 커다란 내적 힘이다. 미국이 젊음과 반항의 문화라고 한다면 중국은 오랜 역사를 통한 수용적인 문화라고 할 수 있다. 미국이 설교와 교훈을 싫어하고 끊임없이 도전하고 개척할 것을 강조하는 문화라고 한다면 중국은 역사를 통해 반성과 자각을 하면서 기꺼이 교훈을 받아들이는 전통과 수용의 문화라고 할 수 있다.

중국인들의 식사시간은 결코 짧지 않다. 여유 있게 담화를 즐기면서 식사하는 것이 오랜 전통이다. 그런가 하면 미국은 평소엔 패스트푸드 음식문화이다. 그러나 명절이나 휴가 때는 철저히 가족이 항상 함께하는 가족문화를 매우 중시한다.

미국 문화에서도 가정은 중추적인 에너지 역할을 한다. 미국에서 가장 성스러운 의식의 하나인 추수감사절 만찬은 전적으로 귀향과 관련이 있다. 만찬은 대개 어머니의 집에서 이루어지며, 어머니가 몇 년 동안 집을 떠나 있었어도, 그리고 자손이 그 집에 산 적이 없었어도, 그곳은 가정을 상징한다. 추수감사절 만찬을 위해 함께 모일 때 가족들은 가정과 다시 연결되고, 인생에서 가정이 얼마나 중요한가를 다시금 확인하는 시간이 된다. 온 가족이 할머니 집 식탁에 둘러앉아 추수감사절 만찬을 하는 것은 미국의 코드와 잘 맞지만, 휴가철에 휑하니 넓고 낯선 식당에서 홀로 식사하는 것은 전혀 어울리지 않는다.[20]

그렇다면 미국인들이 가정에 이토록 중요한 의미를 두는 데에는 어떠한 이유가 있을까? 그들이 처음 신세계에 왔을 때 집도, 도로도, 그어떤 아늑한 공간도 없었다. 그야말로 황무지를 개척해야 하는 역사의 한 현장을 살았다. 이들은 신세계에서 새로운 출발의 기회를 얻기 위해 기존의 모든 권리와 소유물을 포기한 사람들이었다. 이들은 익숙한 생활을 모두 버리고 낯선 땅으로 온 사람들이다. 그들이 신대륙을 밟은 이유가 어디에 있었든지 간에 낯선 땅과의 만남은 희망임과 동시에 서글픔과 외로움을 상징한다. 위로와 격려보다는 절망과 아픔이 뼛속 깊이 스며들 수 있는 소지가 많다. 더군다나 사람들이 서로 가까이 사는 것도 아니다. 그러다 보니 그들에게 정서적 편안함을 누릴 수 있는 장소나 쉼터, 곧 가정에 대한 애정이 깊어질 수밖에 없다. 미국인 가정에서 주방은 가족이 함께 모이는 핵심적인 장소이다.

함께 눈을 맞추고 식사하는 일, 가족을 위해 식사를 준비하는 어머니의 마음이 경쟁사회에서 차츰 잊혀져가는 일이 되고 있지만, 사실 다시 그 경쟁사회로 나가는 데에는 이것이 엄청난 에너지라는 것을 절실히 깨닫게 된다. 우리는 누구도 그저 홀로 태어난 것이 아니라 어머니가 마련한 집, 자궁에서 자라고 태어났기 때문에 본능적으로 그런 집을 그리워하게 마련이다. 가정이라는 보금자리를 마련해줄 수 있는 가장 중요한 사람이 '엄마'인 이유가 여기에 있다. 위로, 평화, 따듯함의

20 클로테르 라파이유 지음, 김상철, 김정수 옮김, 『컬처 코드』, 리더스북, 2009년, 146~149쪽 참조.

160 | 세계를 향한 한국교육

메시지를 주는 핵심인물이고 구심점이다.

그런데 최근 한국 여성은 '엄마'의 역할을 외면하려는 경향이 늘어나고 있다. 그것이 어떤 이유때문이든지 간에 여성이 갖는 최고의 매력, 어머니의 역할을 외면하려는 것은 숭고한 여성의 내면적 아름다움을 외면하겠다는 얘기와도 같다. 동시에 인간의 가장 기본적 미덕인 온유함과 배려심을 외면하겠다는 것과도 같다. 왜냐하면, '어머니'란 이름의 역할이야말로 숭고한 희생을 기반으로 하여 다시 새로운 생명을 건강하게 성장시켜나가는 일이기 때문이다. 이것은 자연의 질서이고 인간의 질서다. 이 질서를 의도적으로 외면하면서 경쟁사회의 구성원이나 리더 역할이 진정으로 가능할 수 있을까?

사회 경쟁이 치열해지면서 젊은이들은 연애와 결혼, 출산을 외면하고 있다. 지난 10여 년간 연애 상담을 해온 임경선 씨는 다음과 같이 말하고 있다. "여성들이 똑똑하고 세련된 지금은 내 안의 목소리보다 타인의 목소리를 더 듣고, 마음보다 머리로 연애를 하고 있어요." 임 씨는 이를 '헛똑똑이의 딜레마'라고 말했다. 똑똑함이 정작 본인의 행복에는 보탬이 안 된다는 것이다.[21]

LG 경제연구원이 2010년 1월 16일부터 2월 18일까지 10대에서 50대 1,400명을 대상으로 조사한 결과, '자녀가 있어야 한다'는 질문에 대해 20대는 41%만 '그렇다'고 응답했다. '남자가 육아와 살림을 하고 여자가 돈을 벌수도 있다'는 응답 비율도 가장 높았다. 연구원은 "20대의 경우 원칙과 격식보다 실제적인 이익을 중시하는 현실주의 성향이 타 연령대에 비해 더 강한 것으로 확인됐다."라면서 "학교나 직장에서

21　윤민용, 이민숙 기자, [알파레이디 리더십] '연애 잘하려면 인간적 매력부터 키워라', 「경향신문」, 2011년 7월 28일.

20대 여성들의 재능에 대한 경험이 가족관에 반영된 영향이 크다."고 분석했다.[22]

여성이 가장 아름다울 수 있는 이름이 곧 '어머니'임에도, 왜 여성들은 결혼과 출산을 외면하는 것일까?

이 시대 20대 한국 젊은이들의 핵심어는 '경쟁'이다. 따라서 그 경쟁을 뒷받침해주는 것을 선호하는 데 비해서 그렇지 못한 것은 과감히 외면한다. 남녀 간의 사랑에 대해서조차도 예외는 아니다. 미국의 미혼남녀는 결혼을 결정할 때 80% 이상이 배우자에 대해 가장 중요한 조건으로 '사랑'을 꼽는다고 한다. 그러나 우리 한국의 미혼남녀는 '사랑'과 '결혼'을 별개의 문제로 분리하는 경우가 많다. 배우자의 배경이나 외적인 조건을 많이 고려하는 것이 현실인 것도 일종의 경쟁 심리에서 나온 현상이라고 본다. 오죽하면 결혼상담소에서도 결혼대상자들을 본인의 직업, 부모의 경제력, 살고 있는 집, 본인의 외모, 학력, 학벌, 키 등의 외적인 조건을 가지고 등급을 나눈다고 하지 않는가. 아무튼, 대한민국처럼 숫자 좋아하고 순위 나열하는 것을 좋아하는 나라도 없지 않을까 싶다. 이러다간 사람들이 죽고 나서도 "이 사람이 몇 등급으로 살다가 끝내 몇 등급으로 상향조정 또는 하향조정 되었음."이라고 묘비에 적혀있지 않을까 우려될 정도다.

위에서 서술한 바와 같이 가정에서 가장 중요한 역할은 '엄마의 사랑'이다. 엄마가 그 사랑을 자녀에게 줄 수 있으려면 가정에 충실할 수 있는 시간을 가져야 한다. 그런데 여성이 육아 휴직을 안 하는 이유는 하고 나오면 서열이 맨 뒤로 가기 때문이라고 한다. 직장여성이 안고 있

---

22 이호준 기자, 「경향신문」, 2011년 8월 16일.

는 출산과 보육의 공포로부터 여성을 해방시켜주려면 출산과 보육의 문제 때문에 겪게 되는 양성차별은 해결되어야 한다. 사회는 여성과 남성의 뇌구조가 다르고 마인드와 성향, 역할이 근본적으로 다르다는 것을 먼저 이해해야 한다. 자녀를 제대로 기르는 데 소요되는 시간은 엄청나다. 엄마가 제대로 아이를 가르치고 키워내는 일이야말로 사회를 지탱해주는 원동력이다. 여성이 그 뿌리 역할을 제대로 할 수 있도록 사회가 제도적으로 보장해주는 일은 더 이상 뒤로 미루어서는 안 된다.

2011년 8월 5일자 『여성신문』의 박길자 기자는 다음과 같은 기사를 실었다. "기업의 고위직 여성 비율도 너무 적다. 외국은 기업 고위간부 중 몇 %를 여성에게 줘야 한다는 게 있다. 우리도 도입해야 할 것이다. 남성들에게 성 격차 지수(GGL)가 세계 134개국 중 104위라는 얘기를 하면 20~30대는 여성이 훨씬 앞서는데 무슨 말이냐고 한다." 그러나 한국의 경우 고위 간부직 여성의 비율이 적은 것이 현실이고, 그 갭을 채우는 게 여성 할당제이다.

가정 내에서 여성의 역할이 흔들리면 사회와 국가가 흔들린다고 해도 과언이 아니다. 남녀 간의 사랑을 가슴으로 하는 것이 아니라 머리로 하는 사람이 많아지는 세상이 되었다. 치열한 경쟁 때문에 희생과 헌신의 대명사인 '엄마'의 역할을 외면하는 것도 당연해진 듯싶다. 여성이 슈퍼우먼 콤플렉스를 갖고 사회활동을 하는 것은 이 시대엔 '엄마' 역할을 하지 말라는 말과도 같다. 여성이 사회에서 제대로 활동할 수 있도록 그에 상응하는 제도가 마련되어야 함은 당연한 일이다. '어머니'의 값진 사랑은 자녀교육에 최고의 선물이다. 더불어 사회의 화려한 스펙과 실적을 쌓아가기 위해 묻어져 갈 수 있는 일도 아니다. 이 또한 스펙으로 인정할 수 있도록 제도적 장비가 갖추어져야 할 것이다.

어머니의 긍정적 마인드와 회복탄력성

해리 포터의 작가인 조엔 롤링(Joanne Kathleen Rowling)은 절박한 싱글 맘의 역경을 딛고 부와 명성을 얻었다. 자신이 가장 두려워하던 실패가 현실이 돼버렸기 때문에 오히려 자유로워질 수 있었다고 그녀는 고백한다. 실패하였지만 그녀는 살아있었고, 그녀의 사랑하는 딸이 있었고, 낡은 타이프라이터와 엄청난 아이디어가 있었다는 것이다. 가장 밑바닥이 그녀 자신의 인생을 새로 세울 수 있는 단단한 기반이 되어주었다. 경제적인 어려움으로 아이의 분유 값은 물론, 살고 있는 아파트 월세도 내기가 어려웠던 조엔 롤링이 그 어려움을 극복할 수 있었던 것은 자신의 '꿈'과 '아이에 대한 사랑'이었다. 그 회복 탄력성의 초석은 어머니로서의 긍정적인 마인드였음이 틀림 없다.

조엔 롤링은 하버드대학 졸업 축사에서 다음과 같은 말을 덧붙인다. "실패는 삶에서 불필요한 것들을 모두 벗겨내 준다. 나는 실패했기에 가장 소중한 한 가지에 모든 열정을 쏟을 수 있었다. 내가 소설 이외의 일에서 성공했다면 진심으로 원하는 일로 성공하겠다는 의지를 다지지 못했을 것이다." 자신의 고난과 역경에 대해 긍정적인 의미를 부여할 수 있는 스토리텔링은 인생을 리드하는 데 대단한 에너지가 된다는 것을 보여주는 사례다.

미국의 대통령으로서 뿐만 아니라 새로운 시대의 멘토로 떠오른 버락 오바마 대통령의 사례를 통해 어머니의 교육, 그 힘을 살펴보기로 하자. 케냐인 흑인 아버지와 미국인 백인 어머니 사이에서 혼혈아로 태어난 소년, 이어진 부모님의 이혼, 공부에 관심이 없었던 청소년 시절의 방황, 오바마를 둘러싼 것은 모두 불리한 환경뿐이었다. 이런 오바마가 타고난 자신의 환경을 극복하고 미국 대통령이 되기까지 그에게 가장 큰 힘이 된 것은 바로 어머니 더덤이다. 오바마는 두 번째 자서전인 『담대한 희망』에서 어머니에 대해 이렇게 얘기했다. 오바마의 어머니는 '끊임없이 흑인이라는 사실은 강인한 자만이 짊어질 수 있는 영광의 짐이자 위대한 유산, 운명의 특혜'라고 가르쳤다. 흑인 가수 마할리아 잭슨의 레코드 판, 마틴 루터 킹 목사의 연설집, 민권운동에 관한 책 등을 오바마에게 주면서 흑인으로서의 자부심을 갖도록 도왔다. 아버지 버락 1세가 결혼 후 바로 가정을 버리고 케냐로 떠났지만, 그 아버지가 가진 장점만을 부각시켜 얘기했다.

약한 사람을 배려하는 마음을 가르쳤다. 인도네시아에서는 어디를 가든 누더기를 걸친 사람을 만날 수 있었는데, 거리에서 그런 사람들을 만나거나 그들이 집으로 구걸하러 오면 돈이든, 무엇이든 가진 것을 나눠주었다. 불안정한 가정환경과 낯선 환경, 친구들의 따돌림 속에서도 마음이 따뜻한 아이로 성장할 수 있었던 이유이다. 그의 컴패션에 의해서였다.

"I will listen to you."라고 말했던 대통령 당선 연설처럼 다른 사람들의 이야기를 귀담아듣고, 자신만의 행복이 아니라 다른 사람들의 행복을 위해 힘쓸 때 세상은 더욱 아름다워진다고 강조한다. 귀담아듣는다는 것은 제대로 대화를 시작하는 출발점이다. 불평과 말다툼은 금지이다. 대신 올바로 표현하는 방법을 가르치고, 타협하는 방법을 가르치려고 애쓴다. 예를 들어 "먹고 싶은 반찬이 하나도 없어."가 아닌 "나는 저녁에 피자가 먹고 싶어요."라고 말하게 가르치는 것이다. 자기표현이 정확하고 분명해야 의사전달이 제대로 된다. 긍정적인 생활 태도를 강조한다. '절망'이라는 말보다 '희망'이라는 말을 더 자주하라고 강조한다. 오바마는 모든 순간 '할 수 있다', '된다'는 긍정적인 생활 태도를 가지고 최선을 다하라고 말한다.

다음은 필자의 경험을 얘기해보기로 하자.

10학년부터 미국에서 고등학교를 다니던 아이가 11학년을 보내던 시기 여러 가지 면으로 방황을 했다. 학교 공부에 대한 어려움, 잠시 홈스테이를 하던 가정에서 호스트와 부딪치는 어려움, 룸메이트와의 갈등, 학교에서 미국인 친구를 사귀어 나가는 어려움으로 아이는 자신감을 상실했다. 또 그 당시 호스트 대디가 정치인이었던 관계로 직업상 아이의 눈높이에 맞추어주는 것이 아니라 일방적인 설교가 많았는데, 그것이 아이의 생각과 달랐을 때 심적으로 고통스럽다고 호소하기도 했다.

11학년 시기 영어교사는 아이가 수업에 불성실하고 에세이 숙제가 많이 부족하다면서 '학습장애'가 있는 것은 아닌지 하는 의견서를 보내왔다. 순간 우리는 심한 충격을 받았다. 성실하고 모범적인 스타일의 아이가 이런 의견서를 받을 만큼 아이가 정신적으로 힘들어하고 버거워한다는 것이 엄마로서 고통스러웠다. 11학년 말 결국 그 영어 과목의 성적은 F를 받았고, 필자는 12학년 직전 여름방학 시기부터 내 일을 모두 놓고 아이에게 전념하기로 했다. 아이가 그렇게 힘들어하던 그 시기를 엄마가 함께 보내주지 않으면 아이가 받은 상처, 자존심, 자존감은 다시는 회복될 수 없을 것 같았기 때문이다.

학교 성적, TOEFL, SAT, 포트폴리오, 에세이 등을 준비해서 대학으로 제출해야 할 시한이 너무나 촉박했다. 아이가 11학년 전체를 방황했었고, 11학년 시기 다니던 학원에서 준비도 불충분했기 때문이다. 고민 끝에 우리는 모든 학원을 끊고 철저히 엄마와 아이, 학교 활동에만 초점을 맞추기로 했다.

내가 아이에게 강조한 것은 명문대 입학을 희망한다는 조건이 아니었다. 인생을 돌아보니 사람마다 그 시기가 조금씩 다르기는 하지만, 최선을 다하고 온 열의를 다해서 살아야 하는 시기가 있는 것 같다. 그 시기에 그 열의와 열정을 다하고 난 다음 얻은 결과는 후회스러울 것도 없지만, 온 열의와 열정을 다하지 못한 다음에 얻은 결과에 대해선 두고두고 후회스럽더라는 사실이었다. 또 한 가지, 대학 자체를 잘 가고 못 가는 것이 중요한 것이 아니라, 그 시기를 어떤 열의와 열정을 쏟았는지, 그 여부에 따라서 그다음 어떤 인생의 중요시기에 거의 비슷한 제스처를 취하는 것이 일반적인 사람들의 모습이란 것이다.

새벽에 일찍 일어나 아이의 도시락을 싸고 아침 6시에 학교를 가기 위해 라이드했다. 학교까지 1시간 거리를 매일 왕복 라이드하니 하루 4시간 이상은 라이드하는 데 시간을 할애해야 한다. 그 시간 동안 아이가 부족한 잠을 자기도 하고, 학교에서 있었던 얘기를 열심히 하기도 했다. 끊임없이 아이를 향해 "네가 최고다."/ "너는 훌륭하다."/ "아무 걱정하지 마라."/ "엄마가 늘 너를 위해 기도한다." 등 위로와 격려를 아끼지 않았다. 그리고 틈틈이 운전 도중 잘못 들어선 길 위의 레스토랑에서 맛있는 식사를 하기도 하고 박물관을 관람하기도 했다. 그러면서 우리는 평생 추억이 될 만한 많은 얘기들을 나누며 저녁노을을 카메라에 담는 여유도 즐겼다.

학교공부와 숙제를 하자면 아이의 스케줄을 모두 꿰뚫고 있어야 했고, 아이가 힘들어하는 교과내용을 함께 토론을 했다. 11학년 시기 영어선생님으로부터 눈 밖에 났던 탓에 아이는 다시 그 과목을 들어야 했고, 그 선생님을 만나는 일을 두려워했다. 다른 모든 교사들에 대해서는 그렇게 밝고 씩씩한 아이가 그 과목 선생님만 만나면 의기소침해지고, 그 수업의 토론에선 입도 뻥긋 못하고 왔다고 한다. 분명히 나와 토론 연습도 마치고 너무나 성실하게 준비해갔는데 말이다.

두 차례의 토론 수업을 제대로 못하고 펑펑 울어대는 아이를 꼬옥 안아주면서 말했다. "인생에선 늘 자신이 가장 어려워하는 사람을 만나게 되어 있단다. 이번에 이 선생님과의 관계에서 뭔가 어려움을 느끼고 힘들어서 슬금슬금 뒤로 회피하면, 언젠가 또 다른 어려운 대상을 만났을 때 의기소침해지거나 회피하게 돼. 그러니 꼭 이 문제를 잘 넘겨보자. 넌 잘할 수 있어. 만일 잘못하게 되더라도 무어 그리 대단한 일 아니거니 생각해버리렴." 다른 친구들이 자신이 하고 싶은 말을 먼저 해버렸고, 먼저 그 친구들이 얘기를 꺼내버리니 정작 자기 순서를 못 찾겠다는 것이 이유였지만, 더 큰 이유는 자신을 부정적 시각으로 바라보는 교사 앞에서 긴장감이 너무 컸던 것이라고 본다.

따라서 세 번째 토론 수업 전에 나는 이렇게 말했다. "다음엔 다른 친구 순서를 배려하지 마. 또 다른 친구들이 이미 먼저 네가 할 말을 했더라도 너는 그런 내용을 듣지 마라. 그리고 큰소리로 네가 할 꼭 두

마디 정도만 말하렴. 아무것도 길게 준비하지 말고. 큰소리로 배에 힘을 주고 무대 위에 선 것처럼 말하렴."

배려심, 그리고 다른 친구가 무슨 말을 하는지 잘 듣는 자세, 그런 얘기는 대부분의 아이들에겐 너무나 중요한 점이다. 그러나 극도로 자신감을 상실한 아이가 자신감을 회복하려면, 그리고 그 선생님에게 인정받지 못하고 있다는 두려움이 커져 공포감으로 변해가는 아이에겐 이런 방식으로 용기를 주는 것이 유일한 대응책이었다.

세 번째 토론은 과연 성공했다. 네 번째부터 자연스러워지기 시작했고 11학년 때 그저 그랬던 성적이 12학년 시기에 4과목이 톱(Top)을 할 정도에 이르렀고, 졸업식 때는 이사장 장학금을 받기도 했다. 무엇보다도 아이가 두려워하던 영어교사와 점점 많은 대화를 하기 시작하더니 나중엔 무척 친해지는 관계가 되었으며, 자신이 진정으로 좋아하는 것이 무엇인지를 발견하게 되었다는 것이다. 아이는 11학년의 방황을 모두 접고 자신감이 넘치는 학생의 모습으로 변하더니 학교활동에도 적극적으로 참여했다. 파트너를 구하지 못했어도 기꺼이 댄스파티와 프롬파티에 참여하는 당당함을 잃지 않았고, 미국 아이들과 대화하는 데 있어서 어떤 말을 해야 하고 어떤 말은 주의해야 하는지 제대로 이해하게 되었다.

20살 전후의 아이들에 대해 그 능력을 한계 짓는 일처럼 무모한 것은 없다. 지금껏 '성적이 이랬으니' 혹은 '기초가 ~하니'와 같은 말은 그즈음 나이의 아이들을 대상으로 할 말은 결코 아니다. 아이들에게 해주면 되는 말은 "너는 훌륭해, 최고가 될 거야, 너는 잘할 거야."라는 말뿐이다. 아이가 심리적으로 허기지고 어려움을 많이 겪고 있는 시기일수록 절대적으로 필요한 말이다. 이 세상에서 부모만큼은 철저히 아이의 편이 되어준다는 사실을 믿게 해주는 가장 주요한 과정이다. 결국 우리 아이는 미국의 순위 안에 드는 명문대에 갔고, 그때 얻은 자신감은 그다음 단계에서 쉽게 용기를 잃거나 좌절하지 않는 계기가 되었다.

필자가 말하고자 하는 것은 공부와 성적에 초점을 맞춘 얘기가 아니다. 역경 속에서도 고무공처럼 튀어 오르는 마음의 근력을 어떻게 키워나갔는지 그 변화를 얘기하고 싶은 것이다. 엄마가 자녀에게 주는 눈빛, 몸짓, 긍정적 마인드와 언어는 영혼과 같은 역할을 한다는 것이다. 주변의 누군가로부터 헌신적인 사랑과 신뢰를 받고 자란 사람은 '회복 탄력성'이 높다고 한다. '회복 탄력성'은 심리학에서 주로 시련이나 고난을 이겨내는 긍정적인 힘을 뜻한다. 사람마다 능력은 다르지만, 체계적인 노력과 훈련에 의해 변화하는 환경을 잘 이용할 수 있는 능력을 말한다. 긍정적이고 따뜻하게 마음을 전달하면 아이는 큰 에너지를 받지만, 부정적이고 냉소적으로 감정을 전달하면 큰 상처와 무능함이란 영향을 받게 된다. 꿈과 비전을 얘기하고 희망을 얘기하는 엄마에게서는 아이가 꿈, 비전, 희망을 계획하게 된다. 한숨, 걱정, 짜증, 부정적 화살을 쏘아대는 엄마에게선 잡초조차도 피워내기가 어렵다. 엄마가 꿈을 꾸면 자녀도 꿈을 꾸며 산다. 엄마가 행복하면 자녀도 행복을 느끼며 산다. 즉, 꿈꾸지 않는 엄마의 자녀는 꿈을 꾸지 않고, 행복을 느끼지 못하는 엄마의 자녀는 행복하지가 않다. 감정은 전염되기 마련이기 때문이다. 감정은 철저히 대물림 된다.

실제로 미국에서 감옥소에 들어간 피소자들을 대상으로 설문조사를 하니, 어려서부터 부모에게 가장 많이 들었던 말이 "지옥이나 가버려."/

"감옥이나 들어가."라는 말이라고 한다. 좋은 말은 축복을 주지만, 부정적인 말은 상대방을 그야말로 죽이는 행위고 폭력이다. 누구도 타인에게 특히 자식에게 함부로 말하고 행위해도 된다고 생각하는 것은 착각이다. 실제적인 사회법을 떠나서 그것은 범죄다. 사람들은 악인의 대명사로 히틀러를 꼽지만 정작 자신의 언행이 폭력이고 악인의 역할을 톡톡히 해내는 것에 대해선 무감각하다.

어머니의 책임감은 숭고한 사랑의 정점이다

도가사상(道家思想)을 대표하는 노자(老子)는 다음과 같은 말을 했다.

낳고 양육하는 행위가 있다. 낳고도 소유하지 않고, 양육하고도 의지하지 않으며, 자라나게 해주고도 주재하지 않으니 이를 현덕(玄德)이라 한다.[23] 도는 낳고 기르고 자라게 하고 완성시키며 형체를 주고 바탕을 이루게 하고 길러주고 덮어준다. 낳으면서도 자기 것으로 하지 않고 위해주면서도 뽐냄이 없고 길러주면서도 마음대로 하지 않으니 이것을 현덕이라 한다.[24]

노자는 자녀를 어떤 인위적이거나 소유하려는 마음에 의지하지 않고

---

23 "生之畜之, 生而不有, 爲而不恃, 長而不宰, 是謂玄德." - 『道德經』 10장
24 "道生之畜之長之遂之, 享之毒之養之覆之, 生而弗有也, 爲而弗恃也, 長而弗宰也, 此之謂玄德."
    - 『道德經』 51장

자연스럽게 기를 것을 이야기한다. 자기 자녀라고 해서 함부로 대해서는 안 된다는 말도 포함시킨 말이다. 노자의 말 속에서 알 수 있는 것은 인간에게는 낳고 키우는 행위를 통해 부모가 보상받고자 하는 심리가 있다는 것이다. 그러나 그에 의하면 생육의 행위란 단순한 생물학적 활동일 뿐 그것의 공(功)을 주장하는 것은 하류에 속한다. 생육의 행위 그 자체가 아니라 그 행위에 부여된 문화적 가치들이 때로는 본질을 흐리게 할 수 있다는 점을 노자는 인식한 듯하다.[25]

부모·자식 간은 끊을 수 없는 천륜의 정이 있다는 말이 있다. 자녀에게 어떤 식으로 대해도 부모는 부모라는 것이다. 그러나 이것은 잘못 이해한 것이다. 분명 전제조건은 부모는 부모다워야 하며 자식은 자식답게 행해야 한다는 점이다. 만일 그 부모가 제멋대로 방종하고 자신의 책임을 다하지 않고 부도덕하다면 그 자녀는 그 부모의 뜻을 무조건적으로 좇을 필요는 없다.

중국 사회에서 최고의 미덕으로 여겼던 덕목은 가장에게 순종하는 것이었다. 가장에 대한 순종은 스승, 마을의 지도자나 관리, 궁극적으로는 최고 권력자에 대한 순종으로 확대되었다. 사실 유가(儒家) 본연의 사상은 군주는 군주답게, 아버지는 아버지답게, 지아비는 지아비답게, 아들은 아들답게라는 이슈로서, 각자 자기의 지위와 입장에서의 의무를 다할 수 있어야 한다는 논리에서 출발하였다. 그런데 중국 한(漢) 대의 군주는 자신의 지위를 확고히 다지기 위한 논리적 근거와 합리성, 정당성을 내세우기 위하여 유가의 이론을 빌어서 종교화시킨다. 그것이 한 대에 시작된 유교(儒敎)다. 많은 사람들이 유가(儒家) 본래의 사상

25　이숙인 지음, 『동아시아 고대의 여성사상』, 여이연 도서출판, 268쪽 참조.

과 혼용하여 쓰는 면이 있는데, 이것은 명백한 오류이다.

한대(漢代)에는 군주가 폭군일지라도 민중은 군주를 섬겨야 하고, 아버지와 남편은 어떠하든지 간에 아들과 아내는 윗사람을 존중하여야 한다는 일방적인 관계를 성립시켰다. 쌍방이 함께 인격적으로 이루어지는 관계가 아니다. 명백히 강자와 약자가 성립될 수밖에 없는 수직적 관계이다. 어떤 합리성과 타당성이 없어도 무조건 윗사람에게 순종과 복종을 해야 하고 여성은 또한 남성에게 순종해야 했다. 철저히 억압하는 자와 억압받는 자로 나누어진다. 얼마나 불합리한 일인가? 이미 일그러진 원칙이 오랜 시대의 법이고 원칙이었기 때문에 그다음에 만들어진 이론은 모두 인륜을 거스르는 행위에 불과했다. 즉, 유교에 대응하는 것은 천륜과 인륜을 거스르는 행위였다. 현대의 합리적 시각으로 본다면 이러한 사상은 폭력이다.

자녀가 태어나는 것은 그들의 의지가 아니겠지만, 길러지는 동안에는 그들의 자유 의지가 포함될 수 있다. 그것을 단지 부모란 이유로 부모의 뜻을 관철시키려는 것을 교육이라고 본다면 그것은 하류라고 볼 수 있을 것이다. 자녀의 뜻이 반드시 존중되어야 함은 물론, 단지 길러주고 키워주는 문제를 공치사하는 것, 또 좀 더 연륜을 지녔다는 이유로 자식에게 부모의 생각을 강요한다는 것은 지극히 하류의 마인드에 속한다는 것이다.

물론 중국 고전에서 말하는 논리이기는 하지만, 노자(老子)의 관점을 통해 교육을 향한 열정과 신념에 대해 잠시 돌아볼 필요를 느끼게 된다. 자녀의 교육에 부모로서 해줄 수 있는 수고와 노력은 당연한 것이지만, 자녀를 구속하려고 하거나 부모의 욕구대로 이끌어가려는 것은 인권유린이란 얘기다. 자녀를 맡고 키운다고 해서 어떻게 대해도 된다는 사고방식은 위험하다. 자녀에 대한 책임과 엄마의 본능으로 할 일이지 의무로 느낄 일도 아니다.

완벽주의 부모 밑에서 자라난 자녀들의 특징은 모든 문제를 자기 한계로 비하하는 경우가 많고, 자신을 부정적으로 보는 경우가 많다고 한다. 시험 성적이 좋음에도 잘하고 있다는 생각이 없고, 자신을 격려하기보다는 자기 비하를 많이 한다. 이런 경우엔 노력을 해서 좋은 성과를 얻게 되더라도 행복을 느끼지 못한다. 또 강압적인 부모가 잔소리를 할 경우 아이들은 극도의 불안을 느낀다. 이때 철저히 순응하는 아이의 유형과 적극적 반항을 하는 아이의 유형이 있는데, 적극적으로 반항하는 아이는 오히려 건강한 자아를 지니고 있다는 것이다. 사람의 감정은 어린아이나 청소년이나 성인이나 노인이나 모두 똑같은 질량을 가지고 있다고 본다. 부모라는 이유 때문에 자식에게 '~을 해라', '~을 하지 마라'라고 지나치게 간섭하거나 또는 부정적으로 함부로 말할 수 있는 권리는 없다. 지나치게 억압적으로 키우다 보면 억압되어 있던 감정을 또 다른 곳에서 다른 형태로 풀게 되기 때문에 또 다른 문제가 발생할 수 있다.

한편, 부모가 유약하여 아이가 잘못을 해도 혼내거나 어떤 제재도 하지 않고 칭찬만 할 경우 그 아이는 어떻게 될까? 아이들은 충동적으로 행동하거나 이기적으로 변한다고 한다. 부모가 가르쳐주지 않으면 이런 아이들은 성장하여 사회인이 되었을 때 결국 사회가 징계하게 된다. 아이들이 잘못했을 경우, 사랑도 필요하지만 잘못한 행위 자체에 대해서 제재도 가해야 비로소 아이들이 안정감을 느끼는 법이다.

위와 같은 점을 고려해볼 때 부모가 가진 성격유형에 맞추어 자녀를 키울 문제가 아니라 부모의 성향을 보완하여 자녀를 돌볼 필요가 있겠다. 특히, 최근 많은 한국의 부모들이 자녀에게 지적교육에 치중한 나머지 공중질서, 예절교육, 배려심을 키워주는 일에 대해 소홀한 점도 되짚어볼 필요가 있다.

2012학년도 대입 수시모집 때 한국의 학생과 학부모가 담임교사에게 학생부의 평가내용을 수정해달라고 요구하는 일이 많았다. 입학사정관제 등으로 서류 평가 비중이 높은 전형을 준비하는 데서 비롯된 일이다.

고3 담임을 맡는 교사들은 학부모가 원하는 대로 학생부를 기록하지 않으면 항의받게 된다고 한다. 어떤 사례가 있을까? 2011년 7월 6일자 『한겨레 신문』의 진명선 기자의 보도에 따르면 다음과 같은 내용이 있다. "학부모가 학기 초에 학급 시간표를 꾸민 학생의 활동을 '진로희망사항' 항목에 기재해달라고 요청했는데 교사가 '창의적 체험활동' 항목에 기록하자, 학부모가 이에 불만을 표시했다고 한다. 학부모의 입장에선 미술로 서울대 특기자 전형을 준비하는 학생이었는데 진로희망사항에 들어가는 게 더 유리하다고 생각했던 것이다. 그러나 평가는 교사의 권한인 것이고 학부모는 이를 망각한 사례다. 한편, 교육과학기술부는 지난 2월 '학생부 작성 및 관리 지침'을 개정해 한 학년이 종료된 이후에 학생부 내용을 고치는 것을 원칙적으로 금지했다. 그러나 학기 중에 교사가 이미 작성한 학생부 내용을 고치는 것에 대해서는 별도의 규정을 두지 않고 있어, 교사가 학부모의 무리한 요구에 노출돼 있다는 지적이 나온다.[26]"

---

26 진명선 기자, '학생부 고쳐달라, 막무가내 자식사랑', 『한겨레 신문』, 2011년 7월 6일.

자식이 잘 되어야 하는 일이라면 수단과 방법을 가리지 않는 엄마들이 교사에게 월권을 행하는 사례다. 자식을 위해서라면 열 일도 제치고 앞장서는 것이 한국의 엄마들이다. 그런데 지나친 자식사랑은 종종 분별력을 상실하게 만든다. 자식 교육에 지나치게 몰입하다 보니 배가 지금 어느 방향으로 가야 하는지 판단이 흐려지는 모양들이다. 이런 부모 밑에서 성장한 자녀가 무엇을 배울까? 자신의 이해관계에 조금이라도 해가 된다면 그것을 용납이나 할 수 있을까? 목적을 위해 수단과 방법을 가리지 않는 부모에게 한 치의 양보와 배려를 배울 리 만무하다. 반대로, 자신에게 득이 된다고 생각된다면 어떤 수단과 방법도 불사하지 않겠는가? 적어도 우리는 그런 사회를 정의롭다고 평가하지 않는 상식을 가지고 있다.

또 한 사례와 관련된 기사를 살펴보기로 하자.

"2011년 6월 18일 기말고사를 치른 서울대 로스쿨의 인터넷 게시판에선 난리가 났다. 이날 검찰 실무과목 시험을 본 학생 10여 명이 "다른 학생 4~5명이 답안지를 10분 정도 늦게 내 피해를 봤다."라며 거세게 항의한 것이다. 일부 학생들은 교수에게까지 "학사관리를 제대로 하려면 시험장 관리부터 철저히 하라."고 항의 메일을 보낸 것으로 알려졌다. 시험시간이 부족했던 과목이니 만큼 일부 학생들이 시험을 10분 더 봤으면 학점이 바뀔 수 있다고 분통을 터뜨린 것이다……. 학교 측이 진상조사를 벌였고, 결국 '시험 감독과 관련해 포괄적인 재발 방지 대책을 강구하겠다'고 약속하는 선에서 사태가 진정됐다.[27]" 갈수록 로스쿨생들의 시험 분위기가 살벌해지고 있다. 다양한 법조인을 양

27 주관웅 기자, '살벌한 로스쿨…… 동료가 답안 늦게 내자 집단 항의', 「조선닷컴(chosun.com)」, 2011년 7월 6일.

성하려던 로스쿨의 도입 취지는 훼손되고, 좀 더 나은 학교와 좀 더 좋은 점수를 받기 위한 또 다른 측면의 스펙 쌓기로 몰아가는 추세다.

지금 한국사회는 지나친 경쟁으로 모든 사람들의 갈등이 커지고 있다. 같은 신분의 사람들 간에 서열이 생기니 그런 구도하에서 분노하고 절규하는 사람들이 계속 늘어나고 있다. 선녀의 날개복을 찾아낸 선녀는 두 아이를 안고 하늘로 올라가 버렸고, 내내 함께 같은 길을 걸어오던 나무꾼은 멀뚱멀뚱 하늘만 바라보는 신세가 되어버린다.

전상인 서울대 교수는 "좀처럼 땅(공동체)에 발을 딛지 못하고 있는 개인들은 이제 자신을 제외한 이 세상 전체와 독대하고 있다."라고 말했다.[28] 한마디로, 청춘만 아프던 시대에서 중년도, 노년도 모두 아픈 시대다. 상위권 세계에 합류하려는 사람들이 나락에 떨어지면 결국 그들은 형장의 이슬로 사라져야 하는 것과 같은 법이니, 그들의 고독은 당연하다. 그리고 고독의 쓴잔을 마시지 않기 위해 그들은 사생결단의 결투장 안으로 들어가는 것을 기꺼이 선택한다.

경쟁이 치열해지다 보면 본질은 보이질 않는 법이다. 진정한 법조인이 되려는 목적과 비전은 사라지고 당장 먹이를 찾는 하이에나처럼 변질되어 간다. 학교 성적으로 분류되어서 취업을 하게 될 것이기 때문에 자신도 모르는 사이에 자신의 영혼과 정신을 모두 그 목표에 올인시킨다. 누구도 자신이 받는 불이익에 순종할 수가 없다. 이런 사람들이 그야말로 문구에 의한 법에 올인하여 법을 해석해나간다면 사회는 어떻게 될까? 숨을 제대로 쉴 수나 있을까? '법'이 존재하는 이유를 알고 사는 걸까?

---

28 이진우 차장·이진용 기자·강계만 기자·이상덕 기자·최승진 기자·고승연 기자·정석우 기자·정동욱 기자, '기득권층 오르면 사다리 걷어차', 「매일경제」, 2011년 9월 22일.

법조인의 사례에 국한되는 문제가 아니라 의료계, 학계 등 모든 분야에 해당하는 얘기다. 한 치의 양보도 할 수 없는 문화에 살고 있으니 양보와 배려를 배울 리 만무하다. 경기장 안에서 이겨야만 산다고 생각하는 사람은 당장의 결투 이후의 삶에 대해서 생각할 수 있는 여유란 없다. 그들의 신념과 행위는 그 세대에 전염병처럼 퍼져 나갈 뿐만 아니라 그들은 사회를 리드하기에 다음 세대에까지 전염시키기 충분하다. 영화 『스파르타쿠스』에선 경기장 안에서 마지막까지 싸워야 하는 죄수들의 모습이 그려진다. 싸워서 이기고 나면 또 누군가와 싸워야 하고, 이기고 나면 다시 싸워야 한다. 경기장 안에서 마지막까지 싸워 이긴 승자는 어떻게 될까? 환호성도 잠시 잠깐일 뿐 그를 기다리고 있는 것은 가장 처참하고 고통스러운 십자가형이었다. 십자가형을 향해 걸어가는 사람들이 찾는 마지막 고향은 어디고 누구일까? 그들이 겪은 고통과 온전히 마음을 나눌 수 있는 어머니의 눈동자와 연민이 없다면 경쟁의 무대에서 버틸 수나 있었을까?

어머니는 자녀의 영혼이다

교육에 매달리는 엄마들은 자식을 사랑한다고 말한다. 사랑하기 때문에 더 좋은 시스템에서 좋은 방식으로 교육받도록 함께 달린다. 이것이 이 시대, 특히 한국에는 유행처럼 번져나가는 현상이다. 이러한 얘기에 합류할 수 없는 사람은 사회의 방관자이거나 이탈자가 되기도 한다. 중국 춘추전국(春秋戰國)시대의 맹자(孟子) 역시 '맹모삼천지교(孟母三遷之敎)'라고 하는 열의로 맹자(孟子)와 같은 인물을 길러 냈다. 지금의 한국 엄마들에겐 더 나은 교육 장소만 있다면 미국, 유럽이 문제가 아니라 행성도 갈판이다. 『아바타』란 영화에서 본 것처럼 원자재를 구하는 장소라면 행성이라도 갈 판인 미국처럼 말이다.

그런데 지금 한국의 청소년들이 무슨 교육을 받고 있는지가 문제이다. 모든 학부모들이 문제인지는 알고 있지만, 어떻게도 못하는 소수점 한자리를 더 높이기 위해서 책상에서 온 체력을 다 쏟고, 단 하루도 맘 편히 쉬거나 놀지도 못하는 속에서 지적인 노예로 몰아가고 있다는 것은 명백한 시대적 오류이다. 한참 꿈이 많을 나이에 그들은 하늘이 파란 것은 알고 살까? 단풍의 색깔이 얼마나 아름다운지 느끼고는 있을까? 인위적인 교육에 동참하는 동안에 자연이 주는 진정한 의미와 교훈은 너무 외면하고 있는 것은 아닐까? 창의력은 어디에서도 나올 구석이 없으며, 더군다나 자신이 정녕 원하는 꿈과 희망이 무엇인지를 생각할 시간은 더욱이 없다. 독수리는 늘 날아다니지 않는다. 참새처럼 시끄럽지도 않다. 목표물이 생기면 금방 달려들지도 않는다. 지속적인 관찰의 시간을 갖는 것이다. 더욱이 인간에게 자기 관찰과 사색이 없는 교육적 목표는 더 이상 말이 안 된다. 그것은 그저 지적 놀음이고 지적 바벨탑을 쌓는 일일 뿐이다.

중국 송대(宋代)의 사람들은 여성들이 전족을 하는 데 적극적 관심을 보이게 된다. 여성이 연약하고 나약하게 보일수록 시대가 호응을 보였다. 그런데 전족이 어린 딸에게 심한 고통을 주었는데도 딸의 발을 묶는 것은 어머니들이었지, 사랑을 찾는 남성들이 아니었다. 전족이라는 폭력행위는 여성들 스스로가 그들 자신에게 행한 것이다. 이것이 엄마의 사랑일 거라고 말할 사람은 이 시대의 관점과 시각에선 아무도 없을 것이다. 이 시대 일그러진 교육의 형상을 좇는 엄마들의 마인드가 곧 그 시대의 유형을 닮은 듯도 싶다. 자녀의 의사는 상관이 없다. 잘못된 시스템이지만 이것이 사회가 만들어낸 제도이니 일단 따라가라고 한다. 부모에게도 확실한 신념도 없으면서 말이다. 안타깝게도 이것은 명백한 학대이다.

세상살이가 경쟁으로 치닫게 되고 건조해질수록 여성은 '엄마'의 길을 걸어가는 것이나 '엄마'의 정서를 배우는 것을 외면하게 된다. 외적인 아름다움, 능력, 즐기는 삶에 치중한다. 혹자는 아이를 낳거나 키우고 싶어도 지나친 업무에 시달려 그렇게 할 수 있는 시간 자체가 없다고 하소연을 하기도 한다. 화려하고 찬란하게 포장된 외적인 스펙에 스포트라이트를 켜줄지언정 인간의 내면적 느낌과 정서, 특히 슬픔과 고독엔 그 누구도 시선을 맞추려 하지 않는다. 그런데 아이러니하지 않은가? 중국 현종의 마음을 사로잡았던 양귀비도 목을 매고 자살해야 했고, 존 F. 케네디 대통령의 연인이었던 마릴린 먼로도 어느 날 자기 방에서 홀로 죽어있었다. 너무나 매력적인 여성들이었지만 그들의 마지막 여정은 참담하리만큼 쓸쓸했고, 정작 많은 남성들에게 위로와 따듯함을 주면서 동시에 대중의 관심과 사랑을 받았던 사람은 오히려 마더 테레사와 같은 여인이었으니 말이다. 아무리 화려한 인생도 소박하고 수수한 인생에 비견될 수 없었고, 아무리 아름다운 여인도 '어머니'라는 이름이 상징하는 수많은 언어들만큼 감동을 주진 못했다.

요즈음 학생들 간에 어떤 몸매가 완벽한 몸매인가에 대한 생각이 아주 분명하고 또 그것을 끊임없이 추구한다. 그러나 문학에 관한 지도(Literary guidance)는 못 받았기 때문에 그들은 이제 어떤 영혼이 완전한 영혼인지를 더 이상 알지 못하고, 또 그렇기 때문에 완전한 영혼을 가지려는 동경도 없다. 그와 같은 것이 있다는 것조차 그들은 상상할 수 없다.[29]

결혼한 여성이 지닌 역할은 다양하다. 그중에 가장 중요한 역할이 '엄마'라는 역할일 것이다. 모든 인간은 모태에서부터 자라났기 때문에 늘 '어머니의 사랑'에 귀의하려는 본능을 가지고 있다. 그것은 결국 아늑함과 부드러움, 따뜻함이다. 어떤 신분, 어떤 위치의 사람이든 이 사랑에 제대로 만족하지 못하면 큰 폭풍을 견뎌내야 하는 인간처럼 휘청인다. 견딜 수 있는 힘을 내기가 어렵다. 특히, 어린 시절에 공급받아야 할 어머니의 사랑에 대해 결핍을 느끼게 되면 늘 애정에 중독된 사람처럼 애정을 갈구하게 된다. 어린 시절 당연히 받았어야 하는 영양분의 결핍을 의미한다. 부모에게 방치되지 않았다면 자기 스타일을 가지고 어떤 식으로든 타인이나 자녀를 방치하지 않고 사랑을 줄 수 있다고 한다. 사랑은 전염되는 법이다. 줄 수 있는 사람에게서 주는 법을 배우게 되고, 받아본 사람에게서 받는 법을 배우게 되는 것이다. 이것이 사랑의 원리다. 이 원리가 사회에 질서정연한 논리로 서 있어야 사회가 건강해진다.

원(元)나라 때 이행도(李行道)가 쓴 희곡 「회란기(灰蘭記)」에는 다음과 같은 내용이 나온다. 마 씨의 첩이 아들을 낳자, 이를 질투한 정실 부인은 남편을 독살하고 재산을 상속받기 위해 첩의 아이가 자신의 아

---

29 앨런 블룸 지음, 이원희 옮김, 『미국정신의 종말』, 범양사 출판부, 1989년, 76쪽 참조.

이라고 거짓말을 한다. 첩이 그 억울함을 호소하자 포청천은 땅바닥에 석회로 동그라미를 하나 그린 다음 아이를 그 안에 세웠다. 그러고는 첩과 정실부인에게 아이의 양팔을 각각 잡게 하고 원(圓) 밖으로 끌어내는 쪽이 친모일 것이라고 선언했다. 정실부인은 있는 힘을 다해 아이를 잡아당겼으나 첩은 아이가 아파하는 것을 보고 아이를 놓아버렸다. 그러자 포청천은 첩이 친어머니라고 손을 들어주었다.

위의 내용에서는 자식의 생명과 안전을 최우선으로 두는 어머니의 의미와 생물학적인 친모의 의미가 일치하고 있다.

그러나 20세기 독일의 극작가 베르톨트 브레히트(Bertolt Brecht. 1898~1956)는 이 생각을 뒤집는 서사극(opic theater)을 발표했다. 『코카서스의 백묵원』은 러시아의 코카서스(캅카스) 지방에 반란이 일어나 총독이 살해당하고 총독 부인은 피란을 가야 할 절박한 상황을 맞는다. 그와중에도 그녀는 비싼 옷과 귀금속을 챙기느라 정신이 없어 그만 어린 아들을 놔둔 채 도망간다. 하녀 그루쉐가 아이를 구해 온갖 위험과 고생을 겪으며 피란길에 오른다. 반란이 진압된 뒤 총독 부인은 총독의 재산을 상속받기 위해 아들을 찾으러 온다. 처음에 그루쉐는 아이를 계속 돌볼 생각이 아니었지만, 나중에 생각이 달라졌다. 그래서 재판이 벌어진다. 총독 부인의 변호사들은 총독 부인이 생모임을 강조하며 아이를 놔두고 피란길을 떠난 이유에 대해 갖은 변명을 다해 판사에게 호소한다. 이에 대해 그루쉐는 말주변은 없었지만 자신이 아이를 부양하고 교육하는 책임과 의무를 다했음을 설명한다. 곧이어 '회란기'와 같은 백묵 동그라미 재판이 벌어진다. 아이를 소유하자면 힘을 다해 아이의 팔을 잡아당겨야 하고, 고통을 호소하는 아이를 고스란히 지켜봐야 한다. 여기서 아이의 손을 놓아버리는 쪽은 누구였을까? 아이가 고통으로 절규하는 것을 차마 볼 수 없었던 그루쉐였다. 이때 재판관 아츠닥은 양모의 손을 들어준다.

아이의 안전을 위해 가슴 아프게 아이를 포기한 쪽이 참 어머니라는 점에서는 포청천 얘기와 같은 내용이다. 그러나 누가 본능적 책임과 사랑을 실천했는지에 따라 어머니에 대한 시각은 분명히 달라졌다. 우리가 생각하는 고정관념 속에서의 '어머니'란 개념과는 완연히 분리되어진다. 생물학적으로 낳았다고 무조건 부모의 권리를 내세울 수 있는 것은 아니란 얘기다.

공자(孔子)를 중심으로 한 본래 유가사상에서는 전술한 바와 같이 군주는 군주답게, 신하는 신하답게, 아버지는 아버지답게, 형은 형답게, 그 신분이나 위치에 맞는 언행을 강조한다. 이 말은 군주가 군주답지 못해도, 신하가 신하답지 못해도, 아버지가 아버지답지 못해도, 형이 형답지 못해도 순종하라는 유교와는 완연히 다른 의미다. 뼛속 깊이 흘러나오는 본능적 책임과 사랑이 누구에게 있었는지가 핵심이다. 단지, '낳았다'는 이유만으로 부모로서의 권리가 정당화될 수는 없다는 것이다. 특히, 낳았으니 '천륜'이라는 동양적 마인드로 합리화될 수도 없다. 사랑은 집착과는 또 다른 형태의 문제다. 엄마의 사랑이란 심장에 칼을 대고도 꾹 누르고 있는 '참을 인(忍)' 자의 의미를 가슴에 각인시키는 일이다. 많은 여성이 '엄마'로서의 역할을 외면하는 시대가 되었지만, 그럼에도 어머니의 인고(忍苦)만큼 자녀에게 큰 원동력이 되는 것은 없다.

물론, '엄마'라고 해서 매일 24시간씩 자녀에게 충실하란 의미는 아니다. 그러나 아이에게 엄마의 사랑이 얼마나 꾸준하고 헌신적인지 또 아이를 위해 어떻게 애쓰는지 신뢰감을 심어주면, 그 아이는 어떤 역경 속에서도 희망을 버리지 않는다. 독수리는 새끼 독수리를 낳으면 품에 안고 수천만 리 창공으로 올라간다. 그곳에서 빙빙 돌다가 새끼 독수리를 과감히 놓아버린다. 한참 밑으로 떨어져 갈 때 즈음 어미는 사력을 다해 그 새끼를 다시 낚아채듯 품에 끌어안는다. 새끼가 살아가는 법을 배울 수 있도록 해주는 훈련과정이다.

인간은 언어 이전에 감정으로 먼저 느끼는 존재다. '언어는 뜻과 의미를 다 전달할 수 없는 것[30]'이지만 몸짓은 그 사람의 뜻을 모두 전달할 수 있다. 회초리로 자녀를 때린다 안 때린다고 하는 사실이 중요한 것이 아니다. 그 순간 엄마의 걸러지지 않은 제멋대로의 감정으로 회초리를 대는 것인지, 정말 아이가 바르게 성장하기를 원하는 마음인지, 아이는 본능적으로 알게 되어 있다. 『성경(聖經)』에 다음과 같은 말이 있다. "초달을 차마 못하는 자는 그 자식을 미워함이라. 자식을 사랑하는 자는 근실히 징계하니라(잠언 13장 24절)." 물론, 체벌 후에는 반드시 포옹과 위로를 해주어야 한다. 독수리의 눈동자처럼 아이를 지키는 사랑은 자녀를 놀랍게 성장시킨다. '사랑'이 전제되지 않는 결혼이 불가능하듯 자식에게 온전한 헌신 없이 '어머니'의 역할은 불가능하다.

남극의 황제펭귄들이 살아가는 모습을 통해 '어머니'가 무엇인지 살

---

30 『莊子. 天道篇』에서 "輪扁이 수레바퀴를 깎는다(輪扁斲輪)"는 우언을 말하는 가운데서, '언불진의(言不盡意)'의 사상을 설명하고 있다. "세상 사람들은 진귀한 도(道)가 글에 실려 있다고 생각하지만, 글은 전하는 말에 불과할 뿐이다. 언어가 비록 글의 귀한 부분일 것이지만, 언어가 귀히 여겨지는 것은 의미가 있어서이다. 그러나 의미 또한 지향하는 바가 있어, 그 의미가 지향하는 것은 도리어 언어를 이용하여 제대로 전달할 수가 없는 것이다……. 수레바퀴는 헐거우면 수월하기는 하지만 꽉 죄어주질 못하고, 빡빡하면 수레바퀴가 끼어지질 않는다. 헐겁지도 빡빡하지도 않게 하려면 손과 마음이 맞아야 하는데, 말로써는 도저히 설명을 다할 수가 없는 틈이 그 사이에 있는 것이다."

펴보기로 하자. 황제펭귄은 암놈이 알을 막 낳으면 그 알을 품고 부화시키는 책임은 수놈에게 있다고 한다. 암놈 펭귄으로부터 자기 품으로 제대로 알을 받아내는 일부터 꼬박 추위를 참고 견디며 부화시키는 일은 보통 어려운 일이 아니다. 수놈 펭귄이 알을 품고 있는 동안 암놈은 양식을 구하기 위해 먼바다로 사냥을 떠난다. 그동안 수놈 펭귄은 천적이 도달할 엄두도 낼 수 없을 만큼 추운 영하 30~40도 정도의 날씨와 눈보라 속에서 알을 품고 4개월 즈음을 꼼짝 않고 서 있어야 한다. 하필이면 왜 저 혹한에서 알을 낳아야 할까? 수많은 세월 동안 펭귄이 배운 종족보존의 방식으로는 그때야말로 천적이 없어 그나마 자식의 생명을 지키기에 가장 안전하다는 것이다.

황제펭귄은 자신들이 선택한 위험과 자신들의 방식으로 이 어려움과 싸운다. 한 줄씩 나란히 겹겹이 줄을 선 채로 모여 있는 펭귄들은 안쪽으로 줄을 서는 것보다 더 극심한 추위를 견뎌야 하는 바깥쪽의 펭귄들에게 순서를 지켜 안쪽의 자리를 한 번씩 양보한다. 즉, 자리 바꾸기를 반복하는 '허들링(huddling)'으로 추위와 고통을 나눈다. 공평하게 분담된 희생과 양보가 집단을 살리고, 세대를 이어가게 한다. 그런 고생 끝에 검은 깃털이 다 빠지고 먹지 못해서 아사할 지경이 될 무렵 새끼들이 태어난다. 두 달간 아무것도 먹지 못한 수컷 펭귄은 위벽에 모아두었던 음식(펭귄밀크)을 토해서 새끼들을 먹인다. 또 수컷 펭귄에게서 부화한 새끼가 수컷의 품속에서 짓눌릴까 이제는 허들링도 하지 못하고 두 달간 혹한을 고스란히 홀로 견뎌야 한다.

그리고 나면 사냥 나간 어미 펭귄이 뱃속에 먹이를 가득 채우고 돌아온다. 돌아온 어미 펭귄은 뱃속에 저장해 온 먹이들을 반추해서 막

태어난 새끼들만 먹이고, 4개월 동안 알을 품어준 아비 펭귄은 다시 자기들의 배를 채우기 위해 바다 사냥을 떠나야 한다. 실수로 품고 있던 알이 품 밖으로 굴러나가 알이 얼어버리거나 새끼 펭귄이 동사해버리면 아비 펭귄은 그 새끼를 살려보려고 자기 품에 다시 품고 있기도 한다. 어미들도 먹을 것을 가지고 돌아오기까지 천적에게 물어 뜯겨 피투성이가 되기도 하지만, 아비 펭귄 역시 추위로 인해 때로는 죽을 수도 있다. 그렇게 고생을 하고 난 부모 펭귄들은 털갈이를 하는 새끼들에게 이별을 고하고 먼바다로 떠난다. 목숨을 걸고 길러 낸 새끼지만, 펭귄들은 각자의 삶 자체를 새끼들의 몫으로 남겨두고, 그들의 뒷모습만 보인 체 눈보라 속으로 사라져간다.

한없이 미련스럽고 단순한 것처럼 보이는 삶이 가장 숭고한 철학이고 미학일 수 있다. 한없이 무력하고 촌스러운 것처럼 보이는 삶이 가장 숭고한 아름다움일 수 있다. 천적과 싸울 만한 힘조차 없을 만큼 무력하기만 한 황제펭귄. 그러나 그들만의 생존과 종족 보전의 방식을 방패 삼아 새끼들을 낳고 키운다. 칼바람 부는 자연환경을 견뎌내면서 어떻게든 새끼를 부화시키고 키워내려는 안간힘이 처절하다. 그럼에도 불구하고 자기만 중심이 되는 이기심은 철저히 배제한다. 내가 살기 위해 상대를 적으로 삼는 무질서함은 결코 저지르지 않는다. 공평하게 희생하고 양보할 줄 아는 순결한 영혼을 새끼들에게 무언으로 전수시키고 그들은 다시 먼 길을 떠난다.

동물농장에 경주가 시작되었다. 개, 소, 돼지, 쥐……. 결국, 마지막 선두로 골인한 동물은 마지막까지 열심이었던 소가 아니었다. 선두로 골인한 것은 골인 지점을 향해 마지막 순간까지 열심이었던 소를 제치고 그의 머리를 타고 내려온 쥐였다. 우리는 어떻게 설명할 수 있을까? 과연 쥐가 마지막까지 선두로 골인할 수 있었던 것은 그의 지혜로움 때문이었을까? 특별히 규칙을 위반한 것도 아니었으니 쥐는 정당한 것이었을까?

PART 4

교육 리더의
패러다임

독서력으로 리드하라

1950년대 이후 미국의 성공한 기업가 가운데 65%는 교육수준이 높았고, 30%는 고등교육은 받은 적이 없으나 일하면서도 항상 배움에 힘써 독학으로 성공했다고 한다. 이것으로 보아 평생학습은 성공하는 사람들의 가장 큰 특징이라는 것을 알 수 있다. 여기서 교육수준이란 의미는 독서력을 병행하는 의미로 받아들여야 할 것이다. 독서력은 책을 읽지 않고 인터넷에서 주는 짧은 지식이나 정보를 얻는 것을 의미하는 것이 아니다. 이와 같은 방식으로 요점정리나 줄거리 몇 마디로 한 권의 책을 이해했다고 보는 것은 편협할 뿐만 아니라 사고력에 제한을 둘 수 있는 위험성에 빠질 수 있다.

마이크로소프트(MS)사의 창립자 빌 게이츠는 어릴 적부터 지적 재산의 중요성을 보여준 예라 할 수 있다. 그는 어려서부터 책을 많이 읽었으며 자주 테마가 있는 휴가를 떠난다. 가령 휴가의 주제가 '물리'일 경우, 그는 휴가 기간 내내 물리에 관한 서적을 탐독했다. 그가 독서만큼 중시하는 것이 전문가의 말을 상세히 듣는 일이라고 한다. 본인이 문외한인 영역을 전문가가 눈높이를 맞추어준다면 독서의 힘을 몇 배로 성장시켜줄 수 있기 때문이다.

독서와 듣기를 통하여 '통찰력'을 갖는 일은 다양한 분야를 이끄는 리더에게 특히 중요하다. 사물을 깊이 이해하는 힘도 중요하지만, 폭넓게 통찰할 수 있는 힘도 중요하다. 한 사람이 일을 어떻게 추진해 나가는지에 따라서 많은 사람들의 미래는 확연히 달라질 수 있다. 그 이유를 시골의사 박경철은 2010년 아주대학교에서 다음과 같이 말하고 있다.

1993년 그가 대전의 한 병원에서 전문의로 일할 때 얘기다. 병원 일로 너무나 바쁘던 때 서울의 모 경제 연구소에서 일하는 친구의 권유로 한 강연회에 참석하게 되었다. 이때 미국 텍사스 주립대에서 MBA를 마치고 와서 1년째 백수가 된 친구를 불러 함께 갔다. 강연을 한 사람은 찢어진 청바지에 티셔츠를 입고 뉴욕 양키스 모자를 쓰고 나타났다. 박사급 연구원들이 자리를 꽉 채우고 있었는데, 예의의 기본도 갖추지 않은 연사에 대해 불편한 기색들이 역력했다. 강연 주제는 'www'였고 모두들 웬 황당한 소리냐는 표정들이었다.

강연이 끝나고 반응이 너무 썰렁해 연사도 민망해하면서 나갔다. 그때 시골의사 친구인 백수는 연사와 개인적으로 새벽까지 얘기를 나누었는데, W 세상으로 뛰어들 수 있는 실마리와 몇 가지 조언을 들었다고 한다. 그로부터 2~3년이 지난 다음에 문제의 W가 자본금 700만 원의 작은 사무실을 하나 내었다. 그 회사의 자산가치는 현재 2조 가까이 된다. 그 사실이 중요한 것이 아니다. 십수 년 전에 바로 옆에서 귀에다 대고 얘기해줘도 미쳤다고 믿지 않았던 그 세상이 거짓말처럼 시골의사 눈앞에 펼쳐졌다는 것이다. 어쩌다 한 명 정도는 천재가 있을 수 있다. 문제는 백수다. 백수는 시골의사에게 월급을 빌려 대구에서 사업을 시작했다. 지금의 전자메일이라고 할 수 있다. 백수가 그렇게 대구에서 시작한 전자메일 서비스 회사가 1년 만에 250만 명의 가입자를 모집했다. 그리고 99년 초에 골드만삭스라는 외국계 투자회사에 600억 원에 지분을 넘겼다고 한다. 지금은 엄청난 벤처회사의 지분을 소유한 지주사 회장으로 있다.

같은 장소에서 같은 사람으로부터 같은 말을 들었는데 왜 백수에게는 인생을 걸고 뛰어들어야 할 복음으로 들리고 시골의사한테는 망상장애가 있는 환자의 이야기로 들렸을까? 시골의사 박경철은 이 차이가 도대체 어디서 오는 것일까 하고 의문을 던졌다. 관건은 통찰력과 직관력의 문제였다.

시골의사는 그가 읽고 있던 책에서 답을 얻었다. 제레미 리프킨(Jeremy Rifkin)[01]의 초기 저작이었다. 내용은 다음과 같았다. 0.1%의 창의적인 인간이 다른 사람이 보지 못한 것을 보고, 다른 사람이 생각하지 못한 것을 생각하고, 다른 사람은 꿈꾸지 못한 것을 꿈꾸고, 여기가 새로운 세상이다라며 애먼 곳에 깃발을 꽂는다. 0.9%의 통찰력과 직관을 갖춘 안목 있는 인간이 그것을 알아보고 문명을 이끌어낸다. 나머지 99%의 인간은 잉여인간으로만 존재한다. 문제는 안목을 가진 0.9%는 1개 사단 중에서 1명을 발견할 수 있는 통찰력과 직관을 가진

---

01 제레미 리프킨(Jeremy Rifkin, 1943~): 경제학자. 제레미 리프킨은 기계적 세계관에 바탕을 둔 현대문명을 비판하고 에너지의 낭비가 가져올 재앙을 경고한 것이 바로 『엔트로피』 개념이다. 그 후 『노동의 종말』을 통해 정보화 사회가 창조한 세상에서 오히려 수많은 사람들이 일자리를 잃고 미아가 될 것이라고 경고하였다. 미래에 대한 전망과 현실 비판은 여전히 호소력을 가지고 있다.

사람인 반면, 나머지 99%의 사람들은 그들을 모두 '또라이'라고 생각하고 1명의 W마저 끌어 내린다는 것이다.

리카싱(李嘉誠)은 미국 『타임스』지가 선정한 세계를 움직이는 최고의 사업가로 유명한 홍콩의 갑부다. 그는 성공비결을 묻는 젊은이들에게 항상 '지식이 운명을 바꾼다'고 충고한다. 빌 게이츠와 리카싱처럼 사회적으로 큰 성공을 거둔 이들의 비법은 결코 다른 곳에 있지 않다. 지속적인 학습에 있었다. 그 지속적 학습이야말로 시대의 요구일 뿐 아니라 성공의 필수조건이기 때문이다. 또 학습을 하다 보면 아이디어와 미래에 대한 안목이 생긴다는 것이 그들의 생각이다.

필자가 타이완(臺灣)에서 잠시 공부할 때 얘기다. 15년도 훨씬 넘은 일이다. 타이베이(臺北)에는 곳곳에 맥도널드가 많다. 일 년 열두 달 비가 내리는 경우가 많아 맥도널드 안에 어린이 놀이터도 제법 크고 시설도 잘되어 있어서 아이들이 그곳에서 노는 경우가 많다. 이때 『The Times』를 들고 영어 공부를 하는 4명 정도의 60대 부인들을 본 적이 있었다. 최근 한국에서 20~30대가 스타벅스에서 노트북을 끼고 공부하는 경우는 많아도 60대 부인들이 공부를 하고 있는 경우는 단 한 번도 본 일이 없다. 아무리 20대를 치열하게 살던 사람들도 60대 즈음이 되면 평생의 학습과 독서의 개념은 사라지고 부동산과 남편, 자녀 얘기만 많아지는 분위기다. 사교육 순위 1위인 나라에서 평생교육 OECD 순위 꼴찌라는 명함을 달고 다니는 것이 안타깝다.

독서가 자신의 꿈과 비전을 가질 수 있었다고 하는 벤 카슨(Ben Carson)의 사례를 들어보자.

초등학교 3학년까지만 다녔던 흑인 소녀가 13세 때 나이 많은 목사와 결혼하여 15세에 아들을 낳았다. 23세에 남편의 학대에 못 견뎌 도망쳐 나온 그녀는 허드렛일로 생계를 유지하며 밤늦게까지 일을 했다. 그러면 그 아들이 어떻게 자랐을까? 대부분의 사람들이 그런 경우라면 앞날이 어떠했을까? 그렇게 태어난 소년이 예일 대학을 우등생으로 졸업해서 미시간에서 의대 과정을 마치고 존스 홉킨스 부속 병원 최연소 과장을 지냈던 벤 카슨(Ben Carson)이었다. 그뿐만 아니라 그는 오늘날 미국 신경외과 최고의 명의로 꼽혔으며, 세계 최초로 뒤통수가 붙은 쌍둥이 분리 수술에 성공하였던 의사이다.

어머니가 밤늦게까지 일을 해야만 해서 거의 방치 상태였던 벤의 학창 시절은 과연 어떠했을까? 학교에서 성적은 최하위 수준이었을 뿐 아니라, 친구들과의 싸움으로 잦은 문제를 일으키는 문제아였다. 그렇다면 벤이 변하게 된 계기는 무엇이었을까? 그의 변화는 어머니의 결심에서 시작된다. 벤의 어머니 소냐는 벤에게 도서관에 가서 책을 읽고, 매번 독후감을 써서 제출하라고 하였다. 어머니 말만큼은 잘 듣는 아들이었기 때문에 벤은 도서관에 가서 꾸준히 책을 읽었다. 어느 날 수업시간에 나온 암석 표본을 본 벤은 그 표본과 똑같이 생긴 사진을 도서관의 책에서 보았다는 것을 기억해낸다. 벤이 손을 들고 발표를 하자 모두가 놀라워했지만, 정작 가장 놀라워한 것은 벤 자신이었다. 지식이 유용하고 힘이 된다는 것이 흥분되고 신기한 일이었다. 그때부터 벤은 열심히 공부하기 시작했고, 오늘날의 명의로 자리 잡게 되었다. 나중에 아들 벤의 전기가 출판되고 나서 어머니 소냐는 중요한 한 가지 사실을 고백한다. 그녀 자신은 문맹이었다고.

누구나 일상을 접하는 데서 배울 수 있는 것은 한계가 있다. 그러나 책에서는 다양한 인물을 통한 다양한 경험을 가지게 해준다. 그것은 어느새 흥분을 일으키고 순식간에 꿈의 언어가 되어버린다. 사람마다 어떤 책이 자신에게 새로운 도전의 기회를 마련해줄지는 아무도 모를 일이다. 자신이 어떤 방면으로 재능이 있고 꿈을 가지고 있는지는 '만남'을 갖기 전까지는 그 발견이 쉽지 않은 까닭이다. 희망과 꿈, 그것과 소통할 수 있는 기회를 준다는 의미에서 책의 역할이 매우 크다.

하버드 법대 석지영 교수는 다음과 같이 자신의 경험담을 털어놓았다. "어릴 적 갑자기 바뀐 나라, 문화와 언어, 환경에 적응하는 것이 무척 고통스러웠다. 나도 원래 쉬지 않고 혼자서 재잘거리는 아이였지만, 미국 초등학교에 입학해 영어를 한마디도 못해 말을 할 수 없었고, 또 완전히 새 세상에 적응하기 위해 방황하고 소외감을 느꼈다. 엄마로부터 책을 찾는 방법을 배우고, 스스로 보고 싶은 책을 찾아다니며 혼자서 은밀한 발견을 하는 즐거움을 누렸고, 자유를 추구하는 힘을 키웠던 것 같다. 나에게 독서는 비밀스러운 세계를 찾아가는 과정이었다.[02]"

사람들은 누구나 자신이 생각하고 싶은 대로 생각하고 보고 싶은 대로 보는 편견을 가지고 있다. 생각의 차이에 문을 열어두지 않으면 고립이 생기고 결국 소통이 되지 않는다. 사고력에 탄력이 없으면 본인은 독선자가 되고 주변 사람들은 고달프다. 한국 사회가 오랫동안 권위주의 시대를 거치다 보니 내 생각을 강요하는 악습이 있다. 즉, 연령과 신분, 지위와 직책을 힘으로 삼아 자기의 생각을 강요하는 경향이 많다. 이런 태도의 문제점은 자신의 가치관만으로 남의 사고를 재단하거나 억압하려는 점이 강하다. 사고력을 오픈하고 개선할 수 있는 에너지

---

02 장광익 특파원, '하버드 법대 아시아계 첫 여교수 석지영씨', 「워싱턴, 매일경제」, 2011년 1월 14일.

는 독서에서 찾을 수 있다. 암기식 위주의 교육을 받든 창의적인 교육을 받든, 독서가 주는 의미와 희망은 더 이상의 설명이 필요 없으리라고 본다.

인문학에서 길을 찾는다

현대인은 원칙과 도덕성 없는 정치, 정의롭지 않은 부, 인격 없는 지식, 윤리 없는 상업, 인간성 없는 과학, 희생 없는 종교생활에 대해 깊은 회의감을 가진다. 한국 교육 과정의 깊은 함정은 바로 이렇게 '인격 없는 지식'에 몰두시키는 일이다. 회복시킬 수 있는 방법은 무엇일까? 모든 인간은 사회의 정의와 자유에 민감하다. 그것이 살아있을 때 비로소 인간은 열정을 가지고 살아갈 수 있는 힘을 얻는다. 대중은 '정의'에 대한 갈망이 간절하다. 그런데 이 시대 정의는 살아있는가? 인간은 인간으로서의 자유를 누리며 살아가고 있는가? 행복을 누리고 있는가? 이러한 질문이 이어질수록 인문학의 가치와 중요성은 굳이 설명할 필요가 없어진다.

현재 대학의 인문과학은 어느 것이 이 분야에 속하고 또 어느 것이 이 분야에 속할 수 없는가를 뚜렷하게 명시한 바가 없다. 또한, 이 분야에 속해 있는 학자들은 무엇을 달성하려 하고, 또 그 목표를 어떻게 달성하겠다는 것을 분명하게 제시하지 못하고 있다. 인문과학의 영역은 인간이나 인간성의 회복을 위한 곳이고, 이제는 극소수의 사람만이 인간 자신의 모습을 찾기 위해 가는 여행지라고 해도 과언이 아니다. 특히, 민주 사회에서는 고전과 전통에 대한 경외심은 결여되어 생기를 잃어버렸고 실용성만 강조되기 때문에 인문학은 위기에 직면했다고 할 수 있다.

본래 인문학자들은 여러 번 읽을 만한 가치가 있고 오래도록 살아남을 수 있는 책에 파고들었으며, 일시적인 것처럼 보이는 것들은 철저히 외면해왔다. 그러나 저널리스트들은 늘 '새로운 것'과 최신 뉴스에 대해서만 뜨거운 관심을 보이는데, 그것은 결국 일시적인 정보에 불과한 것이었으며, 인간의 역사가 함께 녹아나오는 고전 작품들에 대해서는 외면하게 만들었다. 자연스레 대학의 학생들조차 금방 잊혀져버릴 최신 시사자료나 인터넷 정보를 접하면서 졸업하고 있다. 왜 고전을 읽어야 하며 왜 인문과학을 가까이 해야 하는지 그 이유를 모르고 있으며, 단순히 교양적인 차원에서의 필요한 것쯤으로 이해하는 경우도 많다.

최근 거의 모든 대학생들이 그렇지만, 특히 경제학과나 의예과, 법학과 학생들의 목표는 대개 입학시기부터 정해져 있고, 그들은 그 목표만 생각하고 있는 경우가 많아 그들의 사고는 획일적이고 경직되어 있다. 주의력을 흩뜨릴 사이가 없기 때문에 수평적으로 생각하거나 사색할 경향이 없는 것이다. 오로지 엘리트의 집단에 이르거나 전문직을 얻겠다는 강박관념에 매이기 때문에 정작 그들은 깊이 고민하고 사색하는 여정을 제대로 가질 수가 없다.

앞에서 언급한 바와 같이 공자(孔子)는 "배우기만 하고 생각하지 않으면 한계에 갇히고, 생각만 하고 배우지 않으면 위태롭다."라고 하여 사색하지 않고 학습만 하는 것에 대한 위험성과 생각만 할 뿐 독서를 통한 내공이 없으면 흔들림이 많다는 점을 언급하였다.

그렇다면 탄탄한 초석을 만들어낼 수 있는 학문의 주인공은 누구일까? 인간과 인간성을 회복시키는 데 주력하는 "인문과학은 모든 위험을 감내할 수 있는 학생을 절실히 필요로 한다.[03]" 검증받지 않고 널리 공유하고 있는 한 시대의 신념과 가치기준을 꼼꼼히 따져보려는 시도를 할 수 있어야 하기 때문이다. 인문학을 시도하는 사람들은 편안한 호텔에 투숙하면서 가이드가 안내해주는 대로 보고 느끼려는 것이 아니라, 자신이 직접 지도를 찾아보고 기꺼이 오지를 좇아가는 번거로움을 감수하는 여행자와 같은 자세를 감당할 수 있어야 한다. 새로운 여행지를 찾은 여행자는 낯선 장소에서 먹는 것과 입는 것, 자는 것에 대한 불편함을 감수하고, 무엇보다도 언어와 문화에 대해 적응하기까지 문화적 충격을 감당해야 한다. 또 이방인의 시각을 가지고 낯선 곳의 새로운 문화를 발견하고 해석하고 이해하자면 엄청난 수고와 노력이 따라야 할 것이다. 몇 년 즈음의 시간을 감당하고 나면 그 문화에 대해 세련되어질 것이고, 그때 다시 기꺼이 손을 털고 일어서서 새로운 문화를 경험하기 위해 배낭을 멘 여행자가 되어야 한다. 지름길이 아니라 먼 길을 돌아가면서 미로를 찾는 것이 인문과학을 하는 사람들의 사명일 것이다. 그런데 시간과 경제적인 부담을 피하기 위해서 너무 쉽게 호텔 투숙의 편리함을 찾는 여행객이 되려는 순간, 인문학의 위기는 우리에게 더 가까이 접근해올 수 있다.

신자유주의가 팽대할수록 사람들의 관심분야는 경제에 기울어진다. 미국의 주요대학의 경우 학부 학생의 상당수가 경제학을 전공한다. 왜

03 앨런 블룸 지음, 이원희 옮김, 『미국정신의 종말(The Closing of the American Mind)』, 범양사
    출판사, 1989년, 424쪽 참조.

일까? 『미국정신의 종말(The Closing of the American Mind)』에서는 다음과 같이 말하고 있다. "그들은 자신들이 전공하는 경제학이 모든 것을 취급할 수 있다고 믿고 있다. 더군다나 경제학이라는 분야 자체에 이끌려 경제학을 배우는 것이 아니라 경제학이 관계하는 것, 즉 돈에 이끌려 경제학을 배우는 경우가 많기 때문이다. 경제학자들의 부에 대한 관심은 실제이고, 가령 문화와 같은 것은 결코 제공할 수 없는 그 어떤 지적 부동성을 지니고 있기 때문에 인상적인 면도 있다……. 그러나 부 자체가 가장 숭고한 동기라고 할 수 없고, 대학의 그 어느 곳에서도 이렇게 과학과 물욕이 완전하게 일치되는 경우는 결코 찾아볼 수 없다.[04]"

"부 자체가 숭고한 동기가 될 수 없다."라는 말은 자본주의가 극단적으로 치닫고 있는 이 시대에 선명하게 드러나고 있다. 2009년 11월, 실업자가 속출하고 주식은 반 토막 난 미국 서민들의 경제뿐만 아니라 세계경제엔 찬바람이 불고 있을 때 미국의원들은 전혀 다른 세상을 살고 있었다. 비영리기관인 '여론정치센터(CRP)'의 최근 집계에 따르면 전체 의원 중 45%(237명)가 백만장자로 드러났다. 미국 전체 인구 중 백만장자는 1%에 불과한데 의원들은 절반에 가깝다.[05] 백만장자의 사교단체나 다름없는 미국 의회가 서민들의 경제적 고통을 제대로 알 수나 있었을까?

이 시대 신자유주의의 신념으로는 부의 축적을 누리는 사람들의 탐욕에 브레이크를 걸 수 있는 방법이 없다. 경제에 대한 관념으로 가득할 뿐 인간성의 회복문제에 대한 깊은 사색이 결여되어 있는 한, 그 어

---

04 상동. 425쪽 참조.
05 박현일 기자, '불경기? '이 나라' 국회는 백만장자 클럽', 「유코피아(ukopia.com)」, 2009년 11월 9일.

떤 논리를 동원해서라도 지금의 이 탐욕에 반기를 든다면 반기를 드는 자들은 사회주의자들이거나 공산주의자, 혹은 좌파로 내몰리기에 십 상이다. 그러나 우리가 주지해야 할 것은 사회가 만든 제도나 법이 완전할 수는 없기에 그 안에서는 정의롭다고 볼 수만은 없는 사회적 현상이 발생하기 마련이란 것이다.

과연 이런 문제를 현실적이고 실용적인 차원에서만 풀어간다는 것이 가능할까? 정확한 용어와 개념을 가지고 현실적 상황에 대한 논증과 반박, 사건 해결을 위한 대책 마련을 위해서 소크라테스적 사고와 비판이 주요한 것은 사실이다. 그런 비판적 사고가 검증되지 않은 일반 여론이나 특권적인 패러다임에 대해 브레이크를 걸 수 있기 때문이다. 그러나 현실적 사고와 냉철한 비판과정은 철저히 이성적이어야 하기 때문에 사람들의 감정이나 정서에는 거리감을 줄 수 있다. 정치적 문제든, 사회적 문제든, 혹은 경제적 문제든, 그것이 어떤 문제든지 간에 인간이 중심이 되어야 하고, 인간의 감정에 호소하는 것과 분리되어서는 해결점을 찾아가기 어렵기 때문이다.

사회의 어떤 제도나 체제로도 정의와 자유의 문제를 완전하게 극복시켜줄 수가 없고, 특히 자본주의가 팽대하는 속에서 '돈'과 결속된 문제로부터 완전히 자유로울 수 있는 인간은 아무도 없다. 이런 체제 속에는 강자와 약자가 발생하기 마련이고, 있는 자와 없는 자, 가진 자와 못 가진 자, 좌파와 우파로 분리되고 가려지게 되어 있다. 사회의 어떤 제도와 법으로서도 스스로를 제어하지 못하는 강자를 통제할 방법이 없는 것이고, 약자를 보호할 수 있는 방법도 상대적으로 제한적일 수밖에 없다. 양쪽을 소통시키고 심한 불균형으로부터 균형을 잡아줄 수 있는 에너지와 '인간이란 무엇이며 어떻게 살아야 하는 것인가'라는 탄식은 결국 인문학 안에서만 풀어갈 수 있는 문제일 것이다. 아무리 최첨단을 달리는 세상을 살아간다고 하더라도 인간의 문제는 역사를 통해서든, 사상과 철학 안에서든, 혹은 문학의 영역 안에서든, 그 안에 모두 들어있기 때문이다.

중국의 최고 권력자를 상징하는 '황제'라는 칭호를 처음 사용함은 물론, 만리장성과 아방궁전을 지어 자신의 권력을 과시했던 진시황제(秦始皇帝)의 모습을 통해 현재의 권력자를 재조명해볼 수도 있고, 많은 젊은이들에게 선망의 대상이었던 존 F. 케네디 대통령의 임기 당시의 고뇌를 통해서 리더십을 살펴볼 수도 있다. 한국경제의 거목이었던 삼성 고(故) 이병철 회장이 죽기 한 달 전 자기 삶을 회고하며 한 종교인에게 보낸 편지를 통해서 인간의 나약함과 본성에 대해서 조명해볼 수 있는 것도 결국 인문학의 영역에서 가능한 일이다.

만일 인간이 제대로 자기를 들여다볼 수만 있다면, 또 인간이 누려야 할 자유로움을 제대로 이해하고 있다면, 강자와 약자라는 이분법이나 부유한 자와 가난한 자라는 이분법을 통해서 힘의 원리를 남용하지는 않을 것이다. 자본주의 사회에서 약육강식이나 승자독식 구조가 팽대하는 현상이 당연하다는 것으로서 '정의'를 남용하지도 않을 것이며, 이때 냉철한 비판과 사고를 하는 사람들에 대해서 좌파와 우파를 나누면서 정치적으로 끌어가지도 않을 것이다. 초점은 언제나 '인간'에 맞추어져야 하고, 그런 마인드를 지속적으로 유지할 수 있으려면 결국 자연만물과 조화, 일치를 이룰 수 있는 '인문학'과 소통해야 할 것이다.

스테디셀러(Steady seller)를 통해 교감하라

　최근 베스트셀러 쏠림 현상이 해마다 더 심해지고 있다. 베스트셀러라고 다 좋은 책이 아니라는 것은 익히 잘 아는 사실이다. 그럼에도, 언론과 매스컴에 의해 얼굴이 알려진 사람의 글에 손길이 먼저 가고, 매스 미디어에서 평한 대로 대중들의 생각은 끌려간다. 군중 심리다. 베스트셀러는 하나의 상품처럼 유행에 아주 민감하다. 유행에서 밀려난 책들은 생기를 잃은 지 오래고, 특히 고전들은 독서 시장에서 설자리를 잃는다. 최근 한국은 독서 자체도 주입식 독서이다. 인터넷을 통해 소설이든 비소설분야든, 논평 되어있는 글이나 요점정리 정도로 독자는 모두 이해했다고 생각하는 경향이 많기 때문이다.

　집단정신에 사로잡힌 개인들의 지력은 약해지고 그 결과 그들의 개성은 약해진다. 다른 사고를 하는 무리는 같은 사고를 하는 무리에 압도당한다. 대중이 이처럼 일반적인 성질을 공유하는 사실로 인해 최종적으로 전체적인 현안들에 대한 판단은 특출한 전문가들에게 맡겨보지만, 안타깝게도 다양한 방면에서 활동하는 전문가들은 대중이 내릴 수 있는 결정보다 더 나은 결정을 내리지는 못하고 있는 것이 현실이다.

　주요대학 도서관 대출서적도 판타지와 감각적인 일본 서적이 대다수를 차지한다. 왜 이 같은 현상이 발생하는 걸까? 젊은 세대들이 취업이라든가 미래 설계를 위해 외적인 스펙을 쌓는 시간에 전력을 쏟으니 제대로 된 책을 읽을 만한 시간적 여유를 못 내는 것이 가장 큰 이유다. SNS로 인해 집중력이 떨어진 것도 이유다. 무겁고 어려운 내용에 시간을 할애할 만한 심적 여유도 없다. 따라서 출판사들이 쉽게 읽히는,

팔릴 만한 책 위주로 마케팅을 하기 때문이다. 한국에 베스트셀러는 만연한데 스테디셀러가 없는 요인이다. 폭력이 난무하는 감각적 서적들은 무의식적으로 우리 정신세계를 지배하게 되어 있다. 시어(詩語)와 같은 감동을 주는 은유법과 비유법보다는 직설적이고 공격적인 언어에 익숙해져 간다. 언어적 폭력에 병이 들어가는 줄도 모르고 조금씩 병이 든다.

스테디셀러는 왜 중요한 걸까? 세대별 차이를 뛰어넘어 같은 세대 안에서도 공감대를 형성할 수 있는 문화와 정서를 나눌 수 있어야 한다. 'Reader'가 'Leader'란 말도 있다. 안철수 교수는 조선대학교의 대담회에서 "책은 관심, 용어를 통일할 능력이 있다. 같은 용어를 쓰면 이해의 폭이 넓어져 국가적으로 상당한 이득이 된다.[06]" 그렇지 않으면 세대별 차이는 차치하고라도 같은 세대 안에서조차도 '공감'을 나누기 어렵다. 우리는 같은 책을 읽으면서 같은 단어와 언어, 문화를 향유할 수도 있어야 한다. 같은 문제를 공감할 수 있다는 것은 '함께'라는 공동체 의식을 심어줄 수 있다. 모든 국민이 김연아나 박태환 선수에게 환호할 수 있었던 것은 모두가 같은 마음을 나눌 수 있었기 때문이다. 조수미의 노랫소리를 들으면서 기뻐하기도, 슬퍼하기도 할 수 있는 것 또한 우리 모두 공감할 수 있었기 때문이다. 서로가 '나누어지는 것'이 아니라 '어우러질 수 있기' 때문이다. 함께 보고 듣는 것으로 공감하는 것만큼 함께 읽는 것으로 '공감'하는 핵심어를 공유한다는 것도 매우 중요하다. 그 사회를 살아가는 군중들에겐 힘이 되고 원동력이 될 수 있기 때문이다.

---

06 2010년 3월 16일, 조선대학교에서 안철수가 말하는 리더십 대담회의 내용 중에서.

그 어느 때보다도 정신과 영성의 결핍을 가져오는 요즈음 동서양의 고전을 읽게 되면 인간이 조금 더 진실 되게 살 수 있다. 그 이유는 그 작가들의 작품을 읽고 나면 인간이 근본적인 것에 관심을 기울이게 되고 자신들의 우발적인 인생을 잊을 수 있기 때문이다. 우리가 지금 어떤 시대를 살고 있고 어떤 종류의 번민을 하고 있을지라도 고전인물의 캐릭터 안에서 같은 인간의 유형을 발견하게 된다. 다양한 캐릭터 안에 스며있는 인간성 안에서 역사의 변천을 이해할 수 있고, 현대의 심리학적 관점을 통해 재조명해볼 수도 있다. 단순한 개념과 실제적인 설명에 의해 이해하게 되는 것이 아니라, 고전인물의 시대적 배경과 상황에 따른 인간을 깊이 이해하게 되고 현재의 나를 이해할 수 있게 된다. 우리가 손끝만 뻗치면 그 어떤 인간의 유형도 고전 안에서 만날 수가 있는데, 이것이 불완전한 우리의 인간성을 견디어내도록 하는 고전의 매력이다.

고대의 정치인들은 끝없이 도덕과 미덕을 말하였고, 그들의 상당수는 시인이거나 문인인 경우가 많았다. 언어가 타락하지 않았다. 인간의 본성이란 것이 시대를 초월하여 똑같이 남아있는 한 고전은 오히려 위기 때에 시의적절한 대처력을 갖게 해주거나 언제든지 현실을 조명해줄 수 있다. 우리는 다른 시대와 역사를 살고 있고 완연히 다른 문화적 특징으로 치장되었는지 모르지만, 과거와 똑같은 문제에 직면하는 경우가 많고, 과거와 똑같은 문제를 풀려는 인간적인 절실함을 가지고 있다. 고대의 저자들이 그들의 저술을 남긴 이래로 그 저술이 해낸 역할이 바로 이것이다. 완전히 소모되어 그저 몇몇 학자들에 의해 그 재만이 보존되는 것처럼 보이다가도 이따금씩 희미하게 되살아나곤 하는 이유가 여기에 있다. 현대와 현재라는 시점이 풀지 못하는 마력이 고전에 살아있기에 극소수의 사람뿐일지라도 그 마력을 따라가는 것이다.

특히, 서양이 추구하는 합리주의와 개인주의, 과학화로 인해 세계가 발전을 해온 것은 사실이지만, 서양의 주도하에 풀지 못한 자연과 인간의 문제에 대한 답은 결국 동양의 고전에서 구해야 할 것이다. 하늘과 땅의 조화, 양과 음의 조화, 강자와 약자의 화합, 남성과 여성의 화합과 같은 문제는 결국 서양이 추구하는 분리의 의미가 아니라, 화합과 일치·조화를 추구하는 동양의 고전에서 얻을 수 있기 때문이다.

역사 교육을 통해 미래를 통찰하라

글로벌 교육을 받고 있는 많은 청소년들은 외국의 역사교육은 열심히 공부하는데 정작 내 나라 역사에 대해서는 외면하고 있다. 그저 역사 대하드라마가 보여주는 구성에 의해 그나마 역사 공부하는 것이 고작이다. 누구의 잘못인가?

미국은 2011년 국제수로기구(IHO)에 동해(East Sea)를 일본해(Sea of Japan)로 단독 표기하는 데 합의한다고 입장을 밝혔다. 회원국들의 투표를 통해 결정된다곤 하지만, 미국의 입장 표명은 한국에 불리한 것만은 틀림없다. 가뜩이나 일본 정부와 정치인들이 독도에 대한 야욕을 숨기지 않고 있는 가운데 미국마저 일본 편을 들겠다고 나선다. 이러다가 어느 시점에선 독도가 일본 땅이란 주장에 미국이 손을 들어주는 것은 아닐까 우려도 생긴다. 우리는 미국이 일본의 편을 들어준 행위에 분노감을 느끼기도 하지만, 과연 우리가 그럴 자격이나 있나 되묻게 된다.

『역사란 무엇인가』의 저자 E.H.카는 역사를 '과거와 현재의 끊임없는 대화'라고 말했다. 청소년기에는 가치관과 정의에 대해 가장 민감할 수 있는 연령이며, 그것을 정립시키려면 역사와 대화하는 속에서 가능할 것이다. 그런데 지금 이 시대 한국은 정작 내 나라 역사교육을 소홀히 하고 있다. 많은 청년들이 영어나 중국어와 같은 외국어에 많은 시간을 투자하는 데에 비해 정작 우리 언어와 역사를 외면하고 있는 이유는 무엇일까? 역사를 배우는 일이 이 나라에서는 어떻게 선택적인 행위일 수 있을까? 이것을 외면하도록 만든 교육제도의 책임인가, 사회의 책임인가, 그저 청년들의 이기심일 뿐인가? 한때 일본에 나라를 빼앗겼던 아픈 역사를 잘못 느끼는 젊은이들이 군대를 가야겠다는 의식이 생겨날 수나 있을까? 민족의식과 애국심을 배울 수 있는 기회는 결국 역사교육을 통해서 뿐이다. 역사교육은 누구의 찬반론에 의해 선택되고 말 일이 아니다.

다시 이어서 미국이 일본의 편을 들어 '동해'를 '일본해'라고 표기한 사례에 대해 논의해보자. 정치적으로 중국과 북한을 견제하려는 미국의 입장에선 한국과 일본 모두 지정학적 중요성이 크다. 똑같이 중요한 우방이다. 그러나 경제적 잣대를 더해 보면 일본에 무게가 실린다. 2011년 글로벌 신용평가 기관인 S&P가 미국 국가 신용등급을 AAA에서 AA+로 한 단계 강등시켰다. 이 때문에 전 세계 증시는 폭락하고 있다. 미국 국채를 가장 많이 갖고 있는 나라는 중국과 일본이다. 중국이나 일본이 미국 국채를 내다 팔면 미국 경제는 말 그대로 쑥대밭이 된다.[07] 결국, 미국이 '흔들리는 초강대국' 위상을 스스로 치유하고 사태 수습할 수밖에 없는 상황에서 미국이 누구의 편을 들어주어야 했을까?

그렇다면 일본은 어떠한가? 일본은 1930~1940년대에 한국을 비롯한 다른 아시아 국가의 어린 여성들을 강제로 끌어가 성노예로 이용했던 일본군의 만행에 대해서 사죄를 하는 데 인색했다. 1990년대 이후 일본은 '위안부 여성'에게 공식 사과와 배상을 하라는 세계 각국의 압력에 부딪혀왔고, 1990년대에 일본 지도자들은 일부 행사를 통해 희생자들에게 사죄를 표명한 바 있다.[08] 그러나 2007년에 아베 신조 일본 총리는 일본군은 여성을 성 노예로 동원한 책임이 없다고 주장했다. 이에 미국 의회는 일본 정부에 위안부 여성에 대한 일본군의 행위에 대해 공식적으로 사죄하라는 결의안을 통과시키기도 했지만,[09] 일본의 반응은 매번 냉랭하기만 하다.

역사는 국가 간의 이권문제에 따라 변경될 수 없다. 그러나 안타깝게도 힘의 원리에 따라 바뀔 수도 있는 것이 역사다. 왜 우리는 번번이 감정적인 분노로만 대응해야 할까? 왜 우리는 그렇게 많은 인문학자와 역사학자를 두고도 이런 문제를 보다 설득력 있고 이성적으로 대처할 수 없는 것인가? 왜 이런 문화적 침식에 대해 잠잠한가? 그 어떤 민족도 자기 논리를 가지고 역사적 항변을 하지 않는 나라의 권리를 지

---

07 최명용 기자, '미국의 '일본해' 찬성 누구를 탓하랴', 「머니투데이」, 2011년 8월 9일.

08 Elazar Barkan, 「The Guilt of Nations」, 46~64쪽, Hiroko Tabuchi, 'Historians Find New Proof on Sex Slaves', Associated Press, 2007년 4월 17일.

09 Norimitsu Onishi, 'Call by U.S. House for Sex Slavery – Apology Angers Japan's Leader', 「New York Times」, 2007년 8월 1일의 내용을 Michael J. Sandel, 「Justice: What's the right thing to do?」에서 재인용.

켜줄 수 있을 만큼 힘을 가진 나라는 없는데 말이다. 논증적 근거를 마련하여 논리와 이성적인 언어로 상대를 설득할 수 있었을 때 그 언어는 권력과도 같은 효과를 드러낸다. 그러나 설득하지 못하면 공허한 아우성이 되고 무력함에 그친다. 역사의 증인조차도 더 이상 생존하지도 않을 때가 되면 그 상흔은 흔적도 없이 사라져버릴 테고, 우리의 권리와 정당성은 누가 주장할 것인가?

한국은 지금 영어교육 열풍으로 유치원 과정에서조차도 단단히 한 몫을 더한다. 더군다나 미국문화를 알게 해준다는 이유로 할로윈데이에 할로윈 옷을 입고 주변의 가게를 돌아다니며 사탕을 받는 풍습을 따라 하는 한국의 유치원생들을 본 일이 있다. 아이가 영어 몇 마디를 한다는 마음에 기쁜 마음으로 아이들의 뒤를 쫓는 어머니들을 본 일이 있다. 어린 시절부터 그런 미국문화를 재미삼아 배워가는 아이들은 있을지언정 한국의 전통과 문화, 역사를 배우는 아이들은 찾아보기 힘들다. 이 나라 이 땅이 정작 한국 땅이 맞는지 의아할 때가 많다. 모국어와 역사교육은 한국인이라면 익혀야 할 가장 기본적인 학습 내용이다. 세계 어느 나라도 그것을 외면하고 잘 살아가는 나라는 본 일이 없다.

'세계화'는 분명 미국이 주도했던 것이지만, 미국이 다른 문화를 수용하겠다는 의지의 표현이 아니라 흡수하겠다는 의지의 표현이다. 우리 한국인에게는 우리만의 독특한 전통과 문화가 있고, 남다른 정서가 있다. 그 뿌리를 기초로 세계화해 나가야 할 것이지, 무조건적으로 타문화를 흡수할 일이 아니다. 무조건적인 흡수는 문화의 식민지화를 의미한다. 우리 한국인은 일제로부터 독립을 한 이후로 오랫동안 알게, 모르게 미국의 신자유주의에 길들여져 왔다. 이러한 사고방식은 우리의 문화 구석구석에 스며들어 있다. 햄버거와 피자에 길들여져 가는 우리 청소년들의 음식문화가 그러하고, 인테리어, 음악, 운동 등이 사실 그러하다. 특히, 미국식 영어와 매스컴의 영향은 우리의 감각을 구석구석 자극하고 있다.

심지어 최근에는 경제·정치·교육·의료 부문까지도 미국의 형식을 차츰 따르고 있고, 2012년에는 미국 로펌, 병원들이 들어왔다. 이와 같이 우리는 미국식에 익숙해져 있기 때문에 상반된 중국의 문화를 바라볼 때 그들의 사고방식을 이해하기 힘들어하고, 더욱이 사회주의 체제라는 것을 망각하는 경향이 적지 않다. 우리는 지정학적 위치 문제만 보더라도 중국이든, 미국이든 어느 한 쪽에 편향된 외교관계를 가질 수 있는 입장이 못 된다. 어느 한 쪽에 편향되어 상대를 바라보게 되면 편견이 생기게 되고 어느 한 쪽에 치중하게 된다. 이런 편향주의는 우리가 가진 외교적 입장에서 대단히 위험한 일이다.

미국문화나 중국문화를 이해하고자 하는 근저에는 반드시 우리의 마인드를 열어두어야 할 필요가 있다. 문화란 것은 인간의 사고방식과 생활에서 나온 것이기 때문에 개선하고 순화되어야 한다. 따라서 자기적(自己的)인 껍데기를 벗어 던져야, 즉 한국적인 민족주의의 터널을 뚫고 나와야 비로소 글로벌화된 마인드를 가질 수 있기 때문이다. 여기서 주지할 점은 자기 사고의 틀을 벗어나 다른 문화를 객관적으로 바라보는 것은 매우 중요하지만, 정작 우리 문화와 역사인식을 던져버리고 수용한다는 의미는 결코 아니다. 자기 모국어는 안 되면서 외국어만 잘하는 것이 자랑스러운 일만은 아니다. 또한, 우리 역사와 문화는 모르면서 다른 나라의 역사공부에 치중한다는 것은 부끄러움이다. 한국인이라면 어느 나라의 국적을 가지고 있든 그들은 '한국과 한국인'에 대한 그리움을 가지고 있다. 그 이유는 무엇일까? 한국인이라는 공동체를 통한 진정한 교감을 원하기 때문일 거다.

한국의 역사 교과서는 모두가 공통적으로 인정하는 최대치만 서술한 책이다. 그러나 우리 사회는 각자의 이념에 따라 서로 다른 관점으로, 즉 좌우로 분리하여 역사서를 바라보거나 교과서가 정권에 따라 자주 바뀌는 경향이 있다. 또 정부가 교육 과정을 수시로 바꾸면서 한국사를 없애거나 다시 만들기를 반복하는데 이건 모순이다. 중앙대 법학과 이상돈 교수는 "교과서의 현대사 부분은 좌편향이란 비판을 면하기 어렵다."라고 하였고, 이에 대해 연세대 김호기 교수는 다음과 같이 말하고 있다. "해방 이후 우리 사회가 좌우 이념을 넘어 추구해온 가치는 정치적 민주주의, 시장경제, 사회문화적 인간주의 이 세 가지인데, 여기에 충실하려 노력한 것으로 보인다. 그럼에도 보수주의 사관을 가진 이들이 대한민국의 정통성을 좁은 의미의 자유민주주의와 자유시장경제로만 몰고 가면서 정통성을 독점하려 하는 것 아닌가 하는 생각이 든다. 사회민주주의와 케인스주의는 이단이란 말인가? 우파의 역사만이 대한민국의 역사는 아니다.[10]"

우리 사회에는 정확한 역사적 사실을 기초로 한 다양한 이념적 사고가 필요하다. 우리 한국은 중국과 미국이라는 양대 강대국의 팽팽한 견제는 물론, 지정학적 위치만으로도 긴장의 끈을 놓을 수 없는 입장이다. 중국이 매번 거론하는 동북공정(東北工程)문제라든가 일본이 거론하는 독도 영유권의 문제에서 자유로울 수가 없고, 더욱이 남북한

---

10 정유진 기자, '[이상돈·김호기의 대화] (13) 한국사 교과서 집필한 주진오 상명대 교수', 「경향닷컴」, 2011년 7월 13일.

문제에서 자유로울 수가 없다. 그럼에도 불구하고 외적으로는 세계화라는 화려한 이름을 좇아가다 보니, 우리 한국이 가진 팍팍한 조건과 상황에 대해 쉽게 망각하게 된다. 화려하게 반짝이는 홍콩과 같은 그런 도시 즈음으로 우리를 조명하기 일쑤다. 그러나 과연 한국이 홍콩과 같은 화려함에 견줄만한 입장일까? 홍콩이 한없이 자유롭고 번화한 특정구역으로만 보일지라도 그 뒤에는 중국이란 엄청난 힘이 있다는 것을 알아야 한다.

역사의 본질과 현실 상황이란 것은 좌우의 이념이라든가 정치적 관념에서만 바라볼 일이 아니다. 역사란 잘못된 내용이나 없는 내용을 만들어낸다면 그것은 문제지만, 정확한 사실(fact) 위주로 쓴 역사를 좌우라는 편향된 이념으로 몰아가는 것은 이제 멈추어야 할 때라고 생각한다. 우리가 직면한 현실을 정확히 보기 위해 역사서에 정치적 이념만 기록할 것이 아니라 정치, 경제, 외교, 교육 등에 대해서도 기술할 필요가 있다. 동시에 과거의 반성과 비판을 통해 미래의 나침반을 마련할 수 있어야 하며, 우리 민족에 대한 자존감을 심어줄 수 있는 기초를 역사서에서 마련해주어야 할 것이다.

애국심은 논란이 많은 도덕 감정이다. 이를 반박의 여지가 없는 미덕으로 보는 사람이 있는가 하면, 국가 우월주의 발상, 전쟁의 근원으로 보는 사람도 있다.[11] 애국심을 옹호하는 장 자크 루소는 공동체에 대한 애착과 정체성은 보편적 인간성에 반드시 덧붙여야 할 요소라고 주장한다. 루소는 애국심은 다음과 같은 강점을 강화한다고 말했다. "같은 시민 사이에 응집된 인간성이 서로를 습관적으로 만나면서, 그리고

11　마이클 샌델 저. 이창신 옮김. 『정의란 무엇인가』. 김영사. 2010년. 319쪽 참조.

서로를 결합하는 공동의 관심사로 인해서, 새로운 힘이 생겨나는 것은 좋은 일이다."[12] 시민들이 충직함과 동질성으로 묶여 있다면, 외부인들 보다는 서로에게 더 큰 의무를 느낀다는 뜻이다.

사람들이 덕을 갖추기를 바라는가? 그렇다면 우선 조국을 사랑하게 하자. 하지만 조국이 그들에게 주는 것이라곤 다른 사람들에게도 줄 수밖에 없는 것들뿐이라면, 그래서 조국이 외국인들보다 내게 딱히 더 큰 의미도 없다면, 어떻게 조국을 사랑하겠는가?[13]

트위터, 페이스북과 같은 SNS를 통해서 20~30대의 젊은이들은 서로 많은 생각과 이념을 나눈다. 이들에겐 어떤 일을 결정할 때 좌파적, 우파적이라는 말을 납득하기 힘들어한다. 그들이 배운 것은 한국사관을 기초로 세계관을 배운 것이 아니라, 세계관에 입각한 '자아'를 먼저 배우고 있는 세대다. 그런 세대에게 열린 사고나 가치관을 통해 건강한 사회를 만들려는 것까지도 일부 정치인들이 좌와 우로 나누어 정치적으로 연결시키는 태도는 개선되어야 할 문제점이다.

그런가 하면 '세계화'가 자국에 대한 이해보다 먼저인 세대에게 명성황후가 일본 낭인에게 죽임을 당했던 일이나 일본의 식민지에 있었던 굴욕, 그리고 한민족이지만 남북이 분단된 아픈 역사를 뿌리 깊게 인식시켜 주지 않으면, 그들에겐 '애국심'이란 말이 낯설게 받아들여질 수 있다. 지금의 20~30대들에겐 조직과 이데올로기의 개념보다 개인적

---

12 Jean-Jacques Rousseau, 『Discourse on Political Economy(1755년)』, translated by Donald A. Cress (Cambridge, Mass: Hackett Publishing), 173쪽 참조.
13 상동. 174쪽의 내용을 마이클 샌델 저, 이창신 옮김, 『정의란 무엇인가』, 김영사, 2010년, 319~320쪽에서 재인용.

성취와 생각이 더 우선되고 있기 때문이다. 2001년 여름 폴란드의 아우슈비츠 수용소를 방문한 일이 있다. 그 입구에는 "용서는 하되 잊지는 말자."라고 하는 간판이 걸려있다. 국민의 90% 이상이 가톨릭 신자인 폴란드는 제2차 세계대전의 아픔과 아우슈비츠 수용소에서 인간이 누려야 할 최소한의 조건조차도 누리지 못하고 죽어간 사람들을 늘 기억하면서, 자신들이 어떤 정신으로 살아야 할지 그 마음을 다져나가고 있는 것이다.

국외에서 한국인을 객관적으로 바라보면 한국인 개개인은 매우 똑똑하다는 말을 아끼지 않는다. 그러나 무슨 일을 함께하는 데 있어서 한국인들의 단결력이나 결속력은 많이 뒤떨어진다고 말한다. 한국역사에 대한 객관적 조명을 통해 정통성을 가질 수 있었을 때 비로소 한국인의 정체성이 제대로 세워질 수 있을 것이고, 정체성의 확립은 곧 조직에 대한 결속력을 이어주거나 강화시켜 주리라 생각한다.

가을날 삼각형 모양으로 날아가는 기러기에게서 공동체의 미덕을 살펴보기로 하자.

조류학자들에 따르면 새들이 삼각형으로 함께 날아가면 따로 떨어져 나는 것보다 공기 저항을 덜 받을 뿐만 아니라 상승 기류 때문에 70%가량 더 날아갈 수 있다고 한다. 공기 저항 때문에 맨 앞을 날아가는 기러기는 쉽게 피로에 지치게 된다. 이때 뒤를 따르던 다른 기러기가 조용히 앞으로 나서서 다른 기러기들을 리드한다. 그들에겐 누가 리더이고 누가 추종자인지는 중요하지 않다. 그들은 날아가는 동안 자기들만이 공유하는 소리를 내며 서로를 격려해주는데, 이 소리는 특히 맨 앞을 리드하는 기러기에게 힘을 더해주려는 것이라고 한다. 또한, 낙오

된 기러기가 생기면 동료 기러기 두어 마리가 기꺼이 함께 땅에 내려와서 기운을 차릴 때까지 도와주고 기운이 회복되면 다시 함께 대열에 합류한다. 승자독식(勝者獨食)이 아니라 양보와 배려로 공생하는 미덕을 보이며, 공동체의 아름다움을 유지하는 것이다.

시적 언어와 토론으로 리드하라

본인이 생각하는 것을 말이나 혹은 글로 표현하는 것에는 차이가 있을 것이다. 생각은 있는데, 전달력이 부족해 오해를 불러일으키는 경우가 많은 것을 보면 더욱 실감하게 되는 일이다. 생각의 뭉치를 잘 풀어헤쳐 상대방이 알아듣게 이야기해야 한다. 그러자면 일단 생각을 정리해야 하고, 적절한 단어를 사용하여 논리적으로 설명할 수 있어야 한다. 말하는 것보다 더 중요한 것은 바로 제대로 알아듣는 것이다. 자기편견과 자아에 갇혀서 상대방 이야기를 듣다 보면 남의 말을 왜곡해서 듣게 되는 경우가 많기 때문이다. 남의 말을 쉽게 뚝뚝 끊으면서 이미 그가 말하고자 하는 말을 이해했다고 생각하는 것도 일조를 더하는 일이다. 그런 맥락에서 토론은 훈련과정이 필요하다.

오바마의 사례를 들어보자. 흔히들 미국의 오바마 대통령이 말을 잘한다고 한다. 그러나 이 시대 말을 잘하는 사람은 많다. 오히려 어리바리하게 말 못하는 사람이 그리워질 정도로 말을 잘하는 사람은 이 시대에 너무 많다. 그러나 그의 말은 가슴에서 흘러나온다. 청소년기를 방황하고 정치인이 되기까지 그의 삶 안에 있었던 어려움들이 잘 정화되어 희극이 되어 나타난다. 흑인이 마치 빈민가의 상징인 것처럼 여겨지던 미국 땅에서 흑인 대통령이 나왔다.

많은 한국인들은 먼저 경제문제에 초점을 맞추었다. 오바마가 미국 경기를 살릴 수 있을까? 필자 역시도 그 부분에 초점을 기울였다. 그러나 오바마 대통령이 당선될 당시 미국인들, 특히 젊은이와 유색인종, 흑인들에게는 초점이 달랐다. 경제를 잘 이끌어가길 그들은 너무나 바랐다. 그러나 그들의 심장이 오바마를 통해 감동할 수 있었던 이유는 국민 대다수를 상징하는 서민의 편에 서 있고 그들의 가슴을 읽고 있다는 사실이었다. 그렇다고 그 반대편의 입장에 서 있는 사람들에게 맞서려고 하지도 않았다. 생각이 다르다고 이념의 선을 긋지도 않았다. 지금 미국의 상황이 너무나 힘들지만, 이전에도 여러 난관을 극복해왔던 것처럼 힘을 모아 다시 일어서보자는 것이 그의 메시지였다. 그의 언어엔 비방은 없다. 자신이 미처 생각지 못했던 질문이나 난관에 대해서는 어떻게 해결해야 할지 어려우면 어렵다고 솔직하게 토로했다.

그렇다면 오바마가 대통령으로 당선되었을 당시 미국은 왜 그렇게 그에게 열광했던 것일까? 오바마는 바로 이 시대의 절박한 요구를 잘 알고 있었다. 패션에만 유행이 있는 것이 아니다. 정치도 군중심리라고 하는 유행에 민감한 분야다. 한국인들은 거의 모두가 패션모델이라고 해도 과언이 아닐 만큼 유행에 민감하다. 유행이란 것은 그 시대와 함께하는 정서, 문화를 무리지어 함께 이야기하고 있다는 증거이다. 서로 말하지 않아도 '함께' 그 정서를 즐긴다는 것이다. 그는 국민 여론과 정서의 흐름을 언어와 몸짓으로 읽어주고 있는 대통령이다.

홍정욱 의원은 2009년 1월 29일, 『국민일보』 기자와의 인터뷰에서 이렇게 말했다. "간절한 희망은 간절한 위기 때 탄생한다고 하지요. 그는 이런 역사의 진리를 보여주었습니다. 오바마는 적과 동지를 모두 끌어안는 '반전의 정치'를 하고 있습니다." 모든 미국인이 오바마에게 열광했던 것은 아니다. 오바마의 반대편에서는 흑인인 오바마가 대통령으로 당선된 것은 미국의 오욕이라고 생각했다. 그러나 오바마는 '나'와 '너', '우리'와 '그들'이란 단어로 사람을 분리하거나 적대감을 유발시키지 않았다. 사람들이 한없이 힘들고 어려울 때 사람과 사람의 마음이 나누어지고 공감을 유발하지 못한다는 것은 고통을 한층 가중시키는 일이다. 공감을 유발하지 못하면 목표점이 아무리 숭고하다고 할지라도 가는 길목마다 막히게 마련이다.

오바마의 당선은 단순한 꿈의 상징이 아니었다. 단지 흑인들의 얼룩진 맘을 풀어주는 역할에 끝난 것도 아니다. 이 시대의 아픔이 뭔지, 국민이 원하는 것이 무엇인지, 그는 그 소리를 가슴으로 듣고 있었던 대통령이고, 자기 몸으로 느껴왔던 체험을 가진 대통령이다. 침묵하는 사람의 말에 더 귀를 기울이는 대통령이다. 그리고 아픔을 한 맺힘으로 풀어나가려는 것이 아니라, 긍정적이고 유머러스하게 해결하고자 하는 대통령이다. 한마디로, 시대를 제대로 읽어가는 사람이다. 따라서 미국의 국민은 그와 '함께'라는 실감을 하게 된다는 것이다.

이 시대는 국가와 국가, 문화와 문화의 경계가 없다. 그럼에도 불구하고 우리는 다양한 언어와 문화, 마인드로 인해서 문화적 충격을 경험하지 않을 수 없다. 같은 언어를 사용한다고 하더라도 사용하는 단어에 대한 개념과 의미 전달이 다를 수 있는 것도 결국 문화적인 색깔이 다르다는 영향이 크다. 그 다양함을 표현하는 사람들이 모여서 상대방에게 제대로 의사를 전달하고 제대로 이해시키는 일은 결코 쉬운 일이 아니다.

미국 하버드 법대 석지영 교수는 「동아광장」에서 다음과 같이 자신의 체험담을 얘기하고 있다. 6살 되던 해 가족과 함께 미국으로 이민 생활을 시작한 석 교수는 뉴욕에서 생활을 시작했다. 영어 한마디 할 줄 몰랐던 그녀는 다음과 같이 얘기하고 있다. "인생의 어떤 시기이든 한 사람이 갑자기, 게다가 한동안 언어를 잃어버린다는 것은 그의 개성뿐 아니라 삶의 방향을 상실하는 것과 같다. 어떤 점에서 나는 길을 잃고, 고립되고 깊은 곳에 빠진 듯한 그런 감정에서 완전히 자유로워지기 어려울 것 같다. 그래서 나는 항상 하나의 인격체를 형성하는 데 언어가 얼마나 중요한 역할을 하는가의 문제에 예민한 관심을 갖고 있다." 그녀는 이어서 "법학을 공부하게 되자 나는 그 학문에 곧바로 빠져들었다. 나는 법의 언어에 능숙해지도록 스스로를 단련하면서 안정되었고, 힘을 얻는 것을 느꼈다.[14]"

세계는 지금 국제적 감각 속의 교육을 강조하는 세상이 되었다. 새롭게 얻어지는 외국어로 인해 새로운 문화를 받아들여야 함은 필연이 되어버렸다. 거기서 살아남기 위해서든 새로운 도전을 위해서든 다양한 언어를 사용해야 하고, 그 언어로 완숙한 토론문화를 형성해 나가야 할 것이다.

가장 한국적인 방식으로 토론을 해나갈 경우 그것은 설득력을 상실할 수 있다. 그 이유는 토론할 때 말을 이어가는 방식이 한국과 미국,

---

14 석지영 교수, '이중 언어와 이중 문화', 「동아광장」, 2011년 8월 30일.

그리고 중국은 확연히 차이가 나타나기 때문이다. 가령, 우리는 윗사람의 의견을 받아들이거나 순종하는 경향이 많다. 그것이 곧 질서를 유지하는 기준이었고, 공경의 미덕이라고 생각했다. 그러나 다른 사람에 대한 순종이 그에 대한 동의를 의미하는 것은 결코 아니다. 그럼에도, 윗사람 앞에서 자기 의사표현이 분명하지 않다는 것은 결국 자기 생각이 없는 것처럼 보일 수 있다. 더러는 절대적 순종이란 게 언제 터져 나올지 모르는 도전과 의견 충돌을 뜻하는 것일 수도 있다.

반면, 윗사람이 아랫사람에게 자기 생각을 얘기하는 자리에서는 "너의 생각은 ~하다. 왜냐하면 ~하기 때문이다."라고 하여 비판적이고 공격적으로 이끌어가거나 내 생각과 관점 위주로만 설명하는 경우가 많다. 그러다 보면 상대방입장에서는 상당히 권위적으로 느껴지지가 쉽다. 미국에서나 중국에서 이런 형식으로 토론을 이끌어가는 것은 상당한 결례를 의미한다. 그들은 의견을 제시하고 나누는 일만큼은 상하 개념이 없고, 동등한 인격체로 보기 때문이다.

미국인들의 경우 먼저 충분히 장점을 설명한 뒤에 '그러나'라는 말을 넣어 결점이나 단점을 설명해준다. 중국인들이 협상을 할 때에는 맨 끝에 '하오(好)'라고 말을 많이 사용한다. 그럴 경우 많은 한국인들은 모든 일이 잘 성사된 것 즈음으로 받아들인다. 그런 말은 오히려 "그래, 우리 앞으로 잘 생각해봅시다."나 혹은 "그래, 우리 한 번 그렇게 노력해봅시다." 정도로 이해하면 된다. 한국 사람들은 습관처럼 "우리 다음에 식사나 함께합시다."라고 말을 잘한다. 그러나 한국인들은 "시간이 되면 연락하겠다."라고 치례적인 의미로 말하는 경우가 많다. 그러나 미국인들은 그 말을 들으면 일반적으로 약속날짜를 잡아야 한다고 생각한다. 미국인들은 '예'와 '아니오'가 분명하여 우리처럼 예의와 격식을 차려서 약속할 수 없는 일을 약속하지 않는다.

아무리 뛰어난 한국의 인재들도 미국의 명문대학에 들어가고 나면 40%가 넘는 학생들이 2학년 정도 마치고 밀려 나온다. 왜 그럴까? 한국 학생들이 가장 고전하는 문제가 '토론'이다. 한국 교육의 특징이 주입식이기 때문이고, 어린 시절부터 어른들의 말에 이견을 보태면 문제아나 버릇없는 아이 취급을 받아왔기 때문이다. 그렇지만 기꺼이 이 토론에 도전해야 한다. 다양한 언어를 사용하는 신세대들에겐 토론을 하다 보면 언어를 숙달하는 것뿐 아니라, 사회의 제도와 예의를 지키는 역할을 아주 진지하게 생각할 수 있게 된다. 엄격히 말하자면, 외국어 능력을 가졌다는 것은 문화적 충격과 갈등을 극복하고 상대의 문화를 수용한다는 의미이기도 하다. 언어에 대한 공감을 가지려면 그 언어의 국가적 배경과 문화로 흡수되어야 하는 것은 필연인 까닭이다.

미국으로 이민을 간 한국계 교포들의 이민 역사가 100년을 넘었다. 소위 한국계 미국인이라고 불리는 이민 세대가 1세대부터 3세대까지 함께 살고 있다. 필자가 미국에 체류하는 동안 그들 사이에서도 언어는 물론, 문화적 차이로 세대 간의 소통이 어려워지고 있음을 발견했다. 한국에 대한 흥미와 관심을 가지고 있는 한국계 사람들이 언어적 장벽과 문화적 이질감으로 인해 같은 한국인들 간에 '공감'을 형성하기가 어렵다는 것은 매우 안타까운 일이다.

실제로 미국에서 가르치는 한국어는 지금 한국에서 사용하는 어휘나 구어체가 아닌 경우가 많고, 그 어조와 뉘앙스가 어색한 경우도 많다. 대중문화에 관련된 프로그램도 한국에 대한 핵심적 내용이라기보다는 이미 20~30년이 지난 내용들이 많다. 그나마 그 환경이 너무 열악하다. 이민 1세대는 어렵게 이민자의 생활을 해야 했기 때문에 그들 자녀에게 한국어와 한국문화를 가르칠 여유가 없었다. 이제 100년의 역사를 보낸 이민자들은 한국인과 한국 전통과 문화를 흡수해야 한다는 열망이 뜨거워지고 있다. 그런데 한국인들에게 가장 안타까운 현상이 한국인들은 그 안에서 서로 지나치게 분리되어 있다는 것이다. 10년 전, 20년 전, 30년 전 이민을 간 사람과 이제 막 이민을 간 사람들 간의 결속력이 미약하고, 서로가 서로에 대해 반기는 마음보다 서로를 외면하는 경향이 많다. 도대체 왜 이런 현상이 나타날까?

어느 국적을 가지고 살든, 한국인이란 사실은 같지만 서로가 사용하는 언어가 격세지감(隔世之感)을 느끼게 하는 경우도 많고, 상호 간에 문화적 차이와 충격을 갖고 있는 것도 사실이다. 지금 한국을 살고 있는 사람들은 한국의 자유화와 민주화에 익숙하지만 20년, 30년 전에 이민을 간 사람들은 한국이 보수적인 성향이 강하고 비교적 완고하다고 한국을 이해하고 있다. 또 한국의 경제와 문화적 발전에 대한 시각이 과거 20~30년 전으로 멈춰진 경우가 많다. 보수적임과 자유로움이 주는 미묘한 이질감은 자연히 서로 간의 교감이나 소통에 심리적 불편함을 주는 요소로 등장했다. 뜨거운 한류 현상에도 불구하고 왜 이런 현상이 개선되지 않을까?

미 최초 공립도서관인 보스턴 공립도서관에 한국 관련 서적이 초라한 모습으로 방치되고 있다. '한류'를 외친 지 10여 년이 되어가지만, 보스턴 공립도서관과는 거리가 먼 얘기이다. 책들을 살펴보면 겉표지가 뜯어진 전집 몇 가지와 시대에 한참 뒤떨어진 책들이 즐비하다. 상당기간 정기적인 한국 서적의 구입이 늦어졌던 것은 결국 한인들의 무관심에서 비롯된 것이다. 한국에 대한 서적이 절대적으로 부족한 현실에서 미국인들이나 한국교포들의 한국에 대한 이해도가 낮은 것은 당연한 결과다. 이런 상황에 대해 2011년 가을부터 보스턴 한인사회에서 자각과 반성이 일어났다. 2012년부터 대한민국 문화 알림이 청소년 홍보대사들이 지역도서관에 한국 어린이 도서 위주의 영문판을 기증하기도 하고, K-Pop을 알리는 역할을 톡톡히 해내고 있다.

최근 10년 사이 한국은 더욱 급변했다. 지금 아시아를 제압하는 연예인들의 한류 현상과 드라마로 한국을 알려주는 것도 한국문화를 알리는 중요한 역할을 하고 있음은 분명하다. 우리의 엔터테인먼트는 과연 세계적인 수준이라고 할 수 있다. 한국이 아시아를 휩쓸다 보니 미국이 아시아 시장을 개척할 방법을 찾느라 어려움을 겪고 있다. 한때 일본 예능이 절대지존이었으나, 일본의 지지가 떨어지니 한국의 연예인을 찾게 되고, 결국 예능인들의 아시아 시장개척은 한국인이 하고 있다. 이제 가장 한국적인 한국문화, 뿌리와 전통을 세련된 구성의 프로그램을 통해 해외에 알려야 할 필요가 있다. 미국의 측면에서도 매우 바빠졌다. 한국어와 문화를 모르고 아시아 시장을 개척하기란 어려워졌기 때문이다. 이제 해외에 있는 한국인들을 교육하는 프로그램을 한류화하는 것도 우리가 해결해야 할 당면과제가 된 만큼 국가적 차원에서의 치밀한 기획이 필요하지 않을까.

한국의 서강대에서는 알바트로스 인재 전형 인문계 영어 에세이 도입을 했다. 대학 최초로 인문계 외국어 특기자 전형에 영어 에세이 (80%)를 도입한 것도 2011년 입시의 큰 변화다. 기존에 1단계에서 IBT

성적 110점(120점 만점) 이상 학생을 1점 단위로 평가하던 방식을 폐지하고 자격기준 105점 이상을 충족한 수험생은 모두 동점 처리한다. 외국어 전형이 지나치게 공인 점수 취득으로만 흘러가면서 발생하는 소모적인 경쟁을 막자는 취지다. 서강대 이욱연 입학처장은 "2010년 응시자 중에는 118점을 맞은 학생이 탈락하기도 했다. 만점을 맞기 위해 수차례 시험을 치르는 부작용을 막고 단순 어학 능력이 아닌, 이를 통해 창의적인 생각을 표현할 수 있는 인재를 뽑기 위한 전형이다."라고 말했다.[15]

그런데 이와 같은 한국의 새로운 인재 발굴에 대해서 필자는 갸우뚱하게 된다. 실제로 미국의 유명대학에서 외국인 학생들에게 요구하는 토플 성적은 한국에 비해서 그리 높지 않기 때문이다. 그런데 한국어가 모국어인 한국에서 요구하는 토플 성적이 미국의 유명대학보다 더 높다는 점에 대해서는 의구심을 갖게 된다. 이런 의구심은 미국 대학의 SAT에서 요구하는 에세이보다 토플에서 출제하는 에세이 유형문제가 더 어렵다고 말하는 학생들이 많다는 것도 고려한 것이다. 학생의 기본적인 실력이 갖추어졌으면 그다음은 얼마만큼 어휘를 구사할 수 있고, 에세이를 잘 쓸 수 있는지와 사고할 수 있는지를 살피는 일이 더 중요하지 않나 싶다. 한국인이라면 누구나 느끼는 문제점이지만 숫자에 매인 영어성적을 학생에게 요구하면, 그 학생은 결국 그 점수를 채우기 위해 점수에 매달리는 일은 당연해지기 때문이다. 획일적인 교육을 탈피하여 새로운 대안을 통해 학생을 모집하려는 의지에는 공감을 한다. 그러나 그 모집을 위해 학생들에게 요구하는 전형이 또 다른 형

---

15 최석호 기자, '대학별 입시, 입학처장에게 듣는다', 「중앙일보」, 2011년 5월 4일.

태의 스펙을 요구하고 서열화하는 것이 아닐지 의문스럽다.

2000년대 이전 학번 수험생들은 중간·기말고사와 수능, 학력고사에서 좋은 성적을 받으면 명문대에 입학할 수 있다고 확신할 수 있었다. 그러나 현재 대학 입시를 준비하는 수험생들은 입학사정관들의 평가를 거쳐야 한다는 심리적 불안을 겪고 있다. 학교 교육은 주입식으로 받으면서 미국화되어 가는 또 다른 유형의 시험에 대비해야 하니, 그 자체도 수험생들의 부담으로 다가오는 것은 당연한 일이다. 김호기 연세대 사회학과 교수는 "완벽한 객관성은 떨어지더라도 평가 주체들이 대체로 공정하게 판단할 수 있다는 '사회적 합의'가 관건이다."라고 지적했다.

독서의 깊이에 치중하기보다는 외국어 실력을 향상시키기 위해 너무나 많은 인력이 그들의 귀중한 시간을 소모해야 한다. 지금 한국인들이 영어 학습에 치중하는 것은 학생들에게만 국한된 문제가 아니다. 세계의 글로벌화라는 이름 아래 한국인이라면 모두가 버겁게 받아들여야 할 기본적인 사항이 되어버렸다. 중국에서도 영어교육은 한국만큼이나 강조되고 있다. 그런데 그들은 서두에도 이야기했지만, 입으로 하는 암기식을 상당히 강조할지라도 그들은 우리식 영어방식과는 또 다르다. 실용적이란 얘기이다. 초등학교 시절부터 중국 아이들은 암기를 많이 하고, 암기한 것을 토대로 발표를 많이 하고, 또한 중국 공산당을 중심으로 회의를 자주 가짐으로 토론하는 것이 자연스럽게 배어 있다. 우리와는 사뭇 다른 분위기이다. 토론할 때 공격적이기보다는 남의 의견에 대해 수용적이며 부드러운 점은 한국에서는 다소 찾아보기 힘든 분위기이다.

미국에서도 마찬가지이다. 결코 단점을 먼저 말하지 않는다. 토론자의 장점을 부각시키고 난 뒤 결점을 이야기한다. 우리의 토론문화는 바쁘다는 이유로 남의 글을 제대로 읽지 않고, 글의 한마디나 한 단어에 매여 전체를 평가하는 경향이 많다. 지나치게 공격적이고 반어법 사용을 통해 감정의 손상까지도 불러일으키는 일이 많다. 이것은 겸손함을 기초로 해야 할 '교육'이란 과정에선 결코 간과할 수 없는 점이다. 아울러 조금은 더 부드럽고 내용에 국한된 부분에 대해서만 맥을 짚어나갈 일이지, 이따금 인신공격으로 이어지는 사례와 같은 것은 심각하게 반성할 점이다.

2010년 3월 24일, 『보스턴 한인 회보(출처: 매일경제)』에 의하면 다음과 같은 내용이 있다. 2010년 3월 21일 미국 의회를 통과한 건강보험 개혁법안은 한국의 세종시 수정법안 처리와 너무나 극명한 대조를 보였다. 둘 다 대통령이 정치 생명을 걸다시피 한 법안이다. 그러나 처리 과정에서 보여준 미국과 한국 정치의 모습은 현격한 차이가 나타났다.

건보 개혁안 통과를 진두지휘한 버락 오바마 대통령은 설득과 대화, 토론의 모습을 보여줬다. 의원들이 지역구민에게 약속한 반대 의견을 바꿀 수 있도록 명분을 만들어주는 '타협'은 개혁안 처리의 백미였다. 공화당은 극렬한 반대에 나섰지만 단상 점거나 마이크 빼앗기도 하지 않았다. '7표 차이'라는 다수결 논리에 깨끗이 승복했다. 반면, 국내 최대 현안인 '세종시법'은 극심한 소모적 논쟁이 계속되는 가운데 의회 민주주의 실종과 정치 파산을 여지없이 보여주었다.

대화와 토론도 훈련이 필요하다. 내 생각만 옳다고 생각하고 그것이 완전하다고 생각하여 상대방의 얘기를 거부하면 타협점은 발견할 수가 없고, 가히 극과 극을 달리게 된다. 문제의 핵심과 본질은 사라지고 감정적 논쟁과 싸움으로 이어질 때가 많다. 언어는 거칠어지고 실제 있었던 사실과 현상을 토론하는 것이 아니라 인신공격으로 이어진다. 우리 사회에서 흔히 발견하게 되는 안타까운 현상이다.

통합 교육에 의한 통찰력과 직관력

세계 어느 나라 역사를 보더라도 고대부터 현대에 이르기까지 서민의 배가 부르고 국가가 대다수의 민중을 존중해주며 민중을 위한다는 신뢰만 있으면 국민은 흔들리지 않는다. 어떤 정치·경제인도 새롭게 변화하는 시대적 요구를 제시하지 못하게 되면 대중은 현실적으로 눈높이를 맞추어주는 논리와 근거를 찾아 나서게 된다.

2008년 미국의 주택 부실정책 문제가 발생했던 무렵, 인터넷에는 매회 수마다 경제 예언자처럼 느껴지는 '미네르바'란 닉네임의 글이 올랐고, 많은 한국인들이 그 글을 추종했던 적이 있었다. 하루에도 달러 환율이 몇십 원씩이나 널뛰기를 하고, 불과 한두 달 사이에 1,000원 하던 환율이 1,500원을 달리는 극도의 불안정한 상황이었다. 정치, 경제, 청년실업과 교육의 방향이 어느 하나 제대로 되어 있지 못했고, 전문가는 새롭게 변화하는 시대적 요구를 제대로 이해하고 있다는 느낌이 없었다. 전문가들이 세상과 등지고 책과 씨름하면서 논증적 근거를 찾는 동안 세상은 거듭 변하고 요동치고 있다. 이런 상황 속에서 소시민으로 살아가야 하는 대중의 심리가 어떠했을까? 그 당시의 환율 변동은 물론 앞으로 청년들이 살아가려면 어떻게 이 시국을 대처해야 할지를, 다소 거친 표현들을 쓰기는 했지만, 명명백백 밝히는 '미네르바'에 대해서 세상이 떠들썩했다. 그는 순식간에 2008~2009년 일명 '인터넷의 경제대통령'으로 불리었다. 필자도 그 글을 읽어봤지만 어떤 정치·경제인도 합리적 대안을 제시하지 못하던 중에 적어도 그는 그즈음의 상황에 대해서 맥을 제대로 짚고 있었다. 나중엔 '미네르바'가 누구인지, 그의 학력과 직업에 대한 관심이 뜨거워졌다. 네티즌들은 그가 익명의 박사나 교수, 어느 특정 분야의 전문직에 종사하는 아주 유능한 사람일 거라고 생각했다. 그러나 나중에 밝혀진 바에 의하면 그는 전문대를 졸업한 무직자였고, 거의 모든 경제학자들이 무색해지는 상황이었다.

하버드 학생들이 『맨큐의 경제학』의 저자 그레고리 맨큐 교수[16]가 진행하는 경제학 수업을 거부한 편지가 인터넷상에서 공개됐다. 학생들은 이 편지에서 "옳은 경제 학문(경제학 입문수업)이라면 다른 경제학 모델의 장·단점을 각각 비판적인 시각에서 볼 수 있도록 해야 한다."라며 "당신의 수업은 경제학의 기초적인 부분을 포함하지 않았다. 학문지에 나오는 주요 기사를 거의 다루지 않았다. 대안적 경제학에 접근한 기회를 주지 않았다. 오늘날 아담 스미스의 경제학이 케인즈 이론보다 더 기초적이고 더 중요하다는 정당성은 밝혀지지 않았다."라고 적었다. 또 "하버드 졸업생들은 금융계에서 그리고 세계의 공적인 정책을 만

---

16 그레고리 맨큐는 1985년 하버드대학교에서 경제학과 부교수로 강의를 시작해 1987년 정교수가 됐으며 조지 부시 대통령 임기 때 2003년부터 2005년까지 백악관 경제자문위원회 의장을 역임했다. 저서로는 세계적인 베스트셀러가 된 『맨큐의 경제학』이 있다.

드는 데 주요한 역할을 하고 있다. 만약에 하버드가 학생들에게 경제학을 넓고 비판적으로 이해할 수 있도록 교육하는 데 실패한다면, 그것도 글로벌 경제 시스템을 망치는 길이 될 것이다."라며 "이것은 지난 5년 동안 경제적 혼란이 이미 입증하고 있는 바다."라고 주장했다.[17]

한 유명 경제학자가 학생들의 논리와 반박에 의해 수난을 겪는 사례다. 분명히 시대별로 특정 논리가 보여주는 합리성과 당위성이 있다. 그러나 불과 5년 전, 10년 전에 정당하고 합리적이었다고 생각하는 이론이 오늘 이 시점에도 맞을 것이라고 생각하고 자기 논리만을 강조한다면 이런 사변에 대한 반감과 저항은 필연일 것이다. 과거에 얻어낸 성공적 경제논리가 한동안 성공했다고 해서 '현재'라는 시점에서도 그 방식이 맞을 것이라고 생각한다는 것은 교만이고 시대착오다. 더군다나 그 이전의 학문과 논리로 인해 세계가 엄청난 문제를 끌어안았고, 고전을 면치 못하고 있는 이 시점에서조차 말이다. 하늘은 먹구름으로 가득한데, 나만 하늘빛이 파랗고 좋더라고 말하는 꼴이다.

우리에게는 많은 소크라테스적 교사나 교수가 필요하다. 그렇다고 각자가 자신의 분야를 버리고 형편없는 논객들이 말하곤 하는 '지침 시대의 비판자'가 되어야 한다는 것은 아니다. 소크라테스적 에토스는 탐색하고 질문을 던지는 것이다.[18] 교수나 학자라면 파면이나 해직에 대한 두려움 없이 강의실이나 출판물을 통해서 자유롭게 이단적인 견해들을 표출시킬 수 있어야 한다. 또한, 그 시대의 신념과 도덕, 사회적 이데올로기를 검토해 보아야 할 뿐만 아니라 자신의 전공과 관련한 일

---

17 한상령 인턴기자, "하버드생들의 편지, '맨큐 경제학 수업거부…… 월가 시위 동참", 「서울=뉴스」, 2011년 11월 7일.
18 「인문학의 미래」, 85쪽 참조.

반 여론에서도 개방적이고 자유로워야 한다. 하버드 법대 석지영 교수
는 다음과 같이 말하고 있다. "몇 가지 문제점을 비판했기 때문에, 나
는 일부 여성단체로부터 호감을 잃게 됐다. 그러나 위험을 감수한다는
것, 비판하고 비판받기에 기꺼이 참여한다는 것은 우리의 지성을 발전
시켜 준다.[19]" 사형에 처해지면서까지 열띤 토론을 벌였던 소크라테스
는 지식에 대한 사랑을 어떻게 삶에 용해시켜 갔는지 몸소 보여주었다.
대학과 인문학을 연구하는 자들은, 특히 학문적 권위와 고매한 인격을
추구하는 자들이라면 후학들에게 그런 비판자적 자세를 전수해야 할
책임이 있다. 이것이 대학이 존재해야 할 또 하나의 명분이다.

　중국사에서 전국(戰國)시대는 한마디로 '변혁의 시대'였다. 이 시대는
사회상이 아주 혼란스럽고 각 계층과 계급 간의 갈등이 한껏 고조되
었던 시기다. 왜 그랬을까? 내로라하는 많은 사상가가 여러 가지 사상
과 학설을 통해 어떻게 백성을 부양해야 할지 대책을 제시하고 시도했
던 시대다. 나라가 혼란하고 구심점이 뚜렷지 않은 시기였기 때문에 그
시대를 사는 사람들은 한없이 고통스러웠을 것이다. 그럼에도, 인류는
인간들 사이에서의 격렬한 마찰과 비판을 통해 지혜를 모색하려 하고
인간이 어떻게 사는 것이 가장 인간답게 살아가는 것인지, 그 몸부림
과 절규를 깊은 철학 안에 쏟아냈다. 어떤 문제에 대해 적절한 해법을
제시하려면 토론의 과정이 필요하고 그 토론이 성숙하려면 연습과 훈
련이 필요한데, 그 역할을 가장 이상적으로 실천할 수 있는 곳이 대학
이어야 할 것이다. 그러나 사색할 수 있는 에너지가 활발한 시기의 학
생들에게 그 심지를 건드려줄 수 있는 역할을 한국의 대학이 지금 제

19　석지영, "이중 언어와 이중 문화", 「동아광장」, 2011년 8월 30일.

대로 하고 있는지, 그 책임을 묻지 않을 수 없다.

현대의 많은 학자나 교수들은 몇 가지 편견을 가지고 있다. 그들은 자신의 전문 분야 이외에 대중적 관심을 끌 만한 것은 다소 하찮게 여기며 저널리즘적이라 여긴다는 것이다. 그들은 극소수의 동료들만 이해할 수 있을 뿐 거의 대부분의 사람들이 이해하기 어려운 논문을 고집하거나 출판하려고 애쓴다. 여기서 우리는 한 가지 질문을 던질 필요가 있다. '로마사' 수업을 듣는 학생들이 많은 사료를 놔두고 시오노 나나미가 15년에 걸쳐 집필한 『로마인 이야기』를 읽게 된 이유는 무엇일까? 많은 학자들이 유럽의 역사를 연구하기 위해 끊임없이 시간을 투자하면서 정작 엄청난 시간을 투자하여 연구하는 일에는 왜 그리 인색했던 것일까? 인문학 연구자들의 숫자와 그들의 연구서는 우후죽순처럼 늘어나고 있지만, 실제로 어떤 발전을 이루어왔는지 또 어떤 대안을 사회에 제시했는지 스스로 자문해야 할 것이다. 당장 드러나는 연구 성과를 위해 오랜 시간 투자해야 할 학문적 영역을 외면했다는 사실도 성찰해야 할 필요가 있다.

제2차 세계대전이 끝난 후에도 독일 교수들은 학생들에게 연구 중인 자신의 저술들을 읽혔다. 이것은 연구자가 자신의 비전 또는 자신의 저술을 읽히는 것이다. 이것은 철학자들이 흔히 하는 말로 연구자가 자신의 체계를 발표할 수 있는 기회를 제공했다. 이런 방식의 교수법은 설사 대부분의 교수들이 통찰가라도 많은 문제점을 낳을 수밖에 없었다. 왜냐하면 지나치게 권위적이고 어떤 비판 정신도 함양시킬 수 없기 때문이다. 제2차 세계대전 이후로 사변가의 위신은 엄청나게 높아진 데 반해, 소크라테스적 에토스의 위신은 추락했다는 것은 부정하

기 힘든 사실이다.[20]

독서와 토론은 비판정신을 향상시키고 제대로 된 검증작업을 하는 데 있어서 선결되어야 할 요건이다. 이 시대엔 인터넷이나 네트워킹을 통해 많은 사람들이 부분적인 지식에는 상당한 수준에 도달해 있다. 그러나 책 전체를 철저히 이해했는지, 깊은 사고에 의한 통찰력을 병행한 지식인지는 돌아보아야 한다. 사고에 탄력성이 없으면 지나친 편견과 왜곡으로 번지기 때문에 사고가 획일화될 위험이 많다. 그러자면 독서와 함께 사색의 여과시간이 필요하다. 우린 모두가 바쁜 시대를 살아간다. 책의 핵심과 요점정리가 끝나면 더 이상의 판단력을 가질 시간을 갖지 못하는 경향이 있다. 사색의 시간이 도난당하는 일에 대한 억울함을 미처 느끼지도 못한 채 철저히 개인적인 시간을 가지려 하기보다는 첨단의 도구들과 교류하느라 여념이 없다.

인터넷이 주도하는 대로 문장을 보고 마는 것은 심각한 문제다. 소크라테스가 자신이 '무지하다'는 것을 알 수 있었던 것은 일생동안 끊임없이 사색하고 번뇌한 수고로 얻어진 결과였다. 그러나 이 시대는 모든 사람들이 '무지하다'는 핵심어를 알고 있다. 그것을 안다는 것이 이 시대의 사람들에겐 어떻게 그렇게 쉬운 일이 되어버렸을까? 인터넷에 의한 핵심과 요점 위주로 간결하고 빠른 방법론에 의해 '지식'을 찾아가니 깊은 사색과 경험에 의해 해석되어 지는 것은 무력하다. 지름길로 가서 이해하려고 하는 사람들에게 철저한 독서와 검증을 통해 설명하는 지식인의 언어는 정말 무력한 것일까?

먼 길을 돌고 돌아 마침내 '무지하다'는 것을 발견하기까지 철저히 돈

---

20 『인문학의 미래』, 91쪽, 99쪽 참조.

키호테식 사고가 필요하다. 그러나 우리는 먼 길을 돌아 고향에 돌아온 돈키호테식 삶이 왜 필요한지를 돌아보지 않는다. 현대적 감각으로 돈키호테는 '어리석고 우매한 이미지의 소유자'로 전락하였을 뿐이다. '무지하다'는 것을 뼛속 깊이 체험한 사람은 그들의 몸짓과 언어적 표현, 생활 안의 태도가 사람들에게 잔잔한 파문을 불러일으킬 수 있다. 내면에서부터 펌프질 되어 나오는 사려 깊은 인식·교감이 없으면 이 시대의 교육받은 많은 사람들은 감동하지 않는다. 감동을 주지 못하는 지식인을 추종할 리도 없다. 많은 교육받은 사람들은 너무 쉽게 자신도 알고 있다고 생각하고 있고, 핵심을 추린 자료와 추론·근거를 어디서든 쉽게 얻을 수 있기 때문이다. 교육받은 사람들은 결국 그들과 차별화될 수 있는 고매한 인격의 소유자인 '지식인'들을 찾아 나선다. 왜일까?

이 시대는 TV 인터넷 등을 통해 엄청난 지식을 공급받는다. 매스미디어를 통해 지식을 전달하는 사람들도 모두 전문인이다. 그래서 대중은 의사나 변호사가 아니어도, 식품영양학이나 유아교육을 전공하지 않아도 전문인 못지않은 상당한 지식을 가지고 있다. 결국, 전문인과 차별화될 수 있는 차이점은 어디서 나타나야 할까? 지식인은 통합·통섭할 수 있어야 한다. 알고 있는 기술이 단순한 테크닉으로 전락하지 않으려면 그것에 대한 통찰력과 직관력을 가져야 할 것이다. 무엇보다 중요한 것은 정의와 평등, 평화와 자유에 위배되는 모든 사건과 권위자에 대해 소크라테스식 항변을 할 수 있어야 한다. 그렇지 않을 경우 그들은 그저 '교육받은 사람'이라는 낯선 이방인에 불과하다. 철저한 검증의 시간과 사색을 겸비한 독서가 아니면 비판적 정신은 나올 수가 없다. 제2차 세계대전 당시 히틀러를 추종했던 많은 사람들의 상당수는 높은 교육을 받은 사람들이었다. 그들이 히틀러가 저지른 똑같은 행동을 했던 것은 그들에겐 올바른 지식과 분별력이 없었던 군중과 똑같았기 때문일 것이다. 또 21세기 미국 월스트리트를 중심으로 부를 삼키며 '부익부 빈익빈'을 먼 산 바라보듯 했던 금융가들도 모두 최고의 교육을 받은 사람들이었다. 그러나 그들은 마약처럼 돈을 삼키기에 바빠 시비(是非)에 대한 분별력을 갖지 못하다 보니 정작 그들의 지력은 무력한 군중의 판단력도 따라가지 못했다.

리더들의 패러다임,
그 변화와 혁신

리더의 변화와 혁신이 인재를 부른다

버락 오바마는 한국의 교육열을 직접 언급하면서 미국 공교육의 질을 개선하기 위한 개혁을 선언했다. 오바마 대통령은 2009년 3월 9일 히스패닉 상공회의소에서 다음과 같이 연설을 했다.

"…… 우리 아이들은 한국 아이들보다 매년 한 달 이상을 더 적게 수업을 받고 있다. 이것은 우리 아이들에게 21세기 경제를 준비하는 대안이 될 수 없다. 이것이 바로 내가 효과적인 방과 후 학교 프로그램을 확대할 방안을 고려해보자고 요구하는 이유이다. 새로운 세기의 도전은 우리 아이들에게 더 많은 교실 수업 시간을 요구하고 있다. 한국에서 그렇게 할 수 있는 것이라면 바로 여기 우리 미국에서도 할 수 있다."

한국인들은 오바마 대통령이 한국 교육 시스템을 너무나 모르고 하는 말이라고 귀담아듣지 않는다. 그러나 오바마가 말하는 것은 미국 현 교육의 문제점에 견주어 한국 교육을 말한 것이지, 지금 한국의 치열한 경쟁률과 소수점 한 자리까지의 숫자 여부에 따라 순위를 정하는 교육을 따르자는 말이 아니다. 더군다나 한국의 대학 순위 매김 제도를 따라가자는 것도 아니다. 미국은 현재, 특히 공립학교에서는 경제적 어려움으로 고용되어 있던 교사를 퇴출시키고 있다. 오후 2시도 채 안 돼서 수업을 마친 아이들은 방황과 탈선으로 빠지는 경향도 너무 많다. 그것이 1년 단위로 이어질 때 한국의 교육시간과는 너무나 차이가 나지 않는지, 오바마 대통령은 이 점을 가장 우려하고 있는 것이다. 또 워싱턴 DC에 있는 한 공립학교에서는 마약과 청소년들의 혼전 임신도 80%를 차지할 정도이다. 아이들에게 스트레스 없는 교육을 시켜야 한다고 하지만, 정작 회초리 없는 학교 교육이 왜 이렇게 많은 청소년들의 정서를 피폐하게 만드는 것일까?

결국, 이러한 문제는 교육에서 수정·보완되어야 하는데, 지금의 미국은 그 역할을 제대로 못하고 있음을 오바마 대통령이 지적해 왔다. 우리가 흔히 선진국의 시스템이라고 생각해 배우려했던 미국의 현 상황은 과거와 너무나 다르다. 10년 전, 20년 전까지는 아니더라도 불과 5년 전에 이곳에서 생활했던, 그 미국의 좋았던 점만을 지금까지도 얘기한다면 그것은 명백히 오류다. 미국은 확실히 위기에 직면해 있다.

우리의 교육은 어떠한가? 한 정치인의 정치적 수명이 아무리 길어도 10여 년을 넘지 못하는데, 교육문제가 극소수의 정치인 손에 의해 좌지우지된다. 그 몇 사람이 어떻게 생각하고 결정하는지에 따라 그 나라 제도와 학생들의 미래가 달라진다는 것은 짚고 넘어가야 할 문제다. 그들은 현시대를 제대로 보고 느끼고 알고 있는가? 교육 현장에 있는 사람들은 물론 학부모들의 시각과 바람을 알고 있는지, 무엇보다도 미래에 대한 통찰력을 가지고 있는지, 곱씹어 생각해야 할 부분이다. 예를 들어, 다음 정치 리더들이 '한국은 지적(知的) 경쟁력을 통해 승부를 내야 한다'는 생각을 가지고 있다고 해보자. 특목고 같은 데에는 경제적 여유가 있는 학생과 공부 잘하는 학생이 계속해서 갈 것이다. 그러면 공교육의 현장은 어떻게 되어 갈까? 1등부터 꼴등까지 순위를 매기는 교육시스템이니 누군가는 1등을 하고, 누군가는 2등을 해야 하고, 누군가는 꼴등을 해야 한다. 그런데 끝내 1등을 하지 못하는 2등은 정신적 압박감을 못 이겨 자살을 하기도 한다. 마치 모차르트의 천부적 재능을 흠모하면서도 자기 한계와 질투심을 견디지 못하는 살리에르처럼. 경쟁사회에서 경쟁을 이겨내고 교육제도를 감당할 수 있는 방어력이 없는 것은 결국 개인적 한계이고 무능함의 표현인 것일까? 자신의 한계와 자아의 문제로만 국한시켜 죽음을 선택한 이 땅의 많은 아이들은 과연 살리에르였던 것일까? 그들이 자기 소리 한 번 제대로 내지 못하고 이슬처럼 사라져가고 있는데, 사회가 외면한다면 도대체 이 나라에서 자식을 키울 수 있는 일일까?

세계가 평평해지기 이전에 미국은 혁신과 안전이 보장된 곳이었고, 경제적 안정을 향유할 수 있는 섬과 같았다. 그 섬은 전 세계의 자본과 우수한 인재를 끌어들이는 자석과도 같았다. 자국의 화폐가 세계 공통의 화폐이고, 전 세계의 우수한 인재들이 모두 내 집 뒷마당으로 못 들어와 안달한다면 어느새 그것을 당연시하기 시작하는 법이다.[21]

---

21 Thomas L. Friedman, 「The World is Flat」, Picador, 357쪽 참조.

그런데 역사는 그 어떤 부분에 있어서든 아무런 위기의식도 없이 변화를 추구하려 하지 않는 역사의 편에 손을 들어준 일은 없었다. 미국은 많은 분야에서 지금까지와는 달라져야 한다. 교육 분야도 예외는 아니다. 얼마 전에 미국 주지사들이 텍사스 주에서 모여 "10년 내에 특별한 개혁이 없으면 미국의 공교육이 무너질 것이다."라고 전망했다.[22]

오늘날 미국의 가장 큰 위험은 내면적인 안일에 있다. 아이들에게 정신적 압박감은 무조건 주어서는 안 된다는 미국 학교의 의식은 과연 옳기만 한 것일까? 미국 내 청소년 교육에 있어서 외부적 충격에 대한 방어력을 키워주지 못하는 것은 미래에 아이들에게 더 큰 충격을 던져줄 수도 있다. 시대가 변했다. 더 이상 미국식 교육시스템을 안락의자로 삼아 교육을 구경하듯 앉아서 바라만 볼 일이 아니다. 그것은 마치 로마의 마지막 황제 네로가 불타오르는 로마의 건축물 앞에 앉아 기타를 치며 화려했던 로마를 추억하는 것과도 같은 것이다.

사실 미국은 냉혹한 현실을 지적하고 고쳐야 할 점에 대해 설교하는 지도자를 좋아하지 않았다. 미국의 문화 자체가 젊음과 도전의 문화이기 때문이기도 하지만, 개척정신으로 일구어놓은 풍요로움에 대한 자부심이 매우 강한 나라이기 때문에 자존심을 건드리는 리더를 외면하는 경향이 있다. 그러나 마키아벨리(Niccolo Machiavelli)는 "지도자는 지옥으로 가는 길을 알고 있어야 대중을 천국으로 이끌 수 있다.[23]"라고 하였다. 교육에 있어서도 마찬가지라고 생각한다. 2009년의 버락 오바마 대통령이 교육 개혁을 주장했지만, 경제위기로 인해 교육에 대한 구

---

22 "신동호가 만난 사람들—이찬승. '대통령 생각 조금만 바꿔도 교육 엄청나게 달라져'". 「주간 경향 928호」. 2011년 7월.

23 시오노 나나미 저, 오정환 옮김. 「마키아벨리 어록」. 한길사. 2002년. 265쪽 참조.

236 | 세계를 향한 한국교육

체적인 변화·개혁은 시도되지 않고 있다. 경제가 무너지고 있고 중산층이 몰락하는 과정이다 보니 교육에 신경 쓸 경황이 없어짐은 당연한 일이다.

오늘날 미국에서 유학하는 인도와 중국 유학생은 한국 유학생 다음으로 많다. 그들은 열두 시간 내지 거의 하루의 시차가 나는 곳으로부터 미국에 왔다. 이들 나라보다 작지만, 미국과 바로 이웃한 멕시코는 미국에 겨우 1만 명의 유학생을 보냈다. 실제로 미국에서 살고 있는 많은 멕시코인들을 비롯한 남미계 미국인들의 교육열이 가장 부족한 것으로 나타나고 있다. 잘살고 못사는 문제는 교육을 얼마나 받았는지 그 여부에 따라 결정되지는 않는다. 그러나 전반적으로 그 국민이 어떤 모습으로 살아가려는 것인지, 미래에 대한 결정 또한 교육에 의해 결정되고 있다는 점은 모두가 공감하는 일이다.

반면에, "중국의 해외 유학 열의는 멈추지 않는다.[24]" 1996년에서 2002년 사이 세계 경쟁력 보고서에서 멕시코는 순위가 떨어진 반면 중국은 순위가 오른 까닭이 여기에 있다. 그것은 단지 저임금 때문만은 아니라고 로젠은 말한다. 중국이 교육, 기업 민영화, 인프라, 품질 관리, 중간급 경영자, 그리고 신기술 도입에서 뛰어났기 때문이다.[25] 이제 중국에서는 여러 가능성을 시도할 수 있는 조건과 문화가 이루어지고 있다. 그들의 무서운 수용성으로 보아도 좋을 듯싶다.

1978년 중국의 개혁·개방 정책이 실시된 이후로 많은 학자와 교사,

---

24 「연합뉴스」, 2010년 5월 1일, bondong@yna.co.kr에 의하면, "미 국토안보부 이민통계국(OIS)이 30일 발표한 2009 회계연도(2008년 10월~2009년 9월) 비이민자 입국통계에 따르면 학생 비자(F1) 신분 한국학생은 미국 전체 유학생의 2위를 차지하는 12.7%이고, 중국 유학생은 14%로 1위를 차지한다."고 한다. 그동안 미국에 체류하는 한국 유학생이 전체 유학생의 1위를 차지했던 것에서 처음으로 그 순위가 밀린 것이다.

25 Thomas L. Friedman, 『The World is Flat』, Picador, 598쪽 참조.

교수들이 중국을 떠나 해외로 나가 공부를 했다. 세상 밖이 어떠한지를 보기 시작했다. 그들은 세상이 진화하고 변화하는 과정을 보았다. 자신들의 틀을 보았던 인재들은 반성이 일어났고 자신들의 한계를 발견하였기에, 배워야 할 점이 무엇인지를 빠르게 습득해나갔다. 목이 말라 갈증을 심하게 느끼던 사람들에겐 흡입력이 빠를 수밖에 없지 않았을까? 자신들이 보고 들은 것을 강의실에서 학생들과 나누었다. 뿐만 아니라 지금 이 시대의 세계는 인터넷을 통해 엄청난 속도로 그의 변화를 소개하고 있다.

많은 중국인들이 명문대에 진학하기를 열망하는 건 사실이지만, 그렇다고 해서 중국인들이 단지 미국의 명문대학에 입학하려고만 애쓰는 건 아니다. 중국 역시 세계 최고의 명문대를 만들기 위해 노력하고 있다. 2001년 봄 중국 명문대인 칭화(淸華) 대학은 90주년 기념식에 많은 해외의 석학들을 초대했다. 왜 칭화 대학은 100주년도 아니고 90주년을 경축했을까? 그들은 "100주년에는 세계 최정상의 대학이 되겠다."는 선언을 하기 위해 전 세계 만 명 이상의 석학들을 초대하였다는 것이다. 중국의 MIT라고도 불리는 칭화대학이 최고의 정상 교육으로 서기 위한 그들의 다짐을 대외적으로 공표하는 자리인데, 그들의 자존심과 긍지를 엿볼 수가 있다. 그런가 하면 미국의 MIT 공과대학에는 상당히 많은 중국인들이 학업과 연구 성과를 내고 있다.

그래서일까? 중국의 과학 두뇌들은 미국의 특혜를 포기하고 속속들이 귀환하고 있다. 『국민일보』의 손영옥 기자가 쓴 2009년 1월 7일자의 〈과학 두뇌의 귀환〉을 보면 다음과 같은 내용이 보인다.

미국 프린스턴(Princeton) 대학의 분자생물학자 시이궁(42) 교수에 관한 일이다. 2008년 하워드휴스 의학 연구소에서 주는 1,000만 달러 기금 수상자로 시이궁 교수가 선정되었다. 그는 세포 연구를 통한 암 치료의 권위자였다. 대학 측은 연구 예산으로 연간 200만 달러를 규정하고, 건물 1개 층을 통째로 연구실로 내주기로 결정했다. 그런데 그가 4개월 뒤 기금을 포함한 미국에서의 온갖 특혜를 포기하고 중국으로 귀환했다. 어떻게 이런 많은 특혜를 버리고 고국으로 돌아갈 수 있었을까? 학적 연구에 대한 욕심이 있는 사람들로서는 이런 결정이 결코 쉽지 않았을 텐데 말이다.

그런데 『뉴욕 타임스』지는 1월 7일 시이궁 교수처럼 학적 연구를 위해 중국을 떠났던 과학자들의 고국행이 이어지고 있다고 보도했다. 무엇보다 애국심이 크게 작용했다. 시 교수는 "중국에 뭔가를 빚지고 있다고 느꼈다."라고 말했다. 1989년 톈안먼(天安門)사태[26] 후 중국을 떠나 18년간 미국 시민권자로 살았던 그가 이제 모교 칭화대(淸華大)에서 생명과학대학의 학장으로 일하게 된 원동력이 애국심이었다면 참 놀라운 일이 아닌가? 미국은 철저히 자본주의 사회다. 그런 자본주의 사회에서 자신의 연구성과를 인정해주고 최고의 예우를 해준다고 한다. 그런 예우를 뿌리치고 이와 같이 결정 내리는 일이 우리 한국인이라면 가능한 일이었을까?

해외 과학 인재들의 귀환은 중국 정부가 지난 수십 년간 과학분야에 대해 지속적으로 투자한 노력의 성과라는 점에서도 의미가 크다. 시 교수는 공산당의 용역을 받아 해외 거주 과학자, 기업인, 기타 전문가를 스카우트하는 프로젝트를 기획했다. 2007년 미 노스웨스턴 대학을 떠

---

26 1989년 중국의 고위간부들의 부정부패가 심각해지자, 베이징대를 중심으로 한 중국의 대학생들이 정부에 대한 시위를 일으켰고, 이 때 유혈 사태는 매우 심각했다.

난 후 베이징 대학 생명과학대학원 학장으로 재직하는 라오이(47) 교수도 참여했다. 그 결과 미국의 박사 후 과정의 중국 교포 과학자 18명이 중국으로 갔다. 인재들이 뜻을 하나로 모으기 시작했다. 인재들의 귀환은 이제 시작에 불과하다.

위의 사실에 대해 많은 나라 사람들은 놀라움을 금치 못한다. 인재에 대한 중국의 흡인력은 도대체 무엇인가? 자본주의에 깊이 물들어 있는 사람들의 시각으로는 납득이 되질 않는다. 이유가 무엇이기에 그들은 많은 특혜를 버리고 중국으로 귀환할 수 있는가? 먼저 민족주의라고 하는 결속력의 힘을 말할 수 있을 것이다. 그들은 오랜 역사를 통해 통절한 아픔을 겪었던 민족이다. 따라서 하나의 문화와 정서를 끌어들일 수 있는 한 민족이란 의식은 이민사회로 구성된 미국의 관점으로 보면 도대체 이해할 수 없는 놀라운 결속력이다. 그리고 학자에 대한 전폭적인 지지와 격려, 또 정해진 틀에 한정 지어 놓지 않고 연구성과를 기다려주는 마인드이다.

속전속결, 기한 내의 연구성과, 그것은 학자들에게 짐이 될 수 있는 조건이다. 연구결과란 것은 이모저모의 실험이 병행되어야 하는 일이고 농부가 봄·여름·가을·겨울을 모두 기다려내야 열매를 볼 수 있듯이 기다림이 없이는 어렵다는 말이다. 신속함이 매우 중요한 시대이지만, 과학만큼이나 정확하고 확실해야 하는 학문적 영역이 또 있을까? 그러한 분야가 지나치게 신속함을 재촉한다면 정확하고 다각적인 검증의 시간은 어떻게 이뤄질까?

성공과 꿈의 대명사였던 스티브 잡스(Steve Jobs) 역시도 늘 그의 기술적 연구성과가 성공만 있었던 것이 아니다. 보다 창의적이고 보다 새로운 기술력이 표현되기까지 많은 시간의 실험이 필요했고, 그것은 잦은 실패로도 표출되었다. 우리는 그것을 과정으로 봐야 함을 잊으면 안 된다. 실험과정은 과정일 뿐 결코 실패라는 단어와 연결될 수 없기 때문이다. 그런데 우리 한국의 정서에서는 너무나 단시간 내의 성과를 기다리는 일에 익숙해져 있고 단기간 내에 성공이 아니면 실패라고 단언하는 사례가 많다. 연구하는 사람에게 주는 심리적 압박감이다. 한편, 스티브 잡스가 표출해낸 기술력은 예술과 연결되었기에 사람들은 그 아름다움에 압도당할 수 있었고, 인간 위주의 인문학과 연계시켰기에 감동할 수 있었다. 과학을 비롯한 모든 학문은 '자연'과 '인간'을 철저히 보호한다는 검증하에서 이뤄질 수 있었을 때 대중은 공감할 수 있기 때문이다. 대중의 공감을 얻어낼 수 있었던 성과와 성공이 가능했던 것은 기다림과 인내의 결과였다는 점에 대해선 누구도 의심치 않을 것이다.

개혁과 혁신 없이, 그리고 교육적 열의 없이는 아무도 자기 자리를 지킬 수는 없을 것이다. 여기에서 개혁과 혁신, 열의란 무조건적인 경쟁을 의미하는 말은 아니다. 패러다임의 변화, 쇄신을 포함한 개혁이고 혁신을 의미한다. 그저 식상한 권위의식을 가지고 '교육의 전환'을 얘기한다면 그 나라의 미래는 막을 내린다고 해야 할 것이다. 이때 주의할 점은 자국의 환경과 문화적 배경, 정서, 조건에 맞추어서 이루어나갈 일이지 '세계화'니 '선진화'니 해서 무조건 다른 나라를 좇을 일은 아니다. 한국이란 나라가 가진 장점을 배제해버리고 세계화란 물결을 좇아가다 보면 정작 '우리'라는 뿌리를 잊어버리고 문화적 식민지화를 자초할 수가 있다. 자국에 대한 자부심을 가질 수 있는 뿌리가 없으면 결국 개인적으로 아무리 훌륭하다고 하더라도 국민적 자존감과 긍지를 느낄 수 없기 때문이다.

인재관리를 위한 리더십, 정직과 덕이 우선이다

교육을 말하는 리더라면 시대가 필요로 하는 교육이 무엇이며, 그것을 통해 나타날 수 있는 병폐는 또한 무엇인지 정확히 짚어낼 수 있어야 한다. 복합적인 준비를 할 수 있는 패러다임의 변화가 필요하다. 이제 핵심은 배출해 낸 인재들을 어떻게 사회에서 지속적으로 관리하고 포용할 것인가에 있다. 인재등용과 인재경영이 중요한 시기라는 것이다. 이것은 결코 가볍게 볼 문제가 아니다. 사실 한 국가의 존망을 결정할 수도 있는 대단히 중요한 문제다.

진나라 통일 이전 진왕(秦王) 정(政: 통일 후 진시황이라고 칭함)이 축객령(逐客令)을 내려 외국에서 온 공직자를 추방하려 하자, 이사(李斯)는 「간축객서(諫逐客書)」라는 글을 진왕에게 올려 진(秦)나라가 강대해진 원인에 대해 다음과 같이 간언하였다. "옛날 목공(穆公)은 선비를 구하는데, 서쪽으로 융(戎)에서 유여(由余)를 데려왔고, 동쪽으로 완(宛)에서 백리해(百里奚)를 얻었으며, 송(宋)에서 건숙(蹇叔)을 맞았으며, 진(晉)에서 공손지(公孫支)를 구했습니다. 이 다섯 사람은 진나라에서 태어나지 않았는데도 목공(穆公)은 이들을 등용하여 남의 나라를 병합한 것이 12개국이고, 마침내 서융(西戎)의 패자(覇者)가 되었습니다……. 태산(泰山)이 큰 것은 모든 흙을 사양치 않았기 때문이고, 강과 바다가 깊은 것은 작은 물줄기라도 가리지 않았기 때문입니다."[27] 이 상소문을 본 진왕은 크게 감명을 받아 축객령을 거두어 들였는데, 진나라가 급속히 성장·발전해서 천하를 통일할 수 있었던 것은 인재 중시, 특히 외국에서 온 인재를 중용한 것도 그 중요한 요인의 하나가 되었다고 할 수 있다.

따라서 이런 각도에서 본다면 전국(戰國)시대 다른 여러 나라와 진(秦)나라의 경쟁은 단지 국가적 경쟁일 뿐만 아니라 인재 경쟁이기도 했다. 누가 우수한 인재를 갖고 있고 누가 인재를 중용할 수 있는가, 누가 이 우수한 인재들의 계책을 수용할 수 있는가, 바로 이러한 문제를 잘 해결하는 나라가 전쟁에서 이길 수 있었다. 이때문에 『전국책(戰國策)』의 저자는 이같이 한탄하였다. "조나라는 사마공(司馬空)을 내보낸 후 나라가 망하였다. 나라가 망한 것은 어질고 뛰어난 사람이 없어서가 아니고, 제대로 쓰지를 못했기 때문이다.[28]"

공자(孔子)는 신하가 군주에게 부드럽게 의견을 제시하라고 가르쳤다. 그래도 듣지 않으면 다시 누차 완곡하게 간(諫)하라고 하였다.[29] 그러나 군주인 리더가 끝내 그 말을 듣고 바른 정치를 하지 않으면 그 나라를 떠나라고도 했다.[30] 바른 소리에 귀 기울일 줄 모르는 리더를 섬길 필요는 없다는 것이다. 아무리 훌륭한 인재를 등용했어도 리더가 그 인재의 소리를 경청하지 않는다면 아무 소용이 없기 때문이다. '침묵'과 '수용'은 리더가 갖추어야 할 자질이고 미덕이다. 그 미덕을 갖추고 있

---

27 潘宏, "春秋戰國時期軍事人才流動", 『中國軍事科學』, 1999年 第1期, 131~133년 참조.
28 『戰國策』, 第36, 140쪽 참조. 叶自成 著, 『中国大战略』, 中国社会科学出版社, 2003년, 18쪽에서 재인용.
29 『논어. 이인편(論語. 里仁篇)』
30 『논어. 미자편(論語. 微子篇)』

었을 때 등용된 인재와 소통이 가능한 일이다.

후한(後漢) 말 삼국 시대에 촉한(蜀漢)의 유비(劉備)가 제갈량(諸葛亮)을 스승으로 삼기 위해 제갈량의 초가집으로 세 번이나 찾아갔던 일이 있다. 삼고초려(三顧草廬) 했다는 일화가 곧 그것이다. 유비에 대한 후세인들의 평가는 '영웅'에서부터 '무능한 군주'라는 말에 이르기까지 다양하다. 사실 그는 군사적으로도 뛰어난 기술력을 지닌 것도 아니었으며, 좋은 집안 배경을 가진 인물도 아니었다. 그렇다면 유비는 어떤 강점과 장점이 있었던 인물이었을까? 유비에게는 남달리 사람 볼 줄 아는 안목이 있었다. 또 어렵게 인재를 얻은 이후에는 철저히 신뢰했다. 자신이 얻은 인재의 말에는 귀를 기울였다. 제갈량에 대한 사례가 곧 그것이다. 자기 지위를 이용해 복종하게 하지 않았다. 힘의 논리로 풀어가지 않았고 인간 대 인간으로서 호소했다. 사람의 감정과 교감을 나누는 일을 우선으로 했던 것이다. 주변의 인물들로부터 항변도 많이 받았지만, 그는 부하들의 장단점에 대한 통찰력이 있었다. 이것이 그가 인재관리를 해나가는 리더십이었다.

미국과 같은 나라는 이민자들의 개척에 의해서 만들어진 나라다. 따라서 이민자 간의 유대와 법질서가 강화되어야 사회가 안정적으로 형성될 수 있었다. 한국이 다문화정책을 펴면서 미국의 수용력과 포용력을 배우라고 하지만, 미국이란 나라가 그렇게 녹록했을까? 다양한 국가의 사람들이 함께 사회를 형성하고 산다는 일은 결코 만만한 일이 아니며, 그 안에는 엄청난 진통과 갈등이 따르는 일이란 것을 그들의 역사 안에서도 실제로 보여주지 않았던가. 미국을 처음 개척했던 백인들이 자기들 중심의 사고로 인해 소수민족과 유색인종들은 많은 어려움과 핍박을 겪어야 했고, 인종차별의 수모를 감당해야 했던 사례가 곧 그것이다.

미국사회에서 한국계 미국인으로 최근 영향력을 발휘할 수 있는 인물이 나오기까지 한인들의 이민 역사 100년의 피와 땀, 고통을 받치고 난 이후에나 가능할 수 있는 일이었다. 더군다나 고위공직에 오르려면 그 나라의 법과 잣대에 의해 철저한 검증을 거쳐 인재로서 손색없는 인품과 도덕성을 가졌을 때 가능한 일이다. 미국이 이민자들로 이뤄진 국가로서 다양성을 인정하기는 하지만, 고위공직자를 채용할 때, 특히 유색인종이나 소수민족에 대해선 피땀 흘려 공을 세우고 또 세운 사람만을 인재로 채용하는 더 지독함이 있다는 점, 미국을 경험한 사람들이라면 모두가 인정하는 사실일 것이다. 그럼에도, 미국이 새롭게 충원되는 이민자들에 대해 포용력 있게 보이는 것은 그 사회와 국가가 훌륭한 인재라는 사실을 확실히 인정할 수 있는 사람이라고 판단되었을 때, 그들을 위한 고위공직의 통로가 아주 좁을지라도 반드시 열어둔다는 점이다. 그러나 철저한 검증과정을 통해 도덕적 자질과 인격, 정직성에 위배될 경우 그 책임을 묻는 일은 그 어떤 미국인도 예외가 없다. 이것은 그저 도덕 교과서에서나 나오는 얘기 즈음으로 여겨질지 모르지만, 사회의 지도층이 정직하다는 것을 보여주는 것이야말로 군중이 신뢰할 수 있는 초석이 되는 일이며, 청년들에게 주는 확실한 교육적 메시지가 되기 때문이다.

로마인은 일단 전쟁에서 이기고 나면 철저히 양보했다. 그들은 이미 승자로 충분히 인정을 받았기 때문에 양보를 하더라도 사회적 명분과 법, 질서가 남았기 때문이다. 로마인은 피정복민에게도 시민권을 주고 과감히 요직에 등용했다. 자신의 힘을 과시하여 피정복민이나 약자를 억압하려는 것이 아니라, 그들을 수용하고 포용하는 미덕을 보여주었다. 여기서 로마인들을 통해 살펴볼 수 있는 핵심은 정복민이 피정복민에게 기회를 주려면 자국의 안정과 자국민 보호를 위한 확실한 법적 규제와 질서가 마련되어야 하며, 동시에 정직하고 청렴한 사회라는 국민들의 신뢰가 있어야 한다는 것이다. 그런 사회적 질서도 없이 피정복민에 대한 수용력과 포용력을 보인다는 말은 이치에 맞지 않으며, 사회적 모순과 반발만 가중시킬 수 있다. 국가로부터 철저한 보호를 받았을 때 자국에 대한 애국심과 자부심, 긍지를 가질 수 있으며, 그것이 탄탄했을 때 비로소 외국인을 수용할 수 있는 에너지도 생길 수 있는 것이다.

확실히 교육은 신분이 고정되는 것이 아니라 자유롭게 소통될 수 있는 통로여야 한다. 교육을 받은 사람이 자신의 부모 지위를 통한 네트워킹에 의해 다시 그 신분을 보장받게 되고, 또 그렇지 못한 사람은 아예 그런 기회조차 보장받을 수 없다면, 그것은 과연 공정한 사회일까? 신자유주의에서는 어떤 형태로든 부와 명예와 권력이 대물림되는 경우가 많다. 설혹 그렇더라도 신분이 자유롭게 소통될 수 있는 통로를 사회의 한편에서는 열어주어야 한다. 그런 사회가 비로소 건강할 수 있다. 그래야만 젊은 세대는 도전하고 싶은 의욕을 가지고 노력의 의지를 갖게 되는 것이다. '경쟁'이란 이름으로 몇 개의 단단한 동아줄 이외에 나머지는 모두 썩은 동아줄을 잡게 하는 제도 안에 머물게 하는 것은 횡포다. 더 이상 공중에서 내려주는 동아줄을 잡기 위해 이리저리 휩쓸리게 해선 안 된다.

사회가 건강하고 리더들의 마인드가 건강해야 인재들이 꿈과 비전을 가질 수 있다. 학연, 지연, 혹은 내 마음에 맞는 사람인지 아닌지 단순한 감정문제와 네트워킹에 의존하여 인재를 등용하거나 배척한다면 그 리더는 시대적 요구와 감성을 읽을 줄 모른다고 할 것이다. 청탁에 의한 인재등용이 개인적 실력이나 인품보다 우선한다면 그것을 정의로운 사회라고 할 사람은 아무도 없다. 결국, 그것은 동물 경주에서 마지막까지 최선을 다해 노력한 소를 제치고 소의 머리를 타고 내려온 쥐의 게임방식과 무엇이 다른가?

유능한 인재를 불러 모으는 것이야말로 예나 지금이나 조직의 리더가 해야 할 중요한 역할이다. 그런데 주군이 인재를 그토록 아끼는데도 인재가 선뜻 찾아오지 않는 경우가 있다. 한비자(韓非子)는 그 이유를 다음과 같은 고사를 들어 설명하고 있다. 송나라 사람 중에 술을 만들어 파는 사람이 있었다. 주인이 늘 정중하고 술도 넉넉하게 담아 주는 인심을 보였을 뿐만 아니라 술맛도 아주 좋았다. 그런데 언제부터인가 술이 잘 팔리지 않아 모두 시게 되었다.

결국 손님의 발길이 끊겨 문을 닫게 되자, 주인은 그 까닭을 이상하게 여겨 그 마을의 장로에게 이유를 물었다. 그 어른은 이렇게 대답하였다. "너희 집 개가 사나워서 그런 것이다." 술 파는 사람이 묻기를 "개가 사나운데 술이 왜 팔리지 않습니까?"라고 하였다. 그 마을의 장로는 말하기를 "사람들이 너희 집 개를 무서워하기 때문이다. 혹 너희 집에 어린아이가 술병을 들고 부모의 심부름으로 술을 사러 오면 개가 뛰어나와 물어뜯으니 이것이 너희 집의 술이 팔리지 않는 까닭이다."라고 하였다.[31] 아무리 훌륭한 인재가 좋은 능력을 가지고 군주를 찾아

---

31 『한비자. 외저설 우상(韓非子. 外儲說右上)』의 내용 의역.

왔더라도 주변의 대신들이 사나운 개처럼 그 사람을 헐뜯거나 참소하면 결국 인재들은 모두 떠난다는 것이 한비자의 논리다. 아무리 훌륭한 군주가 있더라도 그 주변에 인재를 제대로 관리할 만한 인물이 없으면 그 나라에 진정한 인재가 찾아올 리는 없다는 말이다.

중국의 4대 미인 중 한 사람이었던 한(漢)나라 왕소군(王昭君)의 얘기를 통해 생각해보기로 하자. 한(漢)나라 황제였던 원제(元帝)는 후궁을 모집하기 위해 전국에 벽보를 붙이게 했다. 전국 각지에서 선발된 수천 명의 처녀들이 입궁했는데, 그 중 18세의 왕소군(王昭君)이 포함되어 있었다. 황제는 궁녀를 일일이 만날 수 없어서 당시 궁중 화가였던 모연수(毛延壽)에게 궁녀 개개인의 초상화를 그리게 했다. 그러자 부귀한 집안의 궁녀나 장안(長安)에 살고 있던 궁녀들은 저마다 화가에게 뇌물을 바치고 자신의 모습을 예쁘게 그려달라고 청탁했다. 그러나 왕소군은 집안이 가난하여 돈도 없을뿐더러 황제에게 자신의 용모를 있는 그대로 보여주기 위해 뇌물을 바치지 않았다. 그러자 궁중 화가 모연수는 왕소군을 괘씸하게 여겨 그녀의 용모를 못생긴 것처럼 그린 다음 얼굴 위에 큰 점 하나를 찍어 놓았다. 그 후 황제는 왕소군의 초상화를 보고 그녀의 모습에 눈길도 두지 않아, 입궁한 지 5년이 지나도록 그녀는 황제의 얼굴 한 번 보지 못했다.

당시 중국은 흉노족이 중국 땅을 쳐들어오지 못하도록 하기 위해 조공을 바치고 있었다. 그때 남흉노(南匈奴)의 선우(單于: 흉노의 최고군주) 호한야(呼韓邪, 재위 BC 58~BC 31)가 화친을 빙자하여 황제를 만나러 장안으로 찾아왔다. 황제는 흉노족과의 정략을 위해 호한야가 마음에 드는 궁녀와 결혼할 수 있도록 했다. 연회를 베풀던 중 궁녀들이 줄지어 들어오는데 호한야는 절세의 미인인 왕소군을 발견한다. 호한야는 왕소군과 결혼할 것을 청하는데, 한나라 황제 역시 왕소군의 아름다움에 넋을 잃어버렸다. 황제는 그렇게 아름다운 여인을 궁중에서 한 번도 보지 못했던 일을 이상스레 여기고 왕소군의 초상화를 다시 대조해 보았다. 왕소군의 초상화는 본래의 모습과는 완연히 다른 데다가 얼굴에 점까지 찍혀 있었다. 황제는 노여워 궁중화가인 모연수에 대한 조사를 철저하게 시켰고, 진상이 밝혀지자 모연수는 황제를 기만한 죄로 참수(斬首)되었다. 호한야와의 약속을 번복할 수 없었던 황제는 왕소군과 안타까운 이별을 해야 했고, 그녀에게 "소군(昭君: 중국의 공인된 미인의 칭호)"이라는 칭호를 내림으로서 마지막 인사를 대신했다.

사회는 건강하지 못한데 경쟁을 부추기고 '교육받은 사람'만 대량 생산된다면 그 교육받은 군중의 방향은 어디로 향하게 될까? 교육받은 모든 사람이 사회의 리더가 될 수는 없다. 일그러진 패러다임을 가진 리더가 진두지휘한다면 그를 추종해야 하는 인재와 군중은 어떻게 될까? 또 훌륭한 리더를 두고도 그를 둘러싼 인력들이 부정부패를 일삼고 가치관과 신념이 흐려 있다면 인재들은 어떻게 될까? 더러는 반항과 항변을 할 것이고, 더러는 완곡한 권유의 시간도 가질 것이다. 그러나 끝내 수용되지 않거나 근본적인 패러다임이 전환되지 못할 때 인재는 이탈하게 되어 있다.

한국에 인재가 놀라울 정도로 많음에도, 또 한국의 경제력과 생활수준이 상당히 높아졌음에도 불구하고, 정작 내 나라의 위상이 높은 줄을 알지 못하는 이유는 무엇일까?

첫째, 국가와 리더에 대한 신뢰도가 미약한 점을 들 수 있겠다. 『논어

(論語)』에서는 자공(子貢)이 공자에게 다음과 같이 정치에 대해서 질문을 하는 내용이 나온다. "나라를 다스리는 데 가장 중요한 것이 무엇입니까?" 공자는 다음과 같이 대답하였다. "첫째는 먹는 것, 즉 경제다, 둘째는 군사력이다. 셋째는 백성의 신뢰다." 자공(子貢)이 다시 물었다. "그 중에서 부득이 하나를 뺀다면 어떤 것을 먼저 빼야 합니까?" 공자는 군대를 먼저 빼라고 한다. 자공이 다시 물었다. "또 하나를 부득이 빼다면 어떤 것을 먼저 빼야 합니까?" 공자는 경제를 빼라고 한다. 그리고 그 이유를 이렇게 말했다. "옛날부터 사람은 어떤 방식으로든 죽어왔다. 그러나 백성들의 신뢰가 없으면 조직의 존립은 불가능하다."[32]

국가의 리더에 대한 신뢰가 모든 조직의 존립기반이라고 할 것이다.

공자(孔子)는 잘못을 저지르지 말라고 하기보다는 잘못을 하거든 고치라고 조언한다. 특히, 사회적으로 지위가 있거나 명성이 있는 사람들은 도덕적 영향력을 가지고 있기 때문에 잘못을 고치는 일이 더욱 요구된다. 학교에서 이론적으로 가르치는 일도 중요하다. 그러나 정치나 구체적인 사회 현상 속에서 지도자가 삶을 잘 살아냄으로써 교화하는 일이 더 큰 영향력이 된다는 것이다.

성왕들의 정치사상을 요약한 『논어』 「요왈편(論語. 堯曰篇)」 1장을 보면 다음과 같은 말이 있다.

저 자신에게 죄가 있으면 만방의 백성들에게 묻지 마시고, 만방의 백성에게 죄가 있으면 그 죄는 오히려 저 자신이 부덕한 탓입니다.

---

32 子貢問政. 子曰, "足食足兵, 民信之矣. 子貢曰, 必不得已而去, 於斯三者, 何先? 曰去兵. 子貢曰, 必不得已而去. 於斯二者, 何先? 曰去食. 自古皆有死, 民無信不立." - 「논어. 안연(論語. 顏淵)」

상(尙)나라의 시조인 탕왕(湯王)이 상제에게 드리는 제사 때의 기도문이다. 진정한 정치가는 나라의 잘못과 고통을 자신의 잘못으로 인정하는 것이다. 버락 오바마 대통령은 취임한 지 불과 14일 만에 탈세 논란으로 사퇴한 톰 대슐 보건장관 지명자 때문에 사과의 말을 멈추지 않았다. "내 생각에는 내가 망쳤고 모든 책임은 나에게 있습니다(CNN 인터뷰)."/ "내가 이 상황에서 실수했느냐고요? 물론입니다. 그리고 나는 책임을 질 각오가 되어 있습니다(NBC 인터뷰)." 평소 평정심과 자신감 그 자체였던 오바마 대통령이었지만, 이날 방송 인터뷰에서는 확연히 다른 모습을 보였다. 그러면서 NBC 인터뷰에서는 "책임의 시대에는 실수를 하지 않는 것이 아니라 실수를 인정하고 다시는 그러한 실수를 하지 않는 것이며, 우리는 그렇게 할 것이다."라고 다짐했다.

신중함은 개인의 덕일 뿐만 아니라 공동체적 성격을 가지고 있어 정치적 신중함은 법적 정의로 연결된다고 할 수 있다.

신중함을 가지고 인간은 다른 사람을 움직일 뿐만 아니라 자기 자신에게도 명령을 내린다. 그래서 권위를 가진 사람뿐만 아니라 남의 밑에 있는 사람에게도 신중의 덕이 필요하다……

권위를 가진 지위에 있는 사람들도 남의 의견을 받아들여야 할 경우가 있으니 이것은 신중함의 문제에 대해서만큼은 아무도 완전하다고 말할 수 없기 때문이다.[33]

『논어(論語)』에서는 덕이 있는 지도자를 북극성에 비유한다. "위정자

---

33 St. Thomas Aquianas, 『Summa Theologia』 volume 36, Prudence (292 ae47–56), Latin text and English translation, Thomas Gilby (London: Blackfriars), 1973년, 85쪽(q.50, art.1).

는 덕을 가지고 이끌어야 한다. 그것은 마치 북극성이 자기 자리에 있으면 모든 별들이 그 주위를 중심으로 도는 것과 같다.[34]" 북쪽 밤하늘에 빛나는 북극성을 중심으로 별들이 돌며 운행을 하듯이 덕을 가진 리더에게는 주변에 늘 좋은 사람들이 모여들게 마련이고, 그는 그들의 존경을 받게 된다. 리더가 보여주는 덕이야말로 국민의 신뢰를 얻을 수 있는 가장 중요한 덕목이라 할 것이다.

둘째, 한국인들 사이에 사소한 예의와 질서, 배려심의 결여를 꼽을 수 있을 듯싶다. 미국이나 중국에선 아무리 교육을 받지 못한 사람들도 누군가에게 사소한 실수를 했으면 "미안하다."라고 말을 하고, 아주 작은 고마움도 "고맙다."라는 말을 표현하고 살아간다. 그런데 동방예의지국(東方禮義之國)이라고 하는 이 나라에서 그런 사소한 예의와 배려심을 상실하기 시작했다. 에스컬레이터를 타거나 대중교통을 이용할 때 한 치의 양보도 없다. 최소한의 윤리와 질서의식을 상실했다. 『논어(論語)』에서는 "예를 알지 못하면, 세상에 나설 수 없다.[35]"라고 하여 예의에 의한 도덕정신을 강조하였다.

목적을 위해서라면 수단과 방법을 가리지 않다 보니 사람들 간의 신뢰가 무너지는 사례가 많다. 그러다 보니 그저 고무총으로 고무줄을 쏘는 행위처럼 서로가 서로에게 고무줄을 당기는 무언의 폭력이 난무한다. 그래서 모두의 심신이 고단하다. 한국인이라는 자존감과 긍지를 발견하기가 쉽지 않다. 역사교육도 제대로 심어주지 않은 상태에서 자신에게 아무런 자존감도 심어주지 않은 나라를 위해 애국심을 갖고 끝까지 버텨보겠노라고 서원할 사람은 없다.

---

34 "爲政以德, 北辰居其所, 衆星共之." - 『논어. 위정(論語. 爲政)』
35 "不知禮, 無以立也." - 『논어. 요왈(論語. 堯曰)』

필자가 10년 전 즈음 중국 베이징에서 박사 공부를 할 때 일이다. 중국 시안(西安)의 한센병 환자들을 돌보는 곳에서 일손이 부족하다고 하여 며칠 동안 봉사를 한 일이 있었다. 환경이 극도로 열악한 장소인데다가 중국 종교부의 감시를 받아야 했기 때문에 함께 갔던 후배들과 일일이 경찰 당국에 신고하는 번거로움도 거쳐야만 했다. 그곳에 다녀와 함께 공부하던 중국 친구들에게 이 이야기를 나누었더니, 그들 표정이 한결같이 발그레해졌다. 그리고 모두들 이렇게 얘기했다. "너무 고맙다. 마땅히 우리가 했어야 하는 일인데 외국인인 너희들이 하게 해서 미안하다"라고. 사실 나는 그들의 반응이 오히려 놀라웠다. 한국은 40년 전 외국인들의 도움을 받던 국가에서 이제 해외로 도움을 주는 국가가 되었지만, 해외 입양 문제에 대해선 우리가 해야 할 일이라고 생각해본 일이 있었던가. "미안하다. 우리가 할 일이었는데"라고 했던 중국 친구들이 지금 베이징대를 비롯한 각 대학에서 인재들을 가르치며 제자들에게 물려줄 사명감과 공동체 의식이 낯설지 않게 그려진다.

　　『태백산맥』을 쓴 소설가 조정래는 "'최선'이란 나 자신의 노력이 자기 자신을 감동시킬 수 있을 때 할 수 있는 말이다."라고 하여 '최선'에 대한 개념을 규정하였다. 그러나 많은 청년들은 이미 너무나 최선을 다해 자신의 인생을 살아가고 있다. 그럼에도, 길이 보이지 않는 원인에 대해 사회 전체의 상황을 보지 않고 자기 자신의 무능함과 한계로만 규정지으며 스스로에게 화살을 쏘는 경우도 많다.

　　제2차 세계대전 당시 유럽은 경제공황으로 매우 우울해 있었다. 미래가 보이지 않는 상황 속에서도 젊은이들이 버틸 수 있었던 것은 그리스도교 문화가 주는 '희망' 때문이었다. 그런데 그리스도교 문화가 뿌리 깊었던 그 유럽 땅에서 많은 성직자들이 "하이 히틀러!"라고 손을 들어 올렸고, 히틀러 앞에서 무너지는 모습을 보였다. 그것은 곧 흔들리는 청년들에게 '절망'의 메시지다. 경제적인 궁핍과 흔들리는 가치관 앞에서 '글루미 선데이(Gloomy Sunday)'라는 젊은 작곡가의 노래를 들으며 청년들의 절망적 선택은 자살이었다. '희망'과 '신뢰'할 수 있는 사회가 형성되어 있지 않으면 청년들에겐 절망이 된다.

젊다는 것은 아직 여리고 흔들리기 쉽고 흐트러지기도 쉬운 상태를 말한다. 또한, 가벼움도 동시에 소유하고 있음을 의미한다. 따라서 사회를 형성하고 있는 제도나 가치관이 어떠한지, '정의'가 살아있는지, 신뢰할 수 있는지의 여부가 그들에게 희망이 되기도 하고 절망이 될 수도 있다.

현재 한국에는 엄청난 인재를 보유하고 있다고 할 수 있다. 그럼에도 불구하고 인재들이 자신이 만난 직장이나 직장상사와 환상의 콤비를 만들어내지 못함은 매우 안타까운 일이다. 제대로 물을 만나지 못한 물고기마냥 많은 인재들은 스펙 쌓기에 열을 올리거나 해외로 인턴십이나 또 다른 기회를 잡기 위해 길을 떠나게 된다. 그들에겐 인내심이 부족하고 노력이 결여되어 있으며 대인관계에 문제점이 나타난 것이라고 치부해도 좋은 것일까?

젊은이들에게 정작 사회참여의 기회가 주어지고 있는가? 취업을 하든 창업을 해야 하는데 말이다. 창업 쪽은 한 번 실패하면 다시 재기할 수 없는 사회 구조 때문에 보통 사람이 생각하기가 쉽지 않다. 중소기업 대우도 열악해서 대기업 공공기관에 목을 매고 있는 것이 현실이다. 그러다 보니 대부분 사람들이 스펙 쌓기에 연연하게 된다. 스펙 쌓기는 마치 바벨탑을 쌓아올리는 일처럼 되어버린다. 선택의 자유가 없다. 때문에 개인의 인격이나 정서를 돌볼 경황이 없어지고 심리적 여유는 더군다나 없다. 그런 여유가 없으니 배려심을 배울 기회가 없고 조용히 남의 말을 듣는 여백의 미도 없다. 그걸 어떻게든 풀어보는 것이 사회의 도리인데, 정작 그것을 책임지기로 한 일군들은 자기들 이권싸움에 정신이 없다. '상대를 이겨야 한다'가 우선인 사람들에겐 인간적인 것에 대해선 도대체 돌아볼 경황이 없는 법이다. 대중과 청년들은 무엇을 보고 배우게 될까? 삶 전체가 교육의 현장이라는 유대인에게서 배울 일이고, 공무원 청렴도 1위인 뉴질랜드에서 배울 일이다.

건강한 사회부터 형성하라

꿈의 멘토, 꿈의 대명사라고 해도 과언이 아닐 빌 게이츠나 스티브 잡스를 보면서 많은 젊은이들은 꿈을 키운다. 그러나 우리의 현실이 어떠한가? 2011년 8월 19일 『SBS 뉴스』의 김수형 기자의 보도에 따르면 개발자 환경의 열악함을 볼 수 있다. "요즘 고등학교에 가보면 판사, 검사, 의사가 되고 싶다는 학생은 많아도 컴퓨터 프로그래머가 되겠다는 학생은 거의 볼 수가 없다. 한때는 전국의 수재들이 간다던 서울대학교와 KAIST의 전산 관련학과가 이제는 정원조차 채우기 어렵게 되었다." 2006년 이후 한 번도 정원을 채워본 일이 없단다. 왜 이런 현상이 발생하는 걸까? 벤처 붐이 거품으로 끝나고, 개발자들이 거리로 나앉음은 물론 소프트웨어 개발자들은 손쉬운 해고 대상자였다. 따라서 의사들의 평균 연소득의 절반도 차지 않는 수준의 연소득을 받게 되는 컴퓨터 프로그래머들은 잠시 자신의 길을 걷다가도 방향을 바꾸기가 일쑤다. 인재에 대한 예우가 말이 아니다. IT 최강국이었던 전성을 누리던 한국이 맞는가 싶다.

그런 반면, 구글(Google)에선 회사 대다수를 차지하는 소프트웨어 개발자들을 배려하여 그의 가족들을 초대하여 점심도 먹고 재미있는 영화도 보게 한다. 그들 자녀가 꿈을 꾸게 되는 동시에 자존감을 가질 수 있는 시간들이다. 이렇게 대조적인 환경에서 우리의 인재들은 어디로 방향을 전환하게 될까? 더군다나 그들은 영어를 비롯한 외국어가 어색하거나 힘들지 않다. 글로벌화로 인한 문화적 침식이 한국에 도래한 지오래다. 그런 상태에서 내 나라의 울타리에 머물기를 고집할 이유가 있을까? 자기 자신과 일에 대해 자존감과 긍지를 가질 수 없고, 더군다나 시시각각 유행 따라 변화하는 학문의 인기도에 따라 서열이 달라지는 이 나라에서 꿈과 비전을 갖는다는 것이 가능한 일인가?

현재 서구는 R&D(연구 개발)에서 혁신을 원한 것은 사실이지만, 이러한 전략을 실현시키는 데 필요한 공학과 과학·기술 분야의 고등교육을 소홀히 했다는 문제가 있다. 대다수의 유능한 젊은이들이 변호사나 의사, 회계사와 같은 전문직과 서비스직을 담당할 수 있는 교육과 일을 선호했던 이유로, 막상 이 분야의 전문성이 필요한 순간에 그 일을 할 만한 전문가가 부족했다. 따라서 미국의 경우에는 미국에서 이공대 석사 이상 과정을 마친 학생들에게 영주권을 주기로 결정했다. 그들이 취업이 되지 않은 상태일지라도 일단 수용하기로 한 것이다. 미국 내에서 절대적으로 부족한 이공대생을 이민자로 충원하겠다는 취지다. 엄청난 고급인력이 밀려 나갈 것이고, 우리의 대기업체는 다시 그 인력을 충원받기 위해 엄청난 비용을 부담하고 다시 인재를 초빙하느라 급급한데, 이렇게 많은 대학이 존재하는 나라에서 인재육성을 위한 탄탄한 프로그램을 만들어내지 못하는 것은 반성해야 할 점이라고 본다.

한편, 서구는 연료나 에너지 분야의 혁신이든 통신과 운송 기술 개발이든 R&D에 실질적으로 전념하는 것만이 제조업에서 신흥세계의 공세에 대응하고, 경제 경쟁에서 서구의 잃어버린 주도권을 되찾을 수 있는 길이다. 그렇지 않을 경우 서구 정부들은 제조업 기반을 신흥국들(인도, 중국, 한국, 타이완)에게 내준 것처럼 서비스 부문도 같은 방식으로 사라질 운명에 처했다는 사실을 인식할 필요가 있다.[36]

사실 한국의 기업이 세계 속에서 엄청난 위상을 발휘할 수 있는 것은 유능한 인재들의 노력과 수고가 함께한 까닭임은 두말할 필요가 없다. 지금 미국의 명문 대학생들에게 미래의 진로나 꿈을 물어보면, 한국 여성과 결혼해서 삼성과 같은 대기업에 취업하는 것이라고 하는 학생이 많다. 정작 한국에 살고 있는 대학생들이나 졸업생들에겐 정말 놀라운 얘기가 아닐 수 없다. 늘 경쟁에만 열중해 살고 있는 학생들의 입장에서 보면, 과연 우리나라 한국의 위상이 그 정도로 높아졌는지와 한국이 제대로 된 선진국 위상을 지녔는지 의문을 갖기 때문일 것이다. 특히, 20년 전 즈음 미국 비행기를 타고 유학이나 이민을 떠난 경험이 있는 미국 교포들에겐 격세지감(隔世之感)을 주는 말이다. 그러나 이것은 틀림없는 사실이다.

---

36 담비사 모요 저, 김종수 옮김, 『미국이 파산하는 날(How The West Was Lost)』, 중앙북스,
    155쪽 참조.

가령, 스튜어디스 서비스가 최고인 한국 항공시장의 매출은 북미 항공시장을 추월해 미국 항공사들이 아시아에 사활을 걸게 만들고 있다. 실제로 여러 차례 비행기 탑승의 경험을 통해 보면 미국 항공사의 고객에 대한 서비스나 친절함은 한국 항공사와 상당한 차이가 있다. 또 기후사정이나 항공사 사정으로 출발과 도착에 문제가 생겼을 경우 그에 따른 스케줄 조정과 안내나 신속함도 한국 항공사를 따라 잡으려면 멀었다는 생각이다.

한때 일본 최고의 항공사로 자리매김 됐던 JAL 항공사가 하루아침에 문을 닫게 되리라고는 그 누구도 예측하지 못했었다. 그런 항공사가 폐사하게 된 주요 원인은 시대적인 감각이 떨어진 리더들이 가장 큰 문제점으로 거론되었다. 그들은 정형화되어 있는 사고의 틀을 변화시킬 준비가 되어 있지 않았던 것이다. 과거에 최고였기 때문에 현재도 최고를 유지할 수 있을 것이란 사고, 권위의식에 매여 '변화와 쇄신'을 준비하지 않는다면 그 나라의 미래는 막을 내린다고 해야 할 것이다. 사람들 간의 네트워크나 가만히 앉아있는 자리에서 타인들이 제공하는 정보에만 의존하는 것도 위험하다.

이미 고인(故人)이 된 삼성의 이병철 회장은 유독 사람 욕심이 많았다고 한다. 70대의 노(老) 경영자는 소프트뱅크 손정의 사장이 20대 초반이었을 때 처음 보곤 한눈에 상당한 인물임을 알아차렸다. 이야기는 재일교포 2세인 손 사장이 미국 버클리대에서 유학하던 시절로 거슬러 올라간다. 이 회장은 미국에 나가 있던 정재은 삼성전자 대표(현 신세계 명예회장)에게 "손 군이 삼성에 어떤 도움이 될지 살펴보라."고 했다. 정 대표는 손 씨를 만나보았으나 그다지 특별한 인상을 받지 못했다고 한다. 나중에 손 사장이 새롭게 떠오른 인터넷 분야에서 두각을 드러내었을 때 삼성은 어떤 생각을 했을까?

한편, 이건희 삼성전자 회장은 인재를 찾아내기 위해 '삼고초려(三顧草廬)'를 강조한 바 있다. 얼마 전 선진제품 비교전시회에서 "S(슈퍼)급 천재를 반드시 확보하라."고 강조했다. 그러나 인재에 대한 갈망만큼이나 제대로 인재를 발굴하고 있었던 것일까? 요즘 미국 아마존의 베스트셀러인 『플렉스에서(in the plex)』를 보면 다음과 같은 내용이 나온다. 구글 이야기를 다룬 이 책에는 '안드로이드의 아버지' 앤디 루빈(Andy Rubin)이 2004년 삼성전자를 찾았던 내용이 언급된다. 그는 갓 만든 안드로이드를 팔기 위해 삼성전자를 찾아왔다. 당시 상황에 대한 기억도 선명하다. "동료와 둘이서 청바지 차림으로 거대한 회의실에 갔다. 정장차림의 간부 20명이 벽을 따라 도열해 있었다. 삼성의 본부장(루빈은 실명 대신 Division head라 표현했다)이 들어오자 일제히 착석했다. 프레젠테이션을 지켜본 본부장은 너털웃음부터 터뜨렸다. '당신 회사는 8명이 일하는군. 우리는 그쪽에 2,000명을 투입하고 있는데…….'" 협상은 깨졌다. 이듬해 구글은 구멍가게 안드로이드를 5,000만 달러에 집어삼킨다. 그 직후 16억 5,000만 달러를 쏟아 부은 유튜브 인수와 비교하면 얼마나 형편없는 값인지 알 만하다.[37]

구글이 과감하게 선(先)투자를 한 반면, 삼성은 제 발로 찾아온 인재를 제대로 알아보지 못했다. 인재를 열정적으로 찾고 있는 것은 사실이지만, 인재를 바라보는 데 있어서 다양한 렌즈를 가지고 있었던 걸까 하는 의문이 생기는 이유다.

---

37 이철호 논설위원, 'S급 천재를 걷어찬 삼성', 「중앙일보」, 2011년 8월 11일.

삼성은 이제 '한 명의 천재가 십만 명을 먹여 살린다'는 구호를 내세우고 있고 삼성, LG, SK 등 대기업들의 해외 S급 인재 유치전이 가열되고 있다. 신사업 추진과 글로벌 비즈니스 확대를 위해 해외 유수 대학의 석·박사급 인력과 글로벌 경쟁 업체에서 핵심 경력을 쌓은 해외 인재의 확보가 필수적이기 때문이다. 이른바 'S급' 인력이 한정돼 있어 대기업의 자존심을 건 인재 쟁탈전이 종종 벌어지기도 한다. 2011년 초 삼성전자와 현대자동차는 17년간 BMW 디자인을 총괄한 크리스 뱅글 디자이너를 영입하기 위해 사활을 걸었다. 최근 삼성전자는 크리스 뱅글과 프리랜서 신분으로 디자인 프로젝트 계약을 맺은 것으로 알려졌다. 그는 이탈리아 소재 스튜디오에서 삼성의 가전 디자인 작업을 진행하는 것으로 파악됐다.[38]

해외 고급 인력을 찾기 위해 대기업을 중심으로 한 기업체의 열기가 대단하다. 재능 있는 인력을 찾아 나서는 노력은 연예계에서도 마찬가지다. 세계 투어를 하면서 숨어있는 인재를 찾기에 바쁘다. 이러한 현황이 시사하는 바는 매우 크다. 한 지역에서 틀 지워진 시스템에 갇혀진 일반적인 인재가 아닌, 새로운 분야에서 새로움에 대한 도전과 창의력을 가진 인재를 선호하게 된다는 것이다.

세계의 유능한 인력을 찾기 위해서 24시간을 쪼개어 안간힘을 쓰며 뛰어다니는 노력이 놀랍다. 그런데 왜 이렇게 인재를 찾아 나서기에는 온 힘을 기울이면서, 가만히 앉아서도 찾아왔던 손정의나 루빈에 대해서는 알아보는 안목이 없었던 것일까? 또 얼마나 유능한 디자이너들이 꼭꼭 숨어 있을 텐데, 똑같이 한국을 대표하는 대기업체 간에 치열

---

38 황인혁 기자·문일호 기자·이동인 기자, "'S급 글로벌 인재를 모셔라' 대기업 사활 건 유치전", 「매일경제」, 2011년 7월 4일.

한 다툼을 하면서 크리스 뱅글을 유치해야 했던 것일까? 왜 어떤 사람의 눈으로는 최고의 인재라는 것이 한눈에 알아차려지는데, 어떤 사람의 눈으로는 그저 평범한 사람에 불과해 보일까? 또 어떤 사람들은 발품을 팔아 유능한 인력을 찾아 나서려는 의지가 있는데, 어떤 사람들은 사람들의 입에 오르내리는 인력만을 고집하게 되는 것일까?

화려한 스펙과 명함, 스마트한 이미지, 단정한 복장이라는 포장지에 연연하여 내실을 다진 어리숙한 인재를 놓치고 있다면 다음의 내용에서 교훈을 찾아보기로 하자.

2011년 1월 미국에서는 길거리에서 구걸을 하던 노숙자가 하루아침에 유명인사가 된 일이 있었다. 오하이오 주의 한 도로변에서 구걸을 하던 노숙자 테드 윌리엄스는 우연히 유튜브(Youtube)에 그의 재능이 소개되면서 하루아침에 스타가 됐다. 그가 거리에서 들고 다녔던 종이에는 "나는 신이 내린 목소리를 가졌습니다."라고 쓰여져 있었고, 이를 한 지역언론사에서 취재한 것이 계기가 되었다. 차를 타고 지나가는 취재기자의 마이크에 대고 아나운서의 해설을 흉내 내는 그의 목소리는 완벽한 바리톤의 매력적인 음성이었다.

그는 "흘러간 올드팝을 사랑하는 여러분은 지금 '매직 98.9'의 라디오 방송을 듣고 계십니다. 감사합니다. 신의 은총을 빕니다."라는 완벽한 멘트를 쏟아냈다.[39]

한때는 아나운서였지만 술과 마약으로 폐인이 되었고, 그래서 모든 것을 잃고 노숙자 생활을 하던 사람에게 다시 기회가 부여되었다. 미국이 인재에 대해 기꺼이 부여하는 기회이고 수용력이다. 그의 추레해

---

39 채지훈 기자, "'한방에 인생반전!' 신데렐라 노숙자 화제", 「유코피아(ukopia.com)」, 2011년 1월 6일.

보이는 외모나 지난날의 삶에 대해 초점을 맞추지 않는다. 그가 2년 동안 술과 마약을 손대지 않은 상태에서 다시 일하고자 하는 의지를 가지고 있고, 무엇보다 그의 재능이 녹슬지 않은 것에 대해서만 초점을 맞춘다. 윌리엄스는 자신의 인터뷰가 소개된 후 24시간도 채 되지 않아 성우 더빙료로 1만 달러(한화 약 1,100여만 원)를 제시받았고, 라디오 방송국을 비롯한 MTV 방송 등으로부터 쇄도하는 진행 요청을 받았다.

인재를 찾을 때 화려한 이력서나 외모의 소유자를 찾는다거나 또 연령 제한이나 학연, 지연과 같은 한계에 묶이는 일은 이제 정말 삼가야 할 일이라고 생각한다. 또 재능 있는 한 사람에게 실수나 결점이 드러나면 철저히 해부하고, 사회 이모저모의 검증과 잣대를 통해 호되게 몰아세우는 한국인들의 모습도 돌아보아야 할 점이다. SNS를 통해 의견을 교환하고 대화하는 것에 대해선 물론 긍정적이다. 그러나 정화되지 못한 견해를 가지고 부정적 언어의 횡포를 통해 인격모독이나 매도하는 행위를 단속하는 일은 매우 시급하다. 인재를 쫓아내는 행위임을 떠나서 한 인간을 죽이는 범죄행위인 까닭이다.

한편, 미국에선 이민자 인재발굴에 대한 새바람이 일고 있다. 미국 내 기업에 취업하지 않아도 취업 영주권 신청자격을 부여하고, 자신이 설립한 1인 기업을 통해 취업비자를 받을 수 있는 등 파격적인 내용의 취업이민 및 취업비자 개혁안이 시행된다. 연방 국토안보부와 이민 서비스국(USCIS)은 2일 이 같은 내용의 외국인 취업제도 개혁안을 발표했다. 재닛 나폴리타노 국토안보부 장관은 "미국의 지속적인 발전을 위해서는 전 세계 각국에서 최고의 재능과 기술, 아이디어를 가진 인재들을 끌어들여야 한다."라며 "이번 개혁안은 현행 이민법 테두리 내에서

시행이 가능하다."라고 밝혔다.[40]

이에 따라 미 국익에 도움이 되는 기술이나 능력을 보유하고 있는 전문직 외국인은 미 기업에 취업하지 않아도 2순위 취업이민 영주권을 신청할 수 있게 되었다. 현행 이민법상의 국익 예외조항(NIW)을 적용해 이 같은 개혁조치가 시행된다. 기술력과 창의력을 요구하는 시대에 부응하자면 고급인력이 절실해진다는 것이다. 따라서 벤처 사업구상을 가진 외국인이 1인 벤처기업을 설립, 고용주이자 피고용인이 된 경우에도 전문직 취업비자를 받을 수 있는 것은 물론, 취업 영주권도 신청할 수 있게 된다. 인재를 키워내는 문제도 매우 중요하지만, 인재의 발굴과 인재의 관리가 매우 중요해지고 있음을 실감케 하는 정책이다.

그런가 하면 해외 유수 대학의 외국인 인턴이 한국에 몰려오고 있다. 국내 대표기업들의 글로벌 위상이 높아지면서 나타난 현상이다. 아시아를 넘어 미국 유럽까지 번진 한류 열풍도 한몫했다는 분석이다. 미국 하버드대에서 수학과 컴퓨터공학을 전공 중인 피터 장 씨(22)는 지난 6월부터 현대카드 여의도 본사에서 인턴으로 근무하고 있다. 그는 "하버드의 취업 웹사이트에서 한국의 현대카드 캐피탈이 낸 인턴 모집 공고를 보고 지원해 왔다."라며 "현대자동차가 미국에서 급성장하고 있어 친숙했고 한국이 지속적으로 발전하고 있는 나라여서 관심이 컸다."라고 말했다.[41]

한류 현상이나 한국 기업의 위상으로 인해 한국 기업에 대한 관심이 높아지고 있다. 한국에 대한 관심이 높아지고 있는 많은 인재들이 다시 해외로 빠져나가지 않을 수 있도록 경영인의 각별한 리더십과 인재

---

40 김상목 기자, 「미주 한국일보」, 2011년 8월 2일.
41 김일규 기자, "현대차에 꽂힌 하버드생 '현대카드 OK!'", 「한국경제」, 2011년 8월 11일.

관리, 보호가 요구된다.

한국의 한 여배우가 드라마 촬영 도중 촬영을 거부한 일이 있다. 그녀는 "상황이 얼마나 어렵고 열악한지를 국민들이 알아줬으면 했다."고 밝혔다. 그럼에도 방송사는 이 같은 열악한 환경을 개선하기 위한 노력을 기울이기보다는 톱스타에 의존하는 외주제작 관행에 편승하고 있다고 한다. 지상파 방송 3사는 동일 시간대 드라마를 편성해두고 '살인적인' 시청률 경쟁에 나서고 있다. 스타 위주의 외주제작의 덫에 걸려들기로 작정한 셈이다. 이를 두고 대하드라마 등을 연출한 적이 있는 KBS의 한 드라마 PD는 17일 "방송사 역시 이런 드라마 산업 시장논리의 먹이사슬 안에서 플레이어로 편승할 뿐 현장에서의 열악한 환경에는 책임을 지려 하지 않는다."라고 밝혔다. 김모 KBS 드라마 PD는 "콘텐츠의 질도 중요하지만 공영방송이라면 제작여건 개선도 함께 추구해야 한다."라며 "이를 위해 촬영스케줄을 미리 준비한다거나, 출연자와의 계약도 원칙을 정해 투명하게 해야 하며, 편성도 사전에 계획성 있게 이뤄질 수 있도록 해야 한다."라고 밝혔다.[42]

더 악조건 속에서 일하는 스태프들에 비한다면 최고의 개런티를 받으며 일하는 여배우가 상황파악을 못해도 한참이나 못한다고 말하는 사람도 있다. 그러나 어떤 유능한 재능을 가진 사람도 '쉼'의 시간이 제대로 없는 상황에서 창조적 활동을 제대로 해내기란 어려운 일이다. 글을 쓰는 작가에겐 사색의 시간이 충분해야 하듯이 연기를 하는 연기자에겐 작품 속의 배역을 소화해낼 수 있는 시간을 주어야 할 것이다. 시간에 쫓기어 그저 연출자나 작가가 시키는 대로 움직여야 한다면

---

42 조현호 기자, '드라마제작 입체점검: 상업논리, 시청률 의존 방송사, 제작사 구조 안바뀌면 제2의 사태 올 것', 「미디어 오늘」, 2011년 8월 18일.

그가 연기자라고 할 수 있을까? 아무리 사명의식이 뛰어난 배우라고 하더라도 얼마만큼 그 영역을 제대로 지켜나갈 수 있을까?

지금 한류 현상을 뜨겁게 달구는 한국 배우나 가수들의 연기력과 실력은 대단하다. 드라마의 짜임새라든가 내용, 가수들의 기술과 무대 매너는 세계를 사로잡기에 충분하다. 그럼에도 불구하고 시청률이라든가, 『나는 가수다』의 오디션과 같은 방식으로 모든 조건을 서열화하는 것은 매우 불만스럽다. 가수들마다 자기 달란트가 다르다. 그리고 이미 실력 있는 가수로서 인정받은 가수들을 모든 사람들이 보는 가운데 새로움에 도전한다는 의식으로 포장하여 다시 서열화하는 것은 마치 모든 모델이 누드 모델의 과정을 거쳐야 한다는 방식처럼 보인다. 대중가수가 무대 위에서 대중과 일치를 이루며 즐길 수 있는 것이 아니라, 순위를 정하면서 스트레스받고 긴장하게 하는 것은 또 다른 측면의 스펙을 요구하는 것일 수도 있다. 제비꽃은 진달래꽃을 시샘하지 않고, 진달래꽃은 장미를 시샘하지 않는다. 각기 그 꽃 나름대로 아름다운 까닭이다. 그 아름다움 자체를 살려주는 것이 무대의 극치(極値)이다.

한편, 한국여성의 사회활동을 살펴보자. 20~30대 여성의 사회활동은 활발하다. 그러나 학교 교사와 같은 직업 이외의 기업체 임원을 비롯한 사회의 리더를 배양해내는 데는 한국인들의 패러다임 전환이 필요하다. 가정과 육아부담이 절대적으로 여성에게 맡겨지는 사회구조에서 조직의 리더 역할을 담당하기엔 역부족이다. 세계화된 교육을 시키는 이 시대에도 이러한 패턴으로 기울어져가는 추세는 문제다.

리더십을 발휘하는 데 여성과 남성의 시각과 스타일은 확연히 다르다. 여성은 근본적으로 남성과 차별화된 여성 고유의 장점과 강점이 있음에도, 한국 사회에는 오랫동안 남성 위주의 유교관(儒敎觀)이 팽대해 있었다. 여성이 가정이나 사회에서 여성 자신의 고유성을 고스란히 잘 드러낼 수 있기 위해서는 남녀에 대해 수직적인 관념을 갖는 유교관이 아니라 수평적인 관념을 갖는 유가(儒家) 본래의 사상을 가져야 할 필요가 있다. 물론, 이 시대의 한국 사회에는 많은 여성들이 사회활동을 하고 있다. 그러나 리더 채용적인 측면에서는 우리 사회에 팽대해있는 남성 위주의 리더에서 여성 리더의 수용으로 전환해야 할 필요가 있다. 삼성의 이건희 회장이 다음과 같은 말을 했다. "다른 나라는 남자, 여자가 합쳐서 뛰는데 우리나라는 남자 홀로 분투하고 있다. 마치 바퀴 하나는 바람이 빠진 채 자전거 경주를 하는 셈으로, 인적자원의 국가적 낭비가 아닐 수 없다.[43]"

물론, 여성들에게도 다음과 같은 문제점을 제기할 수 있다. 여성은 스스로 인간으로서 주어진 인간의 권리를 누리고 있는가? 그렇지 못했다면 그것을 부여받기 위해 그들 스스로 제도의 모순과 한 개인으로서의 모순을 극복하기 위한 투쟁은 이어지고 있는가? 지금 우리 사회는 외모를 상품 경제원칙으로 삼고 있다. 얼굴 성형도 자기 노력이고 자기관리로 보면서 경쟁력의 하나로 취급하는 것이다. 일반적 미의 기준에 부합되지 않을수록 자기 개선의 일환으로 성형을 선택한다. 지나친 외모지상주의와 성형중독으로 인해 인간이 지녀야 할 고유성과 '나의 본질'을 상실하는 것이 아닐까 우려되는 지경이다. 도대체 나는 어디에 있는가? 여성의 외적 아름다움은 확실히 여러 가지 측면의 욕구를 해결해주는 수단임에는 틀림이 없다.

---

43 김경희, 「서울 연합뉴스」, 2011년 8월 23일.

그러나 외적인 것에 지나치게 치중하다 보면 내면적 아름다움과 내공을 쌓기가 어려워진다. 아무리 화려함으로 치장한다고 하여도 수수하고 소박한 아름다움을 이길 수는 없다.[44] 아름다움도 강점이고 경쟁력일 수 있다. 유딧(Judith)이 적장 홀로페르네스(Holofernes)를 쓰러뜨릴 수 있었던 것도, 논개(論介)가 왜장 게야무라 후미스케(毛谷村文助)를 껴안고 남강에 뛰어들어 죽을 수 있었던 것도 그들의 아름다움을 내세워 적장을 유혹할 수 있었기 때문이다.[45] 물론 인정한다. 그러나 그들에겐 무섭도록 탄탄한 내면적 생명력과 정신력이 있었다. 이 시대의 지나친 외모지상주의에 의해 '진정한 자아'를 상실해가는 것과는 완연히 다른 맥락의 의미다.

한국사회는 처절한 서바이벌 게임과 같은 경쟁사회다. 경쟁에서 무조건 이기는 것만이 우선되다 보면 사람들은 수단과 방법을 가리지 않게 된다. 가진 것을 통해 힘과 권력을 누리려 하고 그것으로 사람들을 지배하려고 한다. 그러니 가진 자는 더 많이 갖기 위한 욕심을 멈추지 않을 기세다. 가진 자와 갖지 못한 자의 차이가 너무 심해질 뿐만 아니라 그 구별에 의해서 강자와 약자로 이분화된다. 과연 어떤 결과가 초래될까? 명진 스님은 다음과 같이 말하고 있다. "일정 부분 물질이 충족되면 삶의 성찰을 통해서 지혜를 얻어 나가야 한다. 그 지혜란 물질

---

44 "朴素而天下莫能與之爭美" - 「莊子. 天下」
45 "유다의 이스라엘 사람들은 아시리아의 느부갓네살왕 다음 가는 지위에 있는 홀로페르네스 (Holofernes)가 여러 민족을 굴복시키고 그들의 신전을 무참히 약탈하고 파괴해버렸다는 소리를 듣고 눈앞에 보면서 무서워 떨었고……(「성경, 유딧, 4:5」)", "그다음날 홀로페르네스 (Holofernes)는 자기 전군과 자기편에 든 모든 사람들에게 베툴리아 쪽으로 진격하라고 명령하였다(「성경, 유딧, 7:1」)." 유딧(Judith)은 나라가 위태롭게 된 상황에서 나라를 지키고자하는 마음으로 적장 홀로페르네스를 유혹하기 위해 자신을 화려하게 가꾼다. 또 16세기 일본군이 진주성을 유린하고 수많은 양민을 학살하는 등의 만행을 저지른 것에 의분한 논개는 왜장들이 촉석루에서 벌인 주연(酒宴)에 기녀로서 참석하여 술에 만취한 왜장 게야무라 후미스케(毛谷村文助)를 껴안고 남강에 뛰어들어 함께 죽었다.

이나 존재의 허망함을 깨닫고 완전한 비움의 상태로 가는 것이다. 그렇지만 이 비움을 위해 수행을 하려면 의식주 걱정이 없어야 한다. 배고파 죽겠는데, 산다는 건 뭘까 하는 철학적 물음이 나올 수 없다.[46]"

사회 양극화가 갈수록 심해져 중산층 50%와 빈곤층 50%의 개념으로부터 소수 1%와 나머지 99%라는 개념으로 바뀌었다. 다수의 시민들이 물질적으로 빈곤해지는 동시에, 신자유주의가 팽대하는 경쟁의 논리로 인해 정신적으로 황폐해지고 있다. 미래가 잘 보이질 않는다. 도전하는 것, 절망하지 않고 희망을 갖는 것, 그것은 참으로 아름다운 일이다. 그러나 사회의 구조가 근본적으로 변하지를 않고 구태의 연함이 그대로인 상태라면, 그저 희망을 가지고 도전하라는 말이 정말 아름다운 언어인 걸까? '뇌'가 없어 까마귀로부터 무시당하던 허수아비 아주머니에게 '지혜'를 가지라 하고, '용기'가 없어 매일 울기만 하는 겁쟁이 사자에겐 용기를 가지라고 격려하고, 마녀의 저주로 '심장'을 잃어버린 양철통 아저씨에겐 '훌륭한 마음'을 가지라고 부추기는 오즈의 마법사. 희망이 보이지 않는 미래를 향해 개인적인 부족함을 극복하고 그저 꿈을 가지고 도전하라고 말하는 오즈의 마법사의 말이 과연 타당한 것인가. 신뢰할 수 있는가.

사회의 기득권을 가진 자들이 정의실현과 기회부여를 외면한다면 군중은 그 사회에 등을 돌릴 수밖에 없다. '법'에 근거하여 합당하게 지켜진 논리였을지라도 사회는 과연 정의로웠는지 질문하게 되는 일들은 너무나 많다. 오랫동안 시민단체의 일을 해왔던 박원순 시장이 시장후보로 처음 등장하게 되었을 때 여당 측에서 말이 많았다. 정치인도 아

---

46   김기남 기자, '[이상돈·김호기의 대화] (24) 명진 스님', 「경향신문」, 2011년 8월 9일.

닌 사람이 더군다나 우후죽순처럼 늘어나 있는 야권을 어떻게 통합하면서 서울 시정을 돌볼 것이냐고 말이다. 그럼에도 불구하고 정치인이 아니라 시민단체의 일을 해왔던 시장후보에게 국민들의 표가 몰렸던 이유가 무엇이었을까?

소수의 부유층들이 부를 챙기는 동안 서민들은 경제적 어려움을 호소할 데가 더 이상 없었다. 그러나 그들은 오랜 시간 너무 아팠다. 자기가 살아가고 있는 땅에서 외면당하고 있었다. 치열하게 경쟁하는 사회에서 한국인들은 마치 투우 경기장에서 처절히 싸우는 소나 투우사처럼 어느 한 쪽이 죽어나가기 전까지는 게임이 끝나지 않을 경기를 하는 사람들처럼 보인다. 물론, 그들이 경쟁하고 있는 화두는 모두가 다르지만 어떤 이유 때문이든 그들은 너무 아프다. 그럼에도 정치인들은 오랜 시간 서로의 이권문제로 싸우는 사람들처럼 보였다. 정의롭게 보이지도 않았다. 서민을 돌보고 있다는 공감을 할 수가 없었다. 모든 인간관계는 똑같다. 내 마음을 알아주고 헤아려주며 '공감'해 주었을 때 '감동'할 수 있는 것이다.

시대를 통찰하고 있는 사람이라면 그가 정치인이든 아니든, 그건 이미 민중에겐 중요한 일이 아니다. 눈높이를 맞추어주기를 간절히 소망할 뿐이다. 법의 잣대로 세상을 재단하여 정의로운지의 여부보다는 민중의 호소를 제대로 알아듣는 정의의 잣대를 갈망하는 시대인 까닭이다. 고전시대든 현대든 군중의 심리는 한결같다. 일단 배가 부르고 흥겨움에 노랫가락이 절로 나올 수 있다면, 그래서 '함께' 공감할 수 있다면 그들은 고함을 지르거나 반항하는 법이 없었다. 인생에 대한 철학을 느끼는 일도 결국 배부르게 먹고 잘 수 있을 때에 비로소 가능한 일이다. 그 안에 정의가 살아있었을 때 군중은 행복을 느끼고, 꿈을 키워볼 생각이 마침내 가능한 법이다. 법의 기준을 어기지 않았다고 해서 반드시 정의가 살아있는 것은 아니다. 사회 안에서 정의와 상식은 또 다른 렌즈를 통해 바라보는 기준이고 잣대여야 한다. 그 정의와 상식, 도덕이 살아있었을 때 '교육'과 '교육받은 사람들'이 숨을 쉴 수 있다. 그때야 비로소 꿈을 꾸고 비전을 가지고 자유롭게 날개를 펼치라고 말할 수 있는 것이다.

울지 마라.
외로우니까 사람이다.
살아간다는 것은 외로움을 견디는 일이다.
공연히 오지 않는 전화를 기다리지 마라.
눈이 오면 눈길을 걸어가고
비가 오면 빗길을 걸어가라.
갈대숲에서 가슴 검은 도요새도 너를 보고 있다.
가끔은 하느님도 외로워서 눈물을 흘리신다. ……중략……

정호승의 시, 「수선화에게」 중에서

PART 5

교육의
궁극적 **목표**에
물음표를 던져라

우리는 모두
죽음의 끝에 서 있다

오늘을 마지막처럼 산다면

오늘 이 시간을 끝으로 내가 가진 모든 것을 놓고 떠나가야 한다면 우리의 심경은 어떨까? 우린 무슨 일부터 해야 할까?

애플의 CEO였던 스티브 잡스(Steve Jobs)는 17살 때 "하루하루를 마지막처럼 산다면 언젠가 당신은 옳은 길로 들어설 것이다."라는 글을 읽었던 것을 계기로 33년 동안 매일 자신에게 질문을 던졌단다. "오늘이 내 생애 마지막 날이라면 지금 하려고 하는 이 일을 할 것인가?"라고. 만일 자신에게 "아니오."라고 대답이 계속 나오면 자신의 계획을 변경해야 할 것이라고 했다.

우리는 죽음이 멀리 놓여있다고 생각한다. 그러나 삶이냐 죽음이냐의 기로는 동전의 앞면과 뒷면을 들여다보는 일처럼 상당히 밀착되어 있는 관계다. 삶의 끝, 죽음의 앞에 직면하게 되면 모든 사람은 내가 가장 행복하게 생각할 수 있는 일, 가장 보람된 일, 가장 하고 싶은 일, 가장 중요할 수 있는 일들만이 삶의 키워드가 될 것이다.

스티브 잡스는 스탠퍼드대학 강연회에서 다음과 같이 말하고 있다. "죽음을 맞이하리라는 사실을 잊지 않는 것이야말로 제가 인생의 중대 결정을 내릴 때 의지하는 가장 중요한 도구입니다. 왜냐하면, 외부의 기대, 자부심, 수치심이나 실패에 대한 두려움, 이 모든 것들은 죽음의 면전에서 밑으로 가라앉고, 진실로 중요한 것만 남기 때문입니다. 곧 죽게 된다는 사실을 염두에 두는 것은 잃어버릴 무엇인가가 있다고 생각하는 함정을 피할 수 있는 최선의 방도입니다. 당신은 이미 벌거벗은 상태입니다. 마음이 이끄는 대로 하지 않을 이유가 없습니다." 그는 이어서 말하기를 "시간은 한정되어 있으므로, 다른 사람의 인생을 살면서 낭비해서는 안 됩니다. 다른 이의 생각이 빚어낸 결과가 구속하는 삶, 즉 도그마에 빠지지 마십시오. 여러분 안의 목소리가 다른 이의 의견이 내는 소음에 익사당하지 않도록 유의하십시오. 그리고 가장 중요한 것은 용기 있게 당신의 가슴과 직감이 하는 말을 따르는 것입니다.[01]" 그는 그러한 삶을 마지막까지 살아냈고, 그 교훈과 함께 세상을 떠났다. 그의 삶 자체가 모든 이에겐 감동의 메시지다.

그러나 많은 사람들은 죽음이 주는 의미는 상실이고 절망이며, 어둠이라고 생각한다. 이런 생각은 죽음에 대한 단어를 입에 올리는 것조차 불미스럽게 만든다. 죽음을 그저 공포스럽게 생각한다. 죽음에 대해 이렇게 부정적으로 생각해도 되는 이유는 무엇일까? 물론, 기독교

---

01 2005년 7월 12일 스티브 잡스(Steve Jobs, 1955~2011), 스탠퍼드 대학 졸업식에서 연설.

를 포함해서 세계의 모든 영적 지도자들은 죽음이 끝이 아니라고 우리에게 분명하게 말하고 있다. 동시에 죽음 이후의 삶에 대한 비전을 전해주고 있다. 그 비전은 우리가 지금 영위하는 이 삶에 성스러운 의미를 부여하게 된다. 그러나 이러한 가르침에도 불구하고 대부분의 현대인들은 현재의 삶을 전부로 여기고, 오로지 외연적인 성취를 이루어나가는 데 전력 질주한다.

초등학교, 중학교, 고등학교를 다니는 데에도 입학식과 졸업식에는 마음의 준비를 하며 산다. 인생의 마디마디마다 시작과 끝에 많은 준비를 한다. 그런데 정작 삶의 마지막 매듭을 짓는 준비와 사색에는 왜 그리 인색한 걸까? 성취하고 이룬 것, 높이 올라가는 것만이 가장 아름다운 것인 양 미화하기 시작한다. 그리고 미화된 것만을 선호한다. 아름다운 것, 부유한 것, 젊음, 강함, 명예로움을 선호한다. 그렇기 때문에 상대적인 것은 모두 유용하지도 않고 보잘것없는 것으로 비견되어 무가치하다고 생각한다. 따라서 인간이 늙어간다는 것, 죽는다는 것은 슬픔이고 비극이며, 추한 것으로 받아들이기도 한다. 인간이 가치가 없다고 생각하는 그것은 정말 그렇게 가치가 없는 것인가? 그렇게 생각해도 좋다는 기준은 무엇을 근거로 하는 것일까?

죽음을 단 한 번도 생각하지 않고 삶을 정상에 오르는 과정으로만 영위한다면 그 삶이 진실할 수 있을까? 어둠이 존재하기에 빛이 존재한다. 슬픔이 존재하기에 기쁨이 존재하는 법이다. 새 생명인 아이가 태어날 때에도 사람들은 좋은 옷과 새 생명이 태어나는 기대감으로 많은 준비를 한다. 사람들은 매년 한 번씩 자기가 태어난 날을 기념하면서 살아있는 기쁨을 축복한다. 사람이 떠나가는 것도 마찬가지다. 떠나갈 준비도 없이 살아가는 것에만 열중하고 에너지를 모두 쓴다면 '죽음'은 그저 충격이고 두려움 자체일 거다. 자기가 살던 고향을 떠날 때도 두려움이란 것이 있는 법인데, 하물며 이 세상과 분리된 다른 세계로 들어가는 길을 준비 없이 떠난다는 것은 너무나 놀라운 일이 아닌가!

다른 모든 주제에 관해서는 젊은이들이 그렇게 높은 교육을 받으면서도 삶과 죽음의 진정한 의미에 대해서는 일절 생각해보지 않는다는 사실은 참으로 이상한 일이다. 인간은 본성처럼 젊음과 열정을 꿈꾼다. 그러나 차츰 나이를 먹으면서 신체적인 변화를 스스로 감지하게 되고 그 젊음을 유지하기 위해 노력을 한다. 그래서 얼굴뿐만이 아니라 몸도 시술에 의지하는 추세가 많이 늘고 있다. 세월이 지날수록, 나이를 먹을수록 인간은 걱정과 근심에 많이 매이게 마련이다. 그러나 인생을 좀 더 진지하게 바라본다면 우리에겐 그렇게 많은 시간이 없을 수도 있다. 더 이상 내가 꿈꾸던 일들을 이루어나갈 수가 없을 수도 있다. 얼마나 실망스러운 순간인가!

그러나 젊음도, 우리에게 주어진 시간도 충분하지 않다는 것을 조금씩 수용하게 된다는 것은 '나'와 '대자연'과의 온전한 만남의 시간일 수 있다. 앙상한 나뭇가지에서 꽃잎이 피어오르는 것이 그저 그렇게 일어나는 현상이 아니라, 신비이고 기적이란 사실을 깨닫게 되는 순간일 수 있다. 이른 새벽 햇살을 받은 새벽이슬은 그렇게도 영롱하고 아름답지만, 그것을 아름답다고 느낄 수 있는 눈동자는 더 아름답다고 하는 선인의 말이 감동적인 한 편의 시어(詩語)라는 것을 깨닫는 순간일 수 있다. 물론, 이러한 깨달음들이 건강하고 젊은 청년들에겐 선뜻 쉽지는 않을 수 있다. 더군다나 이러한 대면의 시간은 현대인들이 철저히 외면하는 시간이기 때문에 오히려 당혹스러울 수도 있다. 그러나 이 순간만큼은 인간이 무엇인지를 깨달아갈 수 있는 가장 경이로운 순간이며, 인간의 영혼이 가장 순수할 수 있는 순간이다. 동심으로 돌아갈 수 있는 순간이며, 동시에 인간이 세상의 많은 번거로움으로부터 해방되고 자유로움을 느낄 수 있는 시간이기도 하다.

모든 죽음에 대해 칼 라너(Karl Rahner, 1904~1984)가 말한 것처럼 진화론적 세계관 안에서는 '다른 생명을 위해 생물학적으로 자리를 마련해주는' 사회학적 의미를 지닌다.[02] 죽음이 사회학적으로 의미를 지니는 것은 그동안 자기가 자리하고 있기에 차단되었던 역사의 한 공간을 다른 사람들에게 자연스럽게 비워주는 데 있다. 내가 아니면 도대체 이뤄지지 않을 것 같은 일도 분명 누군가의 손에 의해 이뤄져 간다. 내가 가진 책임감도 의무감도 성취감도 결국 언젠가 자리를 내어주는 일로 맡겨져야 한다. 노자(老子) 역시 "공을 이루었으면 물러날 때를 알아야 한다(功遂身退 - 『老子 9장』)."라고 하였는데, 그것이 자연의 순리이고 질서다. 죽음은 우리를 억압하는 것도 아니고 흥분시키는 것도 아니다. 그것은 단지 삶의 과정일 뿐이다. 불교적으로 보면 삶과 죽음은 둘로 나눌 수 없는 하나이며, 죽음이란 삶의 또 다른 시작이다. 죽음은 삶의 온전한 의미가 반영된 거울이다. 그럼에도 죽음을 너무 허겁지겁 준비하거나 아무런 준비 없이 떠난다는 것은 너무 초라한 일이 아닌가?

사람들은 5년 후, 10년 후에 대해선 엄청난 계획을 세우지만, 인생 전체에 대한 프로그램에 대해선 소홀히 하는 경향이 많다. 주체자로 사는 것이 아니라 방관자나 이방인처럼 사는 것처럼도 보인다. 방관자

---

02 K. Rahner, 『Schriften zur Theologie Ⅷ』, Einsiedeln, 1967년, 253쪽 참조.

278 | 세계를 향한 한국교육

로 사는 것도 때로는 필요하다. 이방인으로 산다는 말에도 철학적 공감을 할 수가 있다. 그러나 감동할 수 있는 삶의 원동력, 그 주연배우는 바로 나 자신이다. 인생은 출발만 중요한 것이 아니다. 마지막 떠나가는 '나'라는 주연의 뒷모습은 더욱 중요하다.

인생의 마지막을 준비하고 살아가게 되면 무엇이 달라질까? 세계적으로 성공했다고 하는 CEO 50명을 대상으로 설문조사를 하니, 그들은 많은 실패가 있었을지라도 '도전'할 수 있었음이 가장 행복했다고 한단다. 실패가 두려워 정작 자신이 원하는 일을 거부하는 경우의 사람들이 많다. 왜일까? 우리가 삶을 마감할 때는 이 세상을 찾아올 때처럼 아무것도 가져갈 수 있는 것이란 없는데 말이다. 태어나던 처음부터 아무것도 가져오지 않았으니, '실패'란 단어를 두려워할 이유도 없다. 그저 여행객으로 잠시 이 세상이란 무대를 다니러 온 여정일 뿐이다. 내면 깊은 곳에 남을 수 있는 생각은 하나뿐이다. "내가 정작 하고 싶은 일이 무엇일까?"/ "어떤 드라마 속의 주인공으로 살아가야 할까?" 자신에게 너무나 소중한 일이 중요한 일들 때문에 자꾸 미루어지다 보면 영원히 못 할 수도 있다.

새의 본성은 창공을 훨훨 날아다니며 자유로운 생명력을 드러내는 법이고, 물고기의 본성은 물속에서 자유롭게 헤엄을 치면서 그 생명력을 드러내는 법이다.[03] '살아있다'는 말은 고이지 않고 흐른다는 말이며, '흐른다'는 것은 어느 한쪽으로 기울어져서야 비로소 일어나는 현상이다. 어느 한쪽으로 기울어진다는 것은 균형의 측면에서 본다면 위험한 일일 수도 있다. 그러나 삶이 기우뚱하지 않는다면, 그래서 늘 안정을

03 졸고, 「陶淵明 시를 통해서 본 '莊子'의 生命意識」, 『中國文化硏究 4집』, 2004년 6월, 56쪽 참조.

도모한다면 그 속에서 역동하는 생명의 신비를 느낄 수 있을까?

인간은 위기의식을 느끼게 될 때 심장박동수가 빨라진다고 한다. 그리고 고생스럽긴 하지만 역동적이었을 때 생명력을 느낄 수 있었다고들 말한다. 자신의 심장이 뛸 수 있는 길로 걸어간다는 것은 결코 쉬운 일이 아니다. 그러나 어떤 일을 통해 자신의 생명력이 발휘되고 자유로움을 느낄 수 있는지, 행복함을 느낄 수 있는지를 발견하는 것 또한 결코 쉬운 일이 아니다. 그러한 맥락에서 '죽음'에 대한 묵상은 자기 삶의 숭고함을 배울 수 있는 아주 좋은 기회가 된다. 동시에 자신의 길에서 무엇을 우선으로 해야 하며, 어떤 길로 나아가야 하는지를 선택하는 데 중요한 획을 그어준다고 할 수 있다. 새장에 갇힌 새나 어항 속에 갇힌 물고기에게서도 '살아있는' 존재에 대한 느낌은 느낄 수 있다. 그러나 어느 틀 안에서 길들여지고 주는 먹이만 먹는 새나 물고기에게서 진정한 생명력과 자유로움을 느낄 수 있을까?

삶과 죽음이 하나이듯
이분법으로 나눌 수 있는 것이란 없다

죽음에 대해서 몽테뉴는 다음과 같이 말하고 있다. "죽음을 낯설게 여기지 말자. 죽음과 자주 접촉해야 한다. 죽음에 익숙해지도록 하자. 다른 무엇보다 죽음을 마음으로 자주 생각하자……. 죽음을 몸에 익히는 것은 자유를 실습하는 것이다. 어떻게 죽어야 하는지 배운 사람은 노예가 되지 않는 방식을 배운 셈이다.[04]" 죽음과 삶은 동전의 양면과도 같은 것이다. 우리의 육신이 한정적 시간을 살고 있다는 것을 제대로 이해하는 일은 너무나 중요하다. 죽음을 직면하다가 살아난 사람에게 살아 움직임은 한없이 값지고 소중할 터이고, 그것은 마치 불행함이 무엇인지를 확실히 알고 난 후에서야 다시 행복으로 걸어갈 수 있는 것과 같지 않을까?

『장자(莊子). 지락(至樂篇)』 중에서 삶과 죽음은 한 선상에 놓여있다고 보는 입장을 밝히고, 사후세계의 정경을 묘사하고 있다. 장자는 사람의 삶과 죽음은 봄·여름·가을·겨울의 흐름과 같은 자연의 이치라고 받아들인다. 그런 맥락에서 죽음은 슬프고 쓸쓸하고 절대적 상실만을 의미하는 것은 아니다. 그는 어떤 사사로운 개인적 감정상태를 뛰어넘었기에, 부인의 죽음에도 불구하고 동이[분(盆)]를 두드리면서 노래를 부를 수 있었던 것이다. 생사의 변화는 홀연히 나타났다가 홀연히 스러지고 마는 자연의 현상과 같다는 것이다. 사랑하는 사람과의 이별은 분명히 슬픔이고 고통이다. 그러나 우리의 인생에 있어서 그 자연의 흐름과 변화, 동시에 주어진 명(命)에 대해 인간의 몸과 마음을 내맡기었을 때 고통과 번뇌로부터 벗어날 수 있는 것이고, 동시에 비관적으로만 받아들일 이유가 없다는 것이다. 이 얘기는 결코 죽음을 찬미하는 말이 아니다. 인생을 살면서 우리가 거부하지 말고 초연히 받아들이는 삶의 미학을 언급하는 것이다. 장자(莊子)는 "때에 편안하고 순리대로 따르면, 슬픔과 즐거움이 들어올 수가 없네.[05]"라고 하여 자신의 담담한 삶

---

04 M. A. Screech 편역, 『몽테뉴의 수상록, The Essays of Michel de Montaigne』, London: Allen Lane, 1991년, 95쪽.
05 『莊子. 大宗師』: "安時而處順, 哀樂不能入也"

의 태도에 대해서 밝히고 있다. 눈앞에 펼쳐지는 일이 어떤 것이든 마음으로 받아들임으로써 세상사에서 느낄 수 있는 기쁨도, 슬픔도 내적인 평정을 흔들어 놓을 수는 없다는 것이다.

살아있기에 중요하다고 생각되는 문제들이 죽음 이후를 생각해본다면 아무것도 아닐 수 있다. 사회가 만들어놓은 관념과 가치관에 의해 성공과 실패, 좋은 것과 좋지 않은 것, 강자와 약자와 같이 이분법으로 판단하는 것이 죽음 이후에도 과연 이어질 수 있는 생각일까? 인간에게 한없이 중요하던 일이나 문제들도 그저 몇십 년을 살다 가는 이 인생이란 무대에서만 중시될 뿐이다. 그럼에도, 살아있는 이 순간만큼 중요하다고 생각하고 사는 일이나 문제가 삶을 구속하고 그 구속감 때문에 불행하다고 느낀다면, 그는 불행하다. 또 구속감을 줄지라도 행복하다고 느낀다면, 그는 행복하다. 그런데 과연 이 모든 인생에서 다양하게 벌어지는 일들을 행복과 불행이라는 선을 그을 수 있을 만큼 인생이 단순한 것일까? 인생에서 맞이하는 봄·여름·가을·겨울은 모두 내면적 정서를 구석구석 만져주고 보살펴주는 중요한 역할을 한다. 그것은 바퀴를 잘 돌아가게 하는 윤활유 작용을 할 수 있다. 그렇게 맞이한 인생을 정면으로 맞닥뜨렸을 때 인생은 영적으로나 정신적으로 평화로움을 느낄 수도 있다. 인생을 드라마에 비교해보자. 멜로 드라마도 코믹 드라마도 필요하고, 액션 드라마도 서스펜스 드라마도 필요하다. 인간의 감정은 참으로 다양한 것이어서 다양한 감정 프로젝트에 의해서 완성될 수 있기 때문이다.

화려함으로 가득한 단풍을 산 위에서 바라보자면 그 찬란하고 화려함에 압도당한다. 정말 경이롭다. 그러나 그 화려한 단풍이 어느 순간,

순식간에 모두 떨어져 버린다. 한순간의 일이다. 앙상한 나뭇가지만 남을 뿐이다. 정말 그렇게도 찬란했던 그 나뭇가지였을까 싶을 정도로 앙상하고 볼품없는 나무만 머문다. 앙상하고 볼품없어 보이는 초라한 나무, 그러나 그런 나무를 한참 동안 들여다보고 있자면 정말 숭고한 철학을 발견하게 된다. 그 앙상한 나무는 비가 오면 기꺼이 비를 맞고 눈이 오면 기꺼이 눈을 받아들인다. 바람이 불면 기꺼이 바람이 부는 기세대로 움직인다. 한 겨울나무는 자기 들여다보기에 기꺼이 동참한다. 앙상하고 볼품없는 자기 그대로를 드러낼 줄 아는 겨울나무의 아름다움이다. 무엇보다도 그 겨울을 철저히 인고(忍苦)한다. 이 겨울나무가 비바람이나 눈보라와 같이 얼마나 혹독한 시간을 보냈는지에 따라서 그다음 해의 단풍색깔이 결정된다고 한다. 혹독한 시간을 보냈을수록 단풍색깔이 절묘해진다는 것은 그저 나무에만 국한되는 이야기가 아니다. 건강함과 화려함, 아름다움, 강인함, 풍요로움만 인생의 한 부분이길 바란다면, 그래서 그저 안정과 평안함안에만 머문다면 그의 인생은 편협하다. 세상이 좋다고 말하는 그 기준만 바라보면서 좋은 것만을 기대한다면 또 다른 측면을 맞닥뜨렸을 때 버틸 수 있는 힘이 없거나 무력해진다고 생각될 때가 너무나 많다.

죽음을 두려워하여 나이 들고 늙어가는 일을 겁내지 말자는 얘기도 포함시킬 수 있다. 늙어가는 것이 두려우니 주름살을 없애는 일에 주력하고, 늙지 않고 살 수 있는 미용 비법에 매달린다. 미용비법에 매달릴 수는 있다. 그러나 그것에 중독되어 간다면 그것은 자연현상을 거스르는 역류다. 그저 그렇게 주름져 가는 그 모습도 자연의 순리가 주는 아름다움이다. 인정하고 받아들이면 덜 고단해질 수 있다. 아무리 무대 위에서 아름답고 매혹적이었던 배우도 굵디굵은 주름살과 친숙하게 살았던 마더 테레사의 소박하고 따뜻함에 비견되지 못했다. 『장자』에서도 얘기한 바가 있다. "소박할 뿐이지만 천하에 아무것도 그와 더불어 아름다움을 다툴 수가 없다.[06]"라고. 이 시대는 물질적 풍요는 주어졌지만 정신적으로나 영적으로는 오히려 가난한 삶을 살고 있는 것은 분명하다. 그래서 모두가 화려하고 찬란한 것을 흠모하는 것 같지만, 사실상 인간의 내면에서 흘러나오는 소박하고 따뜻한 아름다움에 매료되는 만큼은 아니다.

'이 넓은 세상'이라는 무대를 생각해보자. 귀하지 않은 사람은 하나도 없다. 어느 한 사람이라도 제 역할을 해주지 않았을 때 사회가 감당해야 할 많은 어려움을 생각해보자. 더 귀하고 덜 귀하다는 마인드 자체가 어떻게 가능한 일인가? 아름답고 화려한 사람만이 귀한 것인가? 추하고 못난 사람도 귀하다. 두뇌가 좋은 사람도 귀하지만, 두뇌는 별로 좋지 않아도 선한 마음으로 다른 사람을 잘 따르는 역할의 사람도 귀하다. 젊고 건강한 것만이 귀한 것인가? 나이 들고 쇠약하지만 지난 인생을 회고하며 사는 사람의 모습도 귀하다. 부유하고 사회적 지위가 높은 사람만이 귀한 것인가? 가난하고 사회의 저변을 살아가는 사람에게서 보이는 사람의 냄새도 귀한 것이다. 모든 사람이 어우러져 사는 이 세상이란 드라마는 각자의 개성이 자기 색깔을 고스란히 드러낼 수 있었을 때 비로소 아름다움이 연출되기 때문이다. 우리는 좋은 일이라고 생각되는 일과 좋지 않은 일에 대해서 이분법으로 확연히 분류하는 습성이 있다. 성공과 실패라고 분리하기도 하고, 승자와 패자라

---

06 「莊子. 天下」: "素朴而天下莫能與之爭美."

고 분리하기도 한다. 그러나 장자(莊子)는 이런 절대적인 평가가 가능할 수 있는 근거와 판단 기준은 무엇인지 질문을 던진다.

좋지 않은 일을 겪게 되었을 때 느끼게 되는 삶의 철학들은 언어로 다 표현될 수 없는 경우가 많다. 삶 속에서 상실과 아픔에 직면하게 될 때마다 우리는 진리에 더 깊이 다가서게 된다. 그때의 추락은 결코 재앙이 아니라 내면의 깊은 안식처를 발견하도록 도와주는 신(神)의 선물일 수도 있다.

한겨울을 지독하게 치러낸 겨울나무는 봄이 되면 반드시 열매를 맺는다. 자연의 질서가 주는 교훈이다. 좋은 일도, 나쁜 일도 경험을 치르고 난 뒤에는 무엇이 더하고 덜함도 없이 아름다운 흔적이란 것을 깨닫게 된다. 인생에서 얼마만큼 어떤 체험을 했는지 그 여부에 따라 어떤 사람에겐 향기가 나고, 어떤 사람에겐 아무런 향기가 나지 않을 수도 있고, 악취가 날 수도 있다. 그건 사회적 지위, 명예, 권력, 부, 화려한 외모와는 아무런 관계가 없다. 그런 맥락에서 그 좋고 나쁜 모든 일들은 사람들에게 주어진 인생의 공평한 기회일 수도 있다.

끊임없이 모차르트의 천재적 음악성을 질투했던 살리에르는 사실 모차르트와는 비교도 되지 않을 만한 지위와 명예를 가지고 있었던 인물이다. 더군다나 그의 음악성은 누구에게도 뒤지지 않는 인물이었다고 한다. 그런데 왜 살리에르는 모차르트의 음악성을 질투했던 것일까? 살리에르에게 모차르트를 향한 질투심이 없었다면 과연 음악적 열정이 끓어오를 수 있었을까? 그에겐 이미 음악적 재능을 인정받았고 명예와 지위가 모두 갖춰져 있었던 터에 말이다. 또 다른 측면에서 살펴보자면 어떠할까? 만일 살리에르에게 더 올라가야 할 자리가 있었다면, 질투심과 열정만큼 창의적인 작품이 분출되어 나올 수 있었다면, 존재적 외로움을 느끼지 않았을지도 모른다. 모차르트 음악과 절대적 교감에 의해 받은 감동은 오히려 분노감으로 오열하게 만들었다. 자기 능력과 비교하는 자아는 심하게 상처받게 되고, 가슴 속 깊은 곳에 숨어있는 영혼에게 절규한다. 메피스토펠레스가 내미는 유혹과 손을 잡았던 파우스트에게 연민을 느끼는 순간일 거다.

이미 성공했다고 생각되는 사람도 새롭게 발돋움하는 인재의 탁월함과 천재성을 보게 되면 불안감을 느끼고 공포를 느낄 수 있다. 질투할 수 있다. 그것이 인간이다. 재능이 많은 사람은 또 다른 측면의 재능 있는 사람을 보면서 아프고, 아예 무능한 사람은 그 무능함 때문에 아플 수 있다. 부유한 사람은 더 많은 부를 축적한 사람을 보면서 아플 수 있지만, 아예 가난한 사람은 그 가난함 때문에 아플 수 있다. 명예롭게 살아가던 사람도 작은 자존심의 손상으로 아플 수 있지만, 늘 불명예스럽게 살아가면서 치욕을 겪어내야 하는 사람은 그 불명예스러움 때문에 아플 수 있다. 아름답고 예쁜 사람이 더 아름답고 예쁜 사람을 보면서 아플 수 있지만, 추한 사람이 예쁜 사람을 보면서 아플 수도 있다. 인생에선 절대적으로 평가할 수 있는 일도 상대적으로만 평가할 수 있는 일도 없다. 그럼에도, 인간은 상대적인 비교 때문에 외로워한다. 그것이 인간의 본성일 수 있고 인간의 나약한 아름다움일 수도 있다.

삶이 고단하다고 느낄 수 있는 것은 우리가 살아있기에 가능한 일이다. 건강한 심장이 없다면 가능한 일일까? 고통도 슬픔도 아픔도 기쁨도 즐거움도 느끼고 있을 수 있다는 것은 살아있기 때문에 가능한 일이다. 심장이 뛰고 있다는 얘기다. 이것은 신비한 현상이다. 그러나 반면 죽음도 엄청난 신비다. '현재'라는 이 시간이 더 소중하게 부각될 수 있는 이유는 '죽음'이라는 선물이 있기 때문이다.

우리는 모두 여행자, 소유할 것이란 없다

그렇다면 인간이 죽음을 두려워하는 이유는 무엇일까? 인생이라는 무대 위에서 자기가 연출해 나가야 하는 역할이 무엇인지, 그 본질을 모르기 때문이다. 그럼에도 우리는 독자적이고 개인적인 정체성을 지니고 있다고 생각한다. 과연 그럴까? 그 정체성이라고 생각하는 것을 살펴보면 결국 무언가를 열심히 소유하고 집착하려는 것에 불과하다. 이를테면 우리의 이름, 자신의 신분과 지위, 가족, 자녀, 집 평수, 일, 친구, 부동산……. 그 명목을 끌어모으기 위해서 마음을 꽁꽁 묶어 똬리를 만든다. 그 똬리를 풀면 죽을 것 같은 심경이다. 풀 수가 없어 가슴 저리고 아프다. 따라서 그것들을 모두 잃어버린다면, 자신은 완전히 부서질 거라고 생각한다. 과연 그럴까? 기독교나 불교에서도 도가사상에서도 한결같이 주는 메시지가 있다. 정작 놓고 나면 꽁꽁 싸매던 것이 아무것도 아니라는 사실을 발견하게 되고, 한없이 가벼움을 느끼게 된다는 것이다.

그런데 이런 일상의 명목을 골동품 수집처럼 챙기느라 정작 "'나'는 누구인가?"/ "인간은 무엇을 위해 사는가?"라는 질문은 외면한다. 사물의 명목과 분리시킨 자신의 정체성과 자기 내면 관리 노트는 아무것도 없다. 사물의 명목들을 제거해버린 우리 자신을 만나게 된다면 너무나 당황하게 된다. 바로 '나 자신'임에도 불구하고 그는 낯선 사람에 불과하다. 우리는 너무나 오랜 시간 이 낯선 사람과 마주치지 않기 위해서 똬리를 하며 바벨탑을 쌓는다. 엄밀히 말하자면 이것은 비극이다.

오랫동안 직장생활을 하다가 퇴직한 사람을 생각해보자. 나이 들어 죽음의 시간이 다가오자 그는 자신이 무엇을 해야 할지 당황하게 되는 사례들을 많이 보게 된다. 우리가 오직 이 삶에만 초점을 맞추어 집착하고 사는 것은 마약에 중독되는 일과 같을 수도 있다.

우리의 삶을 살펴보면 이른바 '책임'으로 떠맡았을 뿐, 들여다보면 그리 중요하지 않은 일이 우리 삶을 가득 채우고 있다는 것을 알 수 있다. 아침에 일어나는 순간부터 할 일이 많다. 바지런히 움직여야만 자기가 인간으로서 책임을 다하고 산 듯 느낀다. 잠시도 자신의 육신을 고요하게 내버려두질 못 한다. 가만히 쉰다는 것은 태만하고 게으름이라고까지 생각한다. 그러나 긴 낮도 긴 밤 후에나 가능한 일이고, 화려한 햇살을 만나는 일도 긴 어둠의 끝에나 가능한 일이다. 우리는 자기 조절과 사색의 시간이 필요하다. '나는 내 삶에서 무엇을 하고 있는가?'와 같은 질문을 던져야 한다. 그러나 우리의 감상은 깊고 길게 이어지질 못하기 일쑤다. 고독할 수 있는 시간도 공간도 소유하질 못한다. 원래의 일상으로 되돌아가길 반복할 뿐이다. 그리고 많은 책임과 의무로부터 벗어날 즈음에서야 인생은 '하룻밤 꿈과 같다'는 사실을 깨닫는다.

로버트 기요사키는 『부자 아빠 가난한 아빠』라는 책을 통해 돈을 중심으로 늪에 빠져 허우적거리는 사람들의 모습을 '쥐 경주'에 비유해서 말한다. 평균적인 교육을 받고 열심히 일하는 사람들의 삶은 대부분 비슷하다. 아이가 태어나 학교에 간다. 부모는 아이가 공부 잘해서 좋은 성적으로 대학 가는 것을 기뻐한다. 아이는 졸업을 하고 안정된 직장이나 직업을 찾는다. 아이는 의사나 변호사 같은 그런 직업을 갖게 되거나 혹은 공무원이 된다. 결혼도 한다. 이제는 인생이 멋져 보인다. 맞벌이를 한다. 두 사람은 더 열심히 일하고, 더 착한 직원이 되고, 회사를 위해 더 헌신적으로 일을 한다. 이들은 회사의 주인을 위해서, 세금을 내야 하는 정부를 위해서, 그리고 융자금과 신용카드를 갚아야 하는 은행을 위해 일을 한다. 그리고는 아이들에게 그들의 부모가 자신에게 말했듯 똑같은 이야기를 들려준다. "열심히 공부해서 좋은 성적을 받고 안정된 직장이나 직업을 찾아라." 그러고는 평생 열심히 일을 한다. 이런 과정이 열심히 일하는 또 다른 세대에게 전달된다. 이것이 바로 '쥐 경주'이다.[07] 많은 사람들이 이 삶을 마감할 때는 '한 줌 흙으로 왔다가 흙으로 돌아간다'고 말한다. 그럼에도 불구하고 왜 모든 사람들의 살아가는 방식은 거의 똑같았던 것일까? 왜 거의 똑같은 방식의 쥐 경주에 열중하는 것일까?

우리는 끊임없이 미래를 위해 오늘을 바친다고 생각한다. 그러나 진지하게 숙고해보자. "우리는 어디로 가고 있는가?"/ "우리의 미래는 어디에 있는가?" 그런 질문이 없다면 모든 인간의 삶은 마찬가지다. 현대 신자유주의에서는 '돈'이 인간을 삼킬 것이다. 너무 배가 고파 빵 한 조각을 훔친 대가로 평생 감옥에서 살아야 했던 장발장은 범법자라고 명명하지만, 교묘하게 법의 논리를 위배하지 않고 벌어들이는 수익에 대

---

07 공병호, 『공병호의 자기 경영노트』, 21세기 북스, 2002년, 책의 내용을 요약.

해서는 늘 정당하다고 생각하는 세상을 살면서, 인간은 가치 있는 많은 것들을 잃어버릴지 모른다.

조선시대 무역상인이었던 임상옥(林尙沃)은 "재상평여수, 인중직사형(財上平如水, 人中直似衡)"이라고 하여, "재물은 평등하길 물과 같고, 사람은 바르기가 저울과 같다.[08]"라고 하였다. 물은 흘러가는 것일 뿐 소유할 수는 없듯이, 재물도 마찬가지다. 내 손안에 들어온 재물은 잠시 그곳에 머물러 있는 것에 불과한 것이다. 사람도 마찬가지다. 아무리 귀한 예우를 받는 사람이라도 그는 잠시 잠깐 현세에서 명예를 빌리고 있는 것에 불과하다. 사실 한없이 찬란하게 보이는 부와 명예도 잠시 잠깐 손에 움켜쥐는 것일 뿐 하룻밤 꿈과 같은 것이다. 심지어 한 사람이 남기고 떠난 엄청난 위대함과 훌륭한 인품조차도 이따금 사람들의 가슴 속에서 별이 되어 한 번씩 깜빡일 수는 있어도 영원할 수는 없다. 그것이 '빈자리'의 아름다움일 거다.

티베트어로 몸은 '뤼'라고 불리는데, 그것은 수화물처럼 '사람이 떠난 뒤에 남는 것'을 의미한다. '뤼'라고 말할 때마다 티베트인들은 인간이란 이 삶과 육신에 잠시 머무는 여행자일 뿐이라는 사실을 상기하게 된다. 따라서 티베트인들은 외적인 환경을 좀 더 편하게 만들기 위해 많은 시간을 할애하며 번거로운 일을 벌이지 않는다. 문명의 이기에 젖어있는 우리의 시각으로 본다면 그들은 너무나 게으르다. 마치 「개미와 베짱이」의 스토리에서처럼 베짱이 같다는 생각마저 든다. 인간의 지적

---

08 임상옥(林尙沃, 1779~1855), 조선의 무역 상인이다. 본관은 전주이며, 자는 경약, 호는 가포이다. 정조 때부터 상업에 종사하며, 1810년 순조 때에는 국경지방에서 인삼의 무역권을 독점하였다. 이때부터 천재적인 사업수완을 발휘하여, 1821년 변무사의 수행원으로 청(淸)나라에 갔을 때, 베이징 상인들의 불매 동맹을 교묘한 방법으로 깨뜨리고 원가의 수십 배로 매각하는 등 막대한 재화를 벌었다. 1832년 곽산의 군수를 하다가, 그 이후 빈민구제와 시와 술로 여생을 보냈다. 저서로 「적중일기(寂中日記)」가 있다.

이고 안락한 생활과는 거리가 멀기만 하다. 그런데 악기를 연주하며 노래를 불러주던 베짱이가 없었다면 한여름의 개미들이 땀을 흘리며 온 힘을 기울여 일할 수 있었을까?

한국인들이 가장 잘못하는 것이 바쁘게 살 줄은 알지언정 느리게 살아가는 법이다. 정작 그 바쁘다는 일상의 스케줄을 들여다보면 허술하고 잘못 사용한 시간들이 많다. 정말 아름다운 대자연을 앞에 두고도 하루 종일 바라볼 줄 알기는커녕, 단 한두 시간 정도도 머물러 있을 줄을 모른다. 대자연 앞에서조차도 무언가를 먹거나 마시거나 얘기를 나누는 어떤 행위가 있어야 한다고 생각한다. 그런 행위가 잘못되었다기보다는 우리는 고요함에 머무는 일을 너무 어색해한다는 것이다. 고요함에 머물 줄 모른다는 것은 사색할 줄 모른다는 말과도 같다. 고요함 안에서 침묵할 수 있는 시간, 대자연과 내가 대화하는 시간이야말로 내가 누구이고 내가 어떻게 살아가야 하는지 그 질문에 대한 답이 나올 수 있는 시간인데도 말이다.

우리는 누구나 죽는다. 젊은 사람도 나이 든 사람도, 아름답고 예쁜 사람도, 추하고 미운 사람도, 부유한 사람도 가난한 사람도, 똑똑한 사람도 미련스런 사람도 죽음 앞에 예외인 사람은 없다. 인생의 시작과 끝, 태어남과 죽음에 대해서만큼은 누구에게나 공평하다. 만일 우리가 이러한 사실에 대해서 외면한다면 우리는 꽉 막혀버려 무언가에 집착하게 된다. 부와 명예와 권력 등이 중요해지다 보면 주어진 경쟁에서 꼭 이겨야 하고, 자존심 회복도 너무나 중요시하게 된다. 그러나 모든 경쟁에서는 이기는 사람과 지는 사람이 생기게 마련이다. 어떤 사람은 이겨야겠다는 집착이 너무나 강해져 수단과 방법을 가리지 않는다. 그럼에도 불구하고 패했을 경우 스스로에 대한 자존심 손상을 감당하지 못한다. 그 아픔이 너무나 크다고 생각해서 죽음을 선택하기도 한다.

살면서 자기가 원하는 일이든 무언가를 열심히 한다는 것은 참 좋은 선택이고 귀한 과정이다. 그런데 그 결과는 좋을 수도 좋지 않을 수도 있다. 좋지 않은 결과에 이르렀을 때 사람들은 고통을 느끼게 된다. 집착을 하게 될 수도 있다. 불교에 의하면 집착은 내려놓을 줄 모르는 우리의 몸부림과 욕심에서 비롯되며, 고통과 번민을 불러일으킨다고 말한다. 그러나 우리는 이 세상이란 무대에 잠시 잠깐 다니러 온 여행자이며 이 세상의 만물을 잠시 잠깐 빌려 쓰는 것일 뿐이다. 빈손으로 와서 빈손으로 떠나는 일은 너무나 당연한 일 아닌가. 삶을 배우는 것은 내려놓기를 배우는 일이다.

중국의 한(漢) 무제(武帝) 시기는 중국 성당(盛唐)시기와 함께 중국 역사상 최고로 번성하던 시기다. 부와 권력을 모두 누리던 한무제(漢武帝)는 그가 누리던 그 모든 삶을 놓고 죽어야 한다는 것을 너무나 두려워했다. 어떻게 하면 좀 더 건강하게, 좀 더 오래 살 수 있을까 하는 생각에 평생 늙지 않을 수 있는 불로초를 구해오도록 했다. 누리고 사는 화려한 삶을 버릴 수 없으니 집착하는 것이고, 누리고 살던 그 모든 것을 놓을 수가 없으니 떠나야 함을 받아들일 수 없었던 것이다. 이러한 집착은 그의 우매함으로 꼬집어져 여러 문인들의 시와 부(賦)에 잘 나타나 있다. 죽음은 인간 누구에나 공평하게 다가오는 자연의 순리다. 인간이기에 순리를 거부하고 몸부림칠 수 있다. 그러나 오랜 시간 화려한 부귀와 권력을 누리는 동안 어째서 한 번도 마지막 떠나는 길을 마음으로 준비하는 여유를 갖지는 못했는지 놀랍다.

티베트에서는 불교 예식이 있다. 그 예식 중 하나가 평범한 모래에 색깔을 들여 아름답게 꾸미는 것이다. 티베트인들은 이 과정에서 온 정성을 다해 모래로 디자인을 하고 아름답게 가꾼다. 완성하고 난 후에 얼마나 뿌듯하고 아름답게 느껴질까? 한없이 귀하고 소중하게 느껴질 것이다. 그런데 바로 그 순간, 티베트인들은 다시 일반 모래로 그 모든 아름다움을 한순간에 덮어버리고 흐트러뜨린다. "헛되고 헛되도다. 덧없는 인생이여……."라고 읊조리면서.[09] 티베트인들의 인생관이고 신념이다. 애쓰고 수고하여 얻은 것을 바라보는 것은 기쁨이다. 그러나 인생에서 가진 것을 움켜쥐고 내려놓지 않으려는 순간 집착이 생기고, 집착하는 순간부터 고통이 생긴다는 것이 티베트인들의 생각이다. 가지고 있던 것을 다시 비우고 내려놓을 수 있는 훈련을 하는 예식이다. 어떤 것에도 집착하거나 얽매이지 않는 내면적 순수함이고 자유로움이다.

죽음 앞에서는 누구나 공평하다. 삶이 영원하다면 간절함이 있을 리도 없다. 영원하지 않기에 이 순간, 현재가 너무나 소중하다. 버킷 리스트[10]는 간절히 하고 싶은 일을 도전하는 것이기도 하지만, 하지 않기로 한 일은 과감히 버리고 포기하는 것이기도 하다. 인생이란 무대에 어느 날 갑자기 등장한 사람이 주인공이 되었듯이 다음의 주인공을 위해서 자리를 내주면서 비울 수 있는 것이 자연의 순리이고 인간의 순리다. 움켜쥐던 많은 것들도 하나씩 놓고 떠날 수 있어야 한다. 기꺼이 가볍게 말이다.

---

09 영화 「쿤둔(Kundun)」, 미 마틴 스콜세시 감독, 텐진 듀톱 차롱, 체왕 미규 캉사 출연, 2000년 11월.
10 kick the bucket에서 유래한 말로, 중세 자살할 때 목에 밧줄을 감고 양동이를 발로 차버리는 행위에서 전해졌다. 우리가 살아있는 동안 가장 하고 싶은 일을 하는 것을 말한다.

자기 내면에 물음표를 던져라

– 인간은 무엇으로 사는가

『장자(莊子)』「지락(至樂)」의 영향을 받아 장형(張衡)의 「촉루부(髑髏賦)」에서는 다음과 같은 표현을 하고 있다.

> 해골이 말했다. 죽는다는 것은 참된 휴식을 말하는 것이며, 살아간다는 것은 고달픈 노역과 같은 것입니다. 겨울에 물이 꽁꽁 얼어붙은 것이, 어찌 봄날의 얼었다가 풀어지는 물과 같겠으며, 영예로운 지위가 있다고 한들 깃털보다 가벼울 수는 없지 않습니까? 천지를 쉴 수 있는 침대로 삼으며, 천둥과 번개를 흔들리는 시원한 부채로 삼고, 해와 달을 밝게 비추는 연못으로 삼고, 많은 별들을 진주와 아름다운 옥으로 삼으려고 합니다. 자연과 일체를 이루어 무정(無情), 무욕(無慾)하려는 것입니다……[11]

삶의 한가운데서 끊임없이 집착하고 움켜쥐려 하는 모든 일들이 사람들의 영혼과 육체를 얼마나 힘들고 지치게 만드는 가를 생각해보게 함으로써, 삶에 대해 집착할 것도 없고 죽음을 두렵게만 바라볼 것도 아니라는 것이다.[12] 기쁨도 슬픔도, 괴로움도 노여움도 결국 살아 숨 쉬고 있으니 느낄 수 있는 감정이다. 죽음에 이르고 나면 이 세상이란

---

11 "髑髏曰: '死爲休息, 生爲役勞. 冬氷之凝, 何如春氷之消. 榮位在身, 不亦輕圍塵毛?……. 以天地爲床褥, 以雷田爲鼓扇, 以日月爲燈燭, 以云漢爲天地, 以星宿爲珠玉. 合體自然, 無情無欲.'". 參見『全漢賦』. "本篇以四部叢刊韓元吉本『古文苑』第五卷所錄爲底本, 以守山閣本、『藝文類聚』卷一七、『初學記』卷一四、『太平御覽』卷三七四及漢魏六朝百三家集『張河間集』所錄爲校本, 並參校『文選』李善注."

12 졸고, 「張衡 賦와 '莊子'」, 『중국문화연구 7집』, 2005년, 115쪽 참조.

무대에서 움켜쥐던 그러한 감정은 모두 아무것도 아닌 것이 된다. 소유하려던 그 모든 욕구나 소유물도 모두 무용지물(無用之物)이 된다. 온전히 대자연과 함께한다. 그러니 이 세상 안에서 무엇을 얻고 얻지 못하는 것에 매여 자기의 영혼을 노예화할 필요는 없다는 것이다. 장자(莊子)의 인생철학 요지는 이 괴로운 인생의 허덕임 속에서 어떻게 빠져나올 것인가의 문제이며, 근본적인 자유를 어떻게 회복시킬 것인가의 문제였다.[13]

우리는 행복하기를 바란다. 우리의 행복을 보증하는 무언가를 가지기 위해서 우리는 집착한다. 우리는 자기 자신에게 묻는다. "만일 우리가 그것을 소유할 수 없다면, 어떻게 그것을 즐길 수 있겠는가?" 사회적인 지위, 명예, 부와 권력, 외적으로 내세울 만한 많은 것들이 곧 행복의 조건이라고 생각한다. 그러나 그런 것에 매이면 매일수록 스스로에게 "나는 행복한가?"라는 질문은 외면한다. 끊임없이 무언가 소유할 수 있는 어떤 것을 목표로 삼고 인생의 목적으로 삼는다. 그러나 우리는 집착과 소유욕 때문에 고단해지는 일을 사양하지 않는다. 우리가 집착을 내려놓는다면 우리는 너무나 고통스러워 죽어버릴지도 모른다고 생각한다. 아이러니하게도 삶 자체는 정반대의 나침반을 가리킨다. 즉, 집착을 내려놓음이야말로 한없이 가볍고 참된 자유에 이르는 길이기 때문이다.

오직 한 방향으로만 사물을 바라보는 태도를 바꾸어보자. 정작 자신이 좋아하는 것이 무엇인지, 무엇이 인간답게 사는 길인지를 배우는 것이 아니라, 사회가 원하고 주변의 사람들이 원하는 것이 무엇인지에 대

---

13 졸고, 「張衡 賦와 '莊子'」, 『중국문화연구 7집』, 2005년, 108쪽 참조.

해 삶을 소모하도록 우리는 교육받았다. 자기 삶은 '자기 자신'이 주도해야 한다는 사실을 외면하고 끌려가는 한 우리는 새장 안에 갇힌 새가 되고, 어항 안에 갇힌 물고기가 된다. 그리고 정녕 자유롭게 사는 것이 무엇인지를 알 수가 없고, 그 자유로움을 모르는 한 행복할 수도 없다.

인생을 작은 마디마디에 성공, 실패로 분류하지 말자. 인생을 귀납법으로만 볼 것이 아니라 연역법적으로 살펴볼 필요도 있다. 우린 모두가 죽는다. 그 골인 지점까지 커다란 프로그램을 기획하면서 살아갈 필요가 있다. '나는 누구인가', '나는 어떻게 살 것인가', '나는 무엇을 위해 사는가', '나는 어떤 주연의 모습으로 이 무대를 기획해나갈 것인가'라는 질문을 던지면서.

우리는 밖을 내다보는 데 정신이 팔려 우리 내면을 들여다보는 것을 거의 잃어버렸다. 그래서 마음속을 들여다보는 일은 커다란 용기와 치밀함을 필요로 한다. 우리는 마음속 들여다보기를 두려워한다. 굳이 들여다보고 있어야 할 영문도 모른다. 경쟁, 정보, 지식, 지위, 풍요로움을 누리기 위한 전략에 열정을 쏟는 법은 배웠을지언정 자아 들여다보기에는 인색했고, 그런 행위의 필요성에 대해서는 더더욱 무지하다. 떠들썩하게 살아가면서 우리는 자기 자신을 바라보는 아주 작은 도전조차도 배제해 버린다. 침묵 안에서 깊이 자기 내면을 들여다보는 일에 익숙하지가 않다. 자기 본성을 발견하는 일에 장애를 느낀다. 침묵하기 위해 뒤따르는 정적과 고요에 오히려 몸살을 앓는다.

우리는 '내가 누구인지' 진정으로 묻기를 원치 않을 수도 있다. 필요성을 모르니 간절함도 없다. 앎에는 책임이 뒤따르기 때문일까? 그러나 이러한 과정이 없이도 자신이 누군지, 인간이 무엇인지, 행복이 무엇이고 자신이 무엇을 하기 원하는지, 정녕 자유롭게 살아간다는 것이 무엇이고 어떻게 하면 자유롭게 살아갈 수 있는지 알 수 있는 방법이 있을까. 이 통로를 발견하기 전까지는 삶과 죽음, 경쟁사회를 살아가는 어려움에 대한 방황은 멈추지 않을 것이다. 오로지 자기 안의 영혼조차도 외면하는 '외로움'에 대해서만 질문할 수도 있다. 그러나 한 시인의 고백을 통해 우리는 인간의 외로움이야말로 자신을 들여다보는 일의 출발일 수 있다는 것을 이해하게 된다.

울지 마라.

외로우니까 사람이다.

살아간다는 것은 외로움을 견디는 일이다.

공연히 오지 않는 전화를 기다리지 마라.

눈이 오면 눈길을 걸어가고

비가 오면 빗길을 걸어가라.

갈대숲에서 가슴 검은 도요새도 너를 보고 있다.

가끔은 하느님도 외로워서 눈물을 흘리신다.

새들이 나뭇가지에 앉아 있는 것도 외로움 때문이고

네가 물가에 앉아 있는 것도 외로움 때문이다.

산 그림자도 외로워서 하루에 한 번씩 마을로 내려온다.

종소리도 외로워서 울려 퍼진다.[14]

---

14 정호승 시인, 「수선화에게」.

유가(儒家)와 도가(道家)에서는 '천인합일(天人合一)'을 말하고 있다. 그러나 그 사상엔 분명한 차이가 있다는 것을 발견하게 된다. 유가(儒家)에서 말하는 '천일합일(天人合一)' 관념이 사회적인 이성의 배양을 위해서 사람의 정감을 배제하는 것이라고 본다면, 도가(道家)에서 말하는 '천인합일' 관념이란 인성을 해방시키고 자유를 얻기 위한 것이라고 할 수 있다. 유가(儒家)에서는 사회제도에 부합되는 인성을 말하고 있다면, 도가(道家)에서는 인간 본연의 자연스러운 인성을 말하고 있다.

　인간이 무엇이고 인간이 자유를 누리고 살 수 있으려면 장자(莊子)가 말하고자 하는 사상과 철학을 이해할 필요가 있다. 장자(莊子)는 외부적 형상과 사사로운 자아에서 흘러나오는 희로애락(喜怒哀樂)적인 정서나 감정을 부인한다. 물론 기쁘면 기쁜 대로, 노여우면 노여운 대로, 슬프면 슬픈 대로, 즐거우면 즐거운 대로 살아가는 것이 삶이고 인생이다. 장자 역시 절대적으로 공감하고 있다. 다만, 그러한 감정이나 정서에 묶여 있을 필요는 없다는 것이 그의 마인드이다. 무엇이든 묶인다는 것은 구속되어간다는 것을 의미할 수 있다. 따라서 천지자연과의 정신적 교류를 추구하고, 사람과 자연이 도(道)의 경지에서 융합되어 혼연일치를 이루는 것을 궁극적인 목적으로 삼는다.

　인간의 마음이 자연과 잇닿아 완연히 일치를 이룰 때 인간은 평화로움과 자유로움을 느낄 수 있다는 것이다. 그렇다면 장자가 설명하고 있는 '물화(物化)'의 완전한 정신 경계에 이르려면 어떻게 해야 할까? 만물과 일치를 이루는 자유로움을 얻으려면 내면에서 장애가 되고 있는 사사로운 감정이나 욕심과 집착, 그리고 생각의 일체를 비워내야 한다. 어떻게 해야 가능한 일일까?

이때 장자는 텅 비고 고요하여 내면의 바닥 깊이를 비추어 볼 수 있는 '허정(虛靜)'의 정신 경계를 통해야 한다고 말하고 있다. '허정(虛靜)'의 정신 경계에 도달하려면 '심재(心齋)', '좌망(坐忘)'의 체득 과정을 반드시 거쳐야만 하는데, 이때는 이미 주체적인 존재를 전혀 느낄 수가 없다. 이것이야말로 장자가 말하는 '물화(物化)'의 경지인 것으로, 곧 '신화(神化)'의 경지에 이르는 방법이라고 할 수 있다. 『장자. 인간세(莊子. 人間世)』에서 다음과 같이 이른다.

> 마음의 재계(齋戒)란, 마음을 한 곳으로 모으는 것이다. 그래서 귀로 듣는 것이 아니라, 마음으로 듣는 것이며, 또한 마음으로 듣는 것이 아니라, 기로써 듣는 것이다. 귀는 소리를 듣는 것에 그치고, 마음은 일에 부합시키는 것에 불과하다. 그러나 기(氣)란, 텅 비운 채 무심히 사물을 기다려 받아들인다는 것이다. 도란, 아무 것도 없이 텅 비우는 것을 모으는 것이고, 비워 낸다는 것이, 곧 심재(心齋)인 것이다.

그 뜻은 마음을 한 곳에 전념한다는 것이며, 자기의 존재를 완전히 잊고 나서야 비로소 천지의 경계로 돌아가게 된다는 좌망(坐忘)을 일컬음이다.[15] 이 시대로 말하자면 남의 말이나 인터넷 혹은 언론이 주도하는 생각을 좇는 것이 아니라, 고요한 시간에 머무르는 것에서 출발한다고 할 수 있다. 남의 말을 듣는 것이 아니라 내 깊은 내면의 소리를 듣기 위해 귀를 기울이는 것이다. 그때에 그 고요함과 평온함 안에서 비로소 자연과 완연한 일체감을 이룰 수 있다는 것이다. 자연과의 완

---

15 졸고, 「陶淵明 詩를 통해본 '莊子'의 生命意識」, 『中國文化研究 4』, 中國文化研究學會, 2004년, 63~64쪽 참조.

연한 일치는 신과의 완연한 일치를 말하기도 하며, 결국 그 경지 안에서 인간은 진정한 자유를 누릴 수 있다는 말이다.

1796년과 1800년 사이 베토벤(Ludwing van Beethoven, 1770~1827)은 청력을 잃어가는 음악가로서의 운명을 맞닥뜨리게 된다. 극도의 절망적 상황에서는 오히려 철저히 침묵하게 되는 것이 인간이기 때문이었을까? 베토벤은 1801년에 이르러서야 "내가 얼마나 나의 존재를 저주하였는지 모르네……! 그러나 가능하면 이 처절한 운명과 싸워보고 싶네."라고 고백할 수 있었다.

또한, 베토벤이 30살 되던 해에 16살의 제자 줄리에타 귀차르디와 사랑에 빠진다. 베토벤은 돈도 없고, 신분도 낮고, 더욱이 귀까지 나쁜 음악가라는 이유로 그녀와 헤어지게 된다. 그녀는 베토벤이 'Piano Sonata No.14 in C Sharp min, Op.27-2, Moonlight'를 완성하게 되었을 즈음 젊은 백작과 결혼한다. 이 순간 그가 작곡한 음악이 그 자신의 슬픈 감정과 분리될 수 있었을까? 그의 모든 이야기가 그가 만들어낸 음악에 고스란히 녹아나올 수 있었던 것은 자신과 음악이 완연한 일치를 이루었기 때문이다. 그의 음악이 우리들 마음과 오관을 순간순간 터치해줄 수 있었던 이유는 그의 영혼이 신과의 완연한 일체를 이루어 만들었기 때문에 가능한 일이었다. 그가 쓰는 곡을 자신의 귀로 들으려는 것이 아니라 마음으로 들을 수 있었기 때문에.

한편, 로드리고(Joquin Rodrigo)[16]가 '아랑훼즈 협주곡'을 쓰면서 스스

---

16 호아킨 로드리고(Joquin Rodrigo, 1901~1999), 어려서부터 음악적 재능이 풍부하여 양친은 저명한 음악가에게서 기초교육을 받게 하여 시각장애임에도 불구하고 스페인의 대표적 작곡가로 그 명성을 드러낸다. 특히 아랑훼즈 궁전이 세계적으로 유명해진 것은 아랑훼즈 궁전 자체의 역사적 가치와 아름다움도 있지만 「아랑훼즈 협주곡」의 유명세 때문에 더 잘 알려지게 되었다고 해도 과언이 아니다.

로 '신과의 대화'라고 표현했던 경우도 예외는 아니다. 극적인 영감과 낭만적인 선율을 조화롭게 흐르게 다룬 것은 그의 내재해 있던 고통과 슬픔들을 고스란히 이 곡에 담아내었기 때문일 것이다. '아랑훼즈 협주곡'이 지닌 최대 강점은 에스파냐라는 나라의 민족유산을 매혹적인 음악으로 승화시켜 그려냈다는 점이다. 또 에스파냐 악기인 기타를 사용해 지중해 생활 특유의 색채와 이미지, 멜로디를 애잔한 슬픔으로 전환시켜 소화해냈다는 점이다.

어떻게 이것이 가능했을까? 로드리고는 3살 되던 해에 시력을 잃었다. 그는 자신이 잠시 머물렀던 아랑훼즈 궁전을 육안으로 볼 수는 없었지만 마음의 눈으로 바라보았다. 유럽에서 가장 힘 있던 스페인 궁궐의 영화도 전쟁에 휩쓸려 빛이 바래졌음을 마음의 눈으로 바라보았다. 대개의 사람들이라면 육안을 통해 제한된 세상을 보았겠지만, 그는 초월적인 영감을 가지고 더 깊은 음악의 세계를 표출해냈다. 화려함은 어느새 사라지고 쓸쓸한 잿빛으로 변해있는 궁궐을 절묘하게 묘사해낼 수 있었던 동기는 무엇이었을까? 재앙처럼 다가온 시련, 바닥을 치는 절망, 뼈가 녹는 듯한 상실감. 그러나 그는 그 재앙을 쓰디쓴 독으로 남겨두지 않고 내면의 안식처를 찾아가는 길로 삼았다. 우리가 그의 협주곡에 한순간 매혹되고 교감할 수 있는 이유가 바로 여기에 있다.

내적 영혼의 아름다움이 없는 사람이었다면 그 영혼이 음악 안에서 생명력 있게 살아날 수 있었을까? 처절한 통증을 겪으며 앓이를 하지 않았다면 그들의 음악이 한 편의 그림이 될 수 있었을까? 베토벤의 음악이 곧 베토벤이라고 생각하고 로드리고의 음악이 곧 로드리고라고 생각할 수 있는 것은 음악가와 음악이 하나로 단단히 결속되어 있는 까닭이다. 그래서 '너'와 '나' 혹은 '이것'과 '저것'이라는 분리의 개념으로 바라볼 수가 없고 그들의 인생 자체를 그 음악 속에서 감지할 수 있는 것이다.

그런 맥락에서 사색은 매우 중요하다. 사색을 위해서 먼저 마음을 쉬게 하는 일, 마음을 내려놓는 일은 선행되어야 할 행위다. 『티베트의 지혜』에서는 다음과 같은 말을 하고 있다. "마음을 안쪽으로 되돌려 마음의 본성에서 쉬게 하는 것이 중요하다. 이것은 그 자체만으로도 수준 높은 명상이다. '마음을 내려놓기'는 마음을 집착이라는 감옥에서 풀어주는 것을 뜻한다. 모든 고통과 공포와 고뇌는 집착하는 마음의 갈망으로부터 비롯하는 것이다. 마지막으로, '마음을 쉬게 하기'는 마음을 널찍하게 확장하는 것, 마음속 긴장을 푸는 것을 뜻한다. 더 깊은 의미는 마음의 진정한 본성인 리그파에서 쉬는 것이다. 이러한 과정을 일깨우는 티베트어에는 '리그파에서 마음을 쉰다'라는 뜻이 함축되어 있다. 그것은 편평한 바닥에 모래 한 줌을 쏟아붓는 것과 같다. 그러면 각각의 모래 알갱이들은 자연스럽게 자리 잡을 것이다. 이것이 바로 모든 생각과 감정들을 자연스럽게 가라앉혀 마음의 본성에 녹아들어 가게 함으로써 당신의 참된 본성 속에서 마음을 쉬게 하는 방법이다……. 사람들은 명상하기 시작할 때, 갖가지 생각이 끓어올라 명상하기 전보다 더 거칠어졌다고 종종 말하곤 한다. 오히려 명상을 하지 않는 자신이 좋겠다고 말하기도 한다. 그러나 그것은 당신의 생각이 거칠어졌다기보다 당신이 이전보다 더 조용해진 것을 뜻한다. 명상을 하기 이전에 당신이 품었던 생각들이 얼마나 시끄러운 소음 속에서 존재했던 것인지 마침내 의식하게 된 것이다.[17]"

우리는 종종 이런 말을 듣는다. "죽음은 진리가 제시되는 순간이다." / "죽음이란 우리가 마지막으로 자신과 정면으로 마주치는 시점이다." 죽음에 이르는 순간, 즉 우리가 어떤 사람이고 이 삶에서 어떻게 살았는지 하는 것을 아는 일은 매우 중요하다. 얼마나 부유하게 살았는지, 얼마나 큰 권력을 휘둘렀는지, 명예를 얼마나 쌓았는지, 학교성적이 얼마나 좋았는지, 얼마나 좋은 학교를 나왔는지, 얼마나 뛰어난 외모를 자랑했는지, 그런 것은 모두 수면 아래로 가라앉는다. 진지하게 자신과 마주했을 때 자신이 해탈할 수 있는 것과 자유로울 수 있는 문제는 이와 같은 외적인 문제가 아니라고 생각한다.

실화를 담았던 「비오 신부(Peter St. Pio)」[18]란 영화에서는 다음과 같은 내용이 나온다. 비오 신부는 늘 웃음기 없이 딱딱하고 자신을 핍박하던 주교와 관계가 좋지 않았다. 어느 날 비오 신부는 주교가 고해성사를 볼 것을 요청한다. 정작 고백해야 할 죄를 고백하지 않자, 투시력이 있던 비오 신부는 주교에게 이렇게 말한다. "전쟁 중 독일군에게 쫓기는 연합군 병사가 당신이 사는 집 문을 향해 달려오고 있었을 때, 당신은 독일군의 총이 무서워 당신 집 문을 닫아버렸죠. 그 젊은 병사는 문 밖에서 총을 맞고 쓰러지면서, '죽기 전에 고해성사를 보게 해주세요.' 라고 했고, 당신은 늘 그 죄책감을 가슴에 끼고 당신 자신을 용서하지

---

17 소걀 린포체 지음. 오진탁 옮김, 『삶과 죽음을 바라보는 티베트의 지혜』, 민음사, 115쪽 참조.
18 비오(Padro St. Pio, 1887~1968)신부는 사제품을 받은 후 8년 정도 지난 1918년 9월에 손과 발 그리고 옆구리에, 특히 왼손에 예수님께서 십자가에서 받은 상처가 나타나기 시작하여, 오상(五傷)의 흔적이 두드러졌다. 신자들의 사랑과 존경도 받았지만 여러 가지 오해와 의혹의 눈길도 받아야 했다. 비오신부의 고통이 깊어지면 깊어질수록 하느님에 대한 믿음이 깊어졌고, 고통받은 이들에게 더 깊은 애정을 쏟았다. 프란치스코 수도회의 일파인 카푸친회 작은 형제회의 수도자와 영성 지도자로서 수많은 일화와 영적 기적을 남겼다.

못하고 있었습니다. 그래서 늘 웃음기 없이 살았던 거죠?"라고. 그러자 주교는 아주 처절하게 울었다. 마치 막 터져 오르던 샴페인 뚜껑이 열린 것처럼. 성직자의 직위가 성공으로 둔갑할 수 있는 것은 물론 아니다. 그러나 주교라는 직분까지 올랐던 사제는 늘 그 사건에 대한 죄책감과 자신을 용서하지 못하는 마음으로 인해 심리적 안정과 평화를 느끼지 못했다. 그의 신분이 오히려 장애가 되어서 자신의 인간적 실수를 용납하기 힘들었던 것이었을까?

가톨릭이란 종교의 범위를 떠나서라도 누군가에게 자신의 가슴 시린 과오를 솔직히 고백한다는 것은 정신적 해방감을 주게 되어 있다. 자기 자신조차도 들여다보기 힘든 내면을 누군가에게 고백할 수 있다는 것은 자신의 순결한 영혼을 만나려는 일이고, 동심으로 돌아가려는 인간의 본질일 수 있다.[19] 인간은 철저히 자기가 해부되고 가장 솔직한 자기와의 내면적 만남을 그리워한다. 자신의 외적인 스펙으로 행복과 불행을 결정지어 말할 수 있는 사람은 아무도 없다. 더군다나 인간이 자유로움을 느낄 수 있는 문제는 그러한 외적인 문제와는 본질적으로 다르다. 경쟁이 심한 사회, 과학과 문명의 발전에 급급한 사회일수록 인간이 범하는 가장 큰 실수가 있다. 그렇게 많은 시간을 외적인 치장을 위해서 할애하면서 정작 자기 내면의 정서를 돌보는 일에는 너무나 인색하다는 점이다. 현대의 교육은 그러한 내면 돌보기와 관련된 것과는 너무 멀어져 있다.

죽음은 너무나 먼 이야기일까? 죽음에 대해서는 도무지 직시하지 않

---

19 모든 살아있는 것들은 부드럽고 약하며, 죽음에 가까울수록 단단하고 강해진다고 한다. 어린
    아이나 새싹처럼 부드럽고 약한 것이 삶의 본래 모습이며, 이것을 지키려 한 것이 노자(老子)의
    철학이다. ー 「노자. 현덕(老子. 玄德)」

고 외면하려는 현대 사회에서 이처럼 진지하고 현명한 성찰을 하기란 쉽지 않다. '현실'이라는 무대에서 열심히 살아가는 주연배우는 너무나 멋지다. 그러나 우리는 죽게 되어 있기 때문에 마땅히 자기 내면을 제대로 들여다보고 자기 안의 행복과 자유를 위해 제대로 준비할 필요가 있다. 그토록 화려하고 찬란하던 단풍이 한순간에 떨어져서 앙상한 나뭇가지로만 머물 수 있다는 것을 심적으로 준비하는 사람은 인생의 모든 문제를 겸허히 받아들이게 된다. 이것은 대단히 중요한 문제다. 늘 푸를 것이라고 늘 화려할 것이라고 생각한 인생이 그럴 수 없었을 때 사람들은 좌절하게 되어 있다. 당황하게 된다. 불안, 격렬한 슬픔, 분노, 위축감 등으로 인해 낙담하게 되고, 온갖 자기 비하 감정에도 직면할 수 있다. 갑자기 직면한 내면의 세계가 황폐해지기 십상이다. 받아들일 마음의 준비를 해본 일이 없었기에 받아들일 수가 없는 것이다. 그것이 바닥이라고 생각하고 더 이상 일어서려는 노력을 안 할 수도 있다. 그러나 그 속에서 체험하게 되는 극도의 우울함도 그대로 인정할 필요가 있다. 여기서 일어서려는 인내심과 분발하려는 의지를 갖게 되든 그 자체를 바라보게 되든지 간에 내적 전쟁을 치르면서 인간은 조금씩 성숙하게 된다. 인간이 무엇인지를 배울 수 있는 기회다.

이러한 과정을 겸허하게 수용하는 자세를 중국의 노장(老莊)사상에서는 특히 강조하고 있다. 그리고 그것을 순순히 받아들이는 자세야말로 삶과 죽음, 그 모든 것을 제대로 이해하고 바라보는 미학이라는 것이다. 아주 사소한 미물에게서도 인생을 배우게 된다. 아주 작은 모래알에게서도 아주 작은 꽃 한송이에게도 생명과 죽음이 있을 거라는 것을 배우게 된다. 아주 작은 미물조차도 소중한 것을 배우게 되다 보면 현대인이 앓고 있는 지독한 열병에서 헤어날 수 있다.

세상에서 얻으려고 하는 명예, 부, 권력에 연연하게 되었을 때, 정작 옳고 그름을 상실해버릴 수 있다. 자신이 얻은 명예나 부나 권력이 '힘' 이라고 착각할 수 있다. 그것을 정의나 대중의 자유에 쏟으려는 것이 아니라 함부로 휘두르는 '힘의 잣대'로 사용하려고 할 수 있다. 무엇을 가졌든 그것을 통해 '힘의 잣대'로 삼는다는 것은 사실 한없이 유치하고 치졸한 행위다. 자신이 가진 것을 '힘'이라 생각하여 함부로 남용했던 그 어떤 역사 속의 인물도 '행복'과 '자유'를 누리며 편안히 삶을 마감했다는 이야기가 없음은 어쩐 일인가? 힘을 통해 상대를 굴복시키고 순종하게 했던 군주는 결국 다시 힘을 모아 달려드는 새 리더에게 굴복하게 되어 있다. 인간이 인간의 감정과 교감하는 것이 아니라 힘을 통해 교감하려고 하는 한 결말은 행복과 자유가 아니라 '불행'과 '구속' 이었기 때문이다.

토머스 머튼(Thomas Merton)은 이렇게 말했다. "만일 우리가 자기 자신과 분리된 심연을 건널 수 없다면 달까지 여행한다고 해서 무슨 이익이 있겠는가? 이것이야말로 발견을 위한 모든 여행 중 가장 중요하다. 자기 자신을 발견할 수 없다면 다른 모든 것은 소용없을 뿐만 아니라 비참해질 것이다.[20]"

최근 미국 내에서 엄청난 인기를 끌고 있는 CNN 앵커 앤더슨 쿠퍼(Anderson Cooper)는 다음과 같은 말을 했다. "명예를 좇거나 부를 좇거나 그런 것을 목표로 두는 것은 절대 본인이 행복해지지 않는다. 자신에게 좀 더 의미 있는 것을 찾아야 한다. 돈이나 명예가 행복을 가져다

---

20 토머스 머튼(Thomas Merton, 1515~1968), 『사막의 지혜─The Wisdom of the Desert』, New York: New Directions, 1960년, 11쪽 참조.

주지 않는다는 것을 알게 된 순간부터 자신에게 더 의미 있는 것을 추구하게 될 것이다. 아이러니한 것은 그것을 깨닫고 자신에게 좀 더 의미 있는 일을 하다 보면, 그것이 성공이나 부, 그리고 명예를 가져다준다. 자신이 열정을 가지고 있을 때 더 잘할 수가 있기 때문이다.[21]"

지나친 경쟁의 시대에 경쟁에만 매이거나 군중이 만들어놓은 관념대로 좇아가다 보면 자신의 가치와 신념을 상실하게 된다. 가장 인간적인 삶이 무엇인지, 가장 인격적인 것이 무엇인지, 자유로운 삶이 무엇인지, 행복한 것이 무엇인지, 그래서 당장 오늘 이 시점에서 내가 해야 할 일이 무엇인지, 그 당위성과 합리성도 상실하게 된다. 현대 교육은 이러한 인간의 영성과 철학을 놓치고 있다. 그런 맥락에서 죽음이란 누구나 준비되어 있어야 할 일이고, 버킷 리스트(bucket list)를 작성할 필요가 있다. 죽음이란 과정을 진정으로 이해한다면 삶이 왜 소중한지, 또 '나'란 존재가 왜 소중한 것인지, '인간'이 왜 아름다운 것인지가 부각된다. 그러면 진정으로 우리 각자가 원하는 삶이 무엇인지, 어떤 일을 해야 할지가 수면으로 선명하게 떠오를 것이다. 이제 교육은 '무슨 일을 하면서 살 것인가'의 문제가 아니라, '어떻게 살아갈 것인가'에 대한 방향을 제시해줄 수 있어야 한다. 그건 마치 어둠의 끝에서 만난 빛처럼 우리 여정을 좀 더 신선하고 생동감 넘치도록 도와줄 것이다.

---

21 '앤더슨 쿠퍼 인터뷰', 「tvN 백지연의 피플 인사이드」, 2011년 8월 26일.

노블레스 오블리주(Noblesse oblige)

거래의 의미가 부여된 기부입학제

교육은 모든 사람들에게 평등, 기회의 균등, 신분의 전환, 꿈의 통로, 소통의 현장이 되어야 한다. 2011년 한국 사회에는 대학의 기부입학제도가 검토되었다. '기부입학'이 언급되면서 동시에 등록금이 너무 비싸다는 이유로 반값등록금 이야기가 뜨겁게 거론되었다. 많은 사람들이 깊이 공감할 만한 일이다. 그러나 우리가 이 문제를 거론하기 위해서는 또 다른 사회적 문제점도 함께 거론해 보아야 할 것 같다. 어디에서부터 이 문제를 거론해야 할까?

1980년 중반부터 2011년까지 대부분의 아파트는 10배가 올랐고 20배까지 오른 곳도 많다. 이런 것을 고려해본다면 80년대 중반에 비해 13배 정도가 오른 등록금은 무조건 비싸다고만 말할 수 있을까? 우리나라 아파트 시세의 거품은 세계 어느 나라도 따라잡을 수 없는 수준인데 말이다. 이런 사회의 배경을 고려한다면 20억, 30억 아파트에 주거하는 사람이나 저소득층의 월세에 사는 사람에게나 똑같이 반값이 되는 것은 과연 합리적인 것일까? 대학의 글로벌화를 강조하는 이 시대, 더군다나 자본주의를 살고 있는 이 시대에 과연 '돈' 없이 그렇게 경쟁력 있는 대학을 만들어갈 수 있는 걸까? 반값으로 등록금을 내린다고 가정한다면 대학은 그에 상응하는 돈을 메우기 위해 또 다른 통로를 마련할 것이다. 그 대응책으로 기부입학제를 자청할 수도 있다. 소수점 한 자리를 놓고도 사생결단을 내듯 경쟁하는 우리 사회의 학생들이 기부입학으로 대학에 들어가는 친구가 생긴다면 과연 감당할 수 있을까? 심정적으로 끓어오르는 분노감을 삭히라고만 하기엔 그들이 배워야 하는 세상이 과연 정의롭고 정당하게 느껴지는 일일까?

동물농장에 경주가 시작되었다. 개, 소, 돼지, 쥐……. 결국 마지막 선두로 골인한 동물은 마지막까지 열심이었던 소가 아니었다. 선두로 골인한 것은 골인 지점을 향해 마지막 순간까지 열심이었던 소를 제치고 그의 머리를 타고 내려온 쥐였다. 우리는 이것을 어떻게 설명할 수 있을까? 과연 쥐가 마지막 선두로 골인할 수 있었던 것은 그의 지혜로움 때문이었을까? 특별히 규칙을 위반한 것도 아니었으니 쥐는 정당한 것이었을까? 아니면 영악했던 것인가?

우리는 신자유주의체제에 살고 있다. 그럼에도 기부입학제가 우리 국민의 정서와 맞지 않는다는 이유로 거듭 반대에 부딪히고 있다. 도입하지 말아야 할 이유는 무엇일까?

첫째, 교육은 평등한 기회부여에서 출발해야 한다. 미국처럼 통합 전형자료 중의 일부로 기여금을 고려한다고 가정해보자. 그렇더라도 부모의 경제력과 신분이 대학을 결정하게 되는 제도를 보장하는 격이 될 것이다. 물론, 우리 한국사회는 같은 직업 안에서도 계층이 나눠지고, 동시에 '부익부 빈익빈'의 체제가 극심해지고 있다. 그렇더라도 '교육'의 현장에서만큼은 '정의'와 '평등'의 의미가 살아있어야 한다는 점을 고려한다면 교육에서조차도 신라의 골품제도와 같은 체제가 생겨난다는 것은 실망스런 일이다. 물론, 국제학교와 자율형 사립고 제도로 중·고등학교에서도 교육의 계층화가 심화되고 있음은 엄연한 현실이다.

부유층의 전유물이 된 일부 국제학교는 좋은 시설과 최고의 외국인 교사들을 초빙하여 국제적인 수업을 받는다. 상위 1% 부유층의 개념을 이미 준비하기 위해 높은 성곽을 만들었다. 현대판 아방궁전이라고 해야 할까? 그런데 정작 대다수가 한국 아이들로 이뤄진 국제학교에서 서양인의 마인드를 받아들이기 급급하다. 중국에서도 서양만 좇기에 급급했던 시절이 있었다. 이때 일부 지식인들은 이러한 생각이 문화적 식민지화를 자초할 수 있기에 의식의 전환이 필요하다고 군중을 설득한 바가 있었다.

세계는 평평해지고 세계화 물결은 거세지고 있다. 한국이란 아주 작은 나라에서 특권계층의 성곽 쌓는 일이 무슨 의미일까 싶은데, 그들은 이 시대와 역류하는 것처럼 보이는 세계를 그렇게 형성하고 있다. 또 부모가 부유한 학생의 경우 부모로부터 지원받는 사교육의 정도는 엄청나다. 그렇게 지원받을 수 없는 가난한 자녀와 충분히 지원받는 부유한 자녀의 학업 경쟁은 사실상 게임이 안 된다. 가난한 자녀들의 명문학교 입학 기회는 결코 만만한 일이 아니다. "개천에서 용 났다."라는 말도 그저 옛말이 되어가고 있다. 결국, 공교육의 뒷면에 숨어있는 사교육을 어떻게 받고 있는지가 명문대학을 갈 수 있는지의 여부가 되는 사례가 많다.

대학에서 기부입학 제도마저 허용한다면 그나마 형식적으로 유지되어 온 '교육 기회의 평등'은 어떻게 될까? 물론 우리는 신자유주의를 살고 있다. 그런 사회를 살면서 모든 사람이 너도나도 공평하게 대학을 갈 수 있는 환경을 만들어 놓으란 논리는 아니다. 1980년대 한국의 대학 수는 80개 정도였다면 2000년대엔 240개 대학으로 그 숫자가 부풀려졌다. 각 대학은 재정문제를 해결하기 위해 80년대에 비해 몇 배의 정원 숫자를 늘렸다. 과연 대학은 누구나 가야 할 만한 기관으로 만들어져야 하는 것일까? 그래서 고등학교까지 무상으로 다닐 수 있었던 시스템처럼 대학의 형식도 무상은 아닐지라도 낮은 등록금으로 모든 학생이 기회를 부여받아야 한다는 것인가? 물론, 이 부분에 동의하는 사람은 거의 없을 것이다. '평등'의 문제를 오용해선 안 된다.

둘째, 대학에서조차도 '상위 몇 %'라는 부유층이 별도로 형성될 것이다. 우리 사회에서 부유층이 거액의 기부를 한 대가로 자녀를 입학시키려는 대학은 일부 상위권 대학일 것이다. 부유층 자녀는 이미 부모의 경제력을 통해 사교육의 혜택을 충분히 받은 상태다. 성적이 되지 않아 명문학교를 진학할 수 없는 부유층 자녀에게 또 다른 한쪽의 통로를 열어주는 셈이다. 부모가 부유하기만 하면 안 되는 일이 없는 것을 배우게 될 부유층 자녀에게도 결국은 해가 될 일이지만, 등록금 마련조차 힘든 학생들에겐 그런 사회를 감당한다는 것이 힘겨움일 것이다. 한국인 정서에 맞지 않는 어느 특정 신분의 사람들에게 편중된 혜택일 뿐이며, 이러한 문제는 과연 이 사회가 공정한가라는 의문을 남긴다.

70~80년대까지만 해도 한국의 젊은 인재들이 가정형편이 어려워 대학을 선택하지 못한 사례는 상당히 많았다. 대학 내에서 기부입학제를 통해 어렵게 공부하는 학생들에게 혜택을 주겠다는 점도 좋은 취지일 수 있다. 그러나 우리의 입시제도는 워낙 빡빡하고, 학생의 인생 자체를 건다고 해도 과언이 아닌 배경을 가지고 있다. 한국학생들에겐 '죽느냐 사느냐'의 기로에 서서 매달리는 문제다. 그런 상황에서 극소수의 부유층 학생들에게 소의 머리를 타고 내려오는 쥐의 게임방식을 물려받게 한다면, 이것은 많은 평범한 학생에게 정신적 타격을 가하는 셈일 것이다.

　부유층이 등록금 인하정책에 기여하는 것은 기부입학금으로 자녀의 입학을 보장받도록 하는 거래를 할 것이 아니라, 경제력에 걸맞은 등록금을 내거나 세금을 내는 일이다. 우리 사회의 기득권층이 지금도 공교육과 사교육에 걸쳐 우월적인 위치를 점하고 있는 상황에서 대학입학 정책까지 부유층에 힘을 더할 경우 대부분의 학생이 느끼게 될 좌절감은 어떠할까? 기성세대의 책임과 의무를 다하지 못해 사회와 교육현장을 힘들게 한 대가를 고스란히 상당수의 학생들이 감당하라고 하는 것은 부당한 일이다.

　미국에서는 대학마다 '재정보조(Financial Aid)'란 기관이 있다. 학생부모의 수입 내역과 세금 계산을 감안하고 학생의 성적을 고려하여 장학금을 지급하는 기관이다. 만일 학생의 부모가 사회에 많은 기부를 한 사례가 있었다면 학생이 대학에 입학한 이후 전액 장학금을 받는 경우도 많다. 이런 경우는 분명 대가성 기부도 아니고, 학교와 학부형이 거래를 하는 것도 아니다.

열심히 공부하던 두 사람이 있다. 한 사람은 부모의 인적 네트워크만으로 좋은 직업을 얻고, 그렇지 못한 사람은 계속 취업난에서 버텨내기 위해 발버둥치게 된다. 과연 그런 사회가 건강하다고 말할 수 있을까? 사회의 모습이 그렇게 흘러가고 있다고 하더라도 적어도 교육의 현장 안에서만큼은 '기회의 균등'이 이뤄져야 한다. 교육의 장만큼은 건강해야 한다. 교육의 장이 건강해야 '건강하게 교육받은 사람'을 배출해낼 수 있다.

최근 어느 방송 PD가 지금의 방송사에 대해서 이야기한 바가 있다. 연예인을 꿈꾸는 많은 아이들에게 공평하게 기회를 주는 곳으로 여겨졌던 국내 연예기획사들이 요즘 부쩍 돈 있고 배경 있는 연예계 지망생들을 선호한다는 것이다. "형편이 어려운 아이들은 헝그리 정신 덕분에 빨리 성장하긴 하는데, 성공한 뒤에는 집안의 실질적인 가장 노릇을 하기 때문에 계약서 관련 소송을 일으킬 확률이 높다."는 논리라고 한다. "반면에, 있는 집 아이들은 돈 문제에 민감하지 않고 '강남 키드', '엄친아' 이미지에 힘입어 광고계에서도 각광 받는다."고 했다.[22] 꿈을 위해 현실적 어려움을 극복하며 열심히 살아가는 청소년들에겐 절망적 언어다. 부와 가난도 대물림이라는 느낌이다.

건강한 사회라면 인재를 제대로 보고 제대로 읽어주며 키워주는 자세가 요구된다. 그저 내가 좋아할 수 있는 사람을 발탁하고 학연과 지연에 의해 선택하거나 타협한다면 건강한 인재를 발견해내기란 어려워진다. 사회의 현장이 건강하게 흘러가지 못하고 있고, 정치, 경제, 사회 모든 분야에서 희망을 만나기가 쉽지 않을지라도 사회의 한편, 적어도

---

22 이미경 문화평론가, "빽 없는 연예지망생 '성공시대' 저무나", 「한겨레 뉴스」, 2011년 6월 17일.

교육의 현장만큼은 정의롭고 건강하다는 희망을 만날 수 있어야 한다. 아우슈비츠 수용소에서 죽음을 눈앞에 둔 유대인들조차도 "빵이 없이는 며칠이라도 살 수 있지만, 희망 없이는 하루도 살 수가 없다."고 고백했다지 않은가!

기부는 가진 자들의 즐거움일 뿐인가

거래의 의미가 부여된 기부가 아니라 진정한 노블레스 오블리주의 기부란 어떤 것일까? 2011년 여름 세계를 놀라게 한 뉴스 중 하나는 바로 미국의 억만장자 40명이 재산 절반을 사회에 환원하겠다고 서약한 일이다. 투자의 귀재 워런 버핏이 중심이 된 기부 서약이 바로 그것이다. 워런 버핏은 이 캠페인에 참여하지 않은 많은 억만장자들로 하여금 빈축을 사기도 했지만, 이 뉴스를 접한 전 세계 언론에서는 그들의 아름다운 기부문화에 대해서 극찬했다.

물론, 억만장자들의 기부에 대해 모든 사람이 긍정적으로 바라본 것은 아니었다. 그 이유가 무엇일까? 『한겨레신문』의 보도에 따른 파블로 아이젠버그라고 하는 공공정책연구소 연구원은 기부 방식에 대해 다음과 같이 말하고 있다. 억만장자들의 기부가 주로 대학과 큰 병원, 의료단체 등에 집중되고 있으며, 사회단체나 빈민과 소수인들을 위한 NGO에는 거의 도움을 주지 않고 있다는 것이다. 돈의 사용처를 극소수의 부자들이 결정하다 보니 가난한 사람들은 여전히 배가 고프다.

한마디로 생색내기에 가까운 기부에 치중한다고도 볼 수 있다. 또 기부액의 상당 부분에 대해선 세금혜택을 받기 때문에 부자들은 기부와 세금 중에서 유리한 쪽을 선택하는 것이라며 기부의 의도를 축소해석하기도 한다.

2009년 현재 미국인 8명 중 1명꼴로 모두 3,700여만 명이 굶주림으로 인해 비상식량지원을 받은 경험이 있는 것으로 조사됐다. 『USA 투데이』는 2일 미 전역에서 활동 중인 203개 푸드 뱅크의 네트워크로 미국 내 최대 기아구제단체인 'Feeding America'의 보고서를 인용해 이같이 보도하면서 이 수치는 2005년에 비해 46% 증가한 것이라고 밝혔다.[23]

실제로 기부에 동참한 억만장자들은 자신들의 돈을 누군가에게 줄 수 있는 것이 행복하다고 말하고 있다. 그들만이 누릴 수 있는 특권이라고 생각한다. 그런데 평생 가난한 자들과 함께 생활했던 마더 테레사 수녀의 체험담에 의하면 "인도 캘커타에서는 평생 배고픔 속에서 살다가 누군가 베푼 자선으로 몇 번 끼니를 때운 정도의 일로도 너무나 감사해하면서 죽어가는 사람들이 많다."라고 한다. 똑같이 주어진 인생에서 어떤 사람은 누군가 밥 한끼 먹여주는 것이 너무나 행복한 일이고, 또 세상의 한 편에선 '가진 자들이 누리는 즐거움'을 누리며 행복을 실감하며 살아간다는 것은 신자유주의에선 너무나 당연한 일일 수도 있다. 그러나 과연 이것이 정의롭기만 한 것일까? 선별적인 기부가 아닌 부자들의 증세로 전환하는 것이 좀 더 타당하지 않을까? 아울러 게이츠와 워런 버핏 같은 억만장자들이 좀 더 적게 벌었다면 더 많

---

23 경향신문 편집정리, "미국인3천 700만명 굶주림 경험", 「보스턴 한인 회보」, 2010년 2월 3일.

은 사람들이 덜 가난해졌을 거라는 주장 역시 외면하기가 어렵다.

1990년대는 보통 경제 번영의 시대로 말한다. 하지만 미국의 11개 주는 오히려 이 기간에 빈곤이 더욱 심화되었다. 인구 조사 통계를 주급(週給)의 면에서 보면 많이 버는 사람은 더 많이 벌고, 조금 버는 사람은 수입이 더욱 줄어드는 현상을 보이고 있다.[24] 신자유주의 사회에서 이러한 시각은 충분히 논쟁의 소지가 있을 수 있다. 그러나 법의 논리가 허락된 범위 내에서 정당하게 벌었던 수익임에도, '그들이 좀 더 적게 벌었다면'이란 반기를 드는 논리는 정당할까?

담비사 모요(Dambisa Moyo)가 쓴 『미국이 파산하는 날(How the west was lost)』[25]에는 다음과 같은 내용을 말하고 있다. 2009년 6월 스페인의 프로축구 클럽 레알 마드리드는 세계적으로 유명한 축구 선수로 꼽히는 크리스티아누 호날두를 스카우트하기 위해 맨체스터 유나이티드에 8,000만 달러를 지불했다. 스페인에서 그의 보수는 주당 18만 파운드(2009년 10월 기준으로 약 28만 6,650달러)로 영국에서 받던 주당 12만 파운드보다 훨씬 높이 올라갔다. 서구의 많은 사람들이 이런 스포츠 스타들의 엄청난 연봉에 대해 어떻게 생각하느냐는 질문을 받으면 그들의 환상적인 수입은 자유시장경제에서 당연한 현상으로 받아들이곤 한다. 그러나 분명한 것은 이런 천문학적인 연봉으로 인해 실은 사회가 엄청난 대가를 치르고 있다는 사실이다. 그 대가는 최고의 재능을 가진 소수에게 지급되는 돈이 아니라 평범한 사람들이 광범위한 사회적 비용을 부담한다는 의미이다.

---

24 케네스 데이비스 저, 이순호 옮김, 『미국에 대해 알아야 할 모든 것, 미국사』, 책과 함께, 2007년, 622쪽 참조.
25 담비사 모요 지음, 김종수 옮김, 『미국이 파산하는 날』, 중앙북스, 2011년, 163~167쪽 참조.

우리가 여기서 목격하는 바와 같이 외견상 비생산적인 부문의 연봉이 지나치게 높아지는 경향은 서구의 경제적 몰락을 부추기는 노동 배분의 또 다른 왜곡 사례이다. 즉, 이러한 노동 배분의 왜곡현상은 서구 경제관에 악영향을 끼친다는 사실을 이제는 확실히 인지해야 한다. 그렇다면 운 좋은 소수에 대한 이런 높은 연봉과 서구의 경제적 몰락은 과연 무슨 관계가 있는 것일까? 유명 선수가 돈을 많이 버는 것이 도대체 어떻게 다른 사람들에게 불행을 끼치는 일이란 말인가? 서구의 수많은 청소년들 중 극소수만이 빅 리그까지 갈 수 있을 뿐인데, 그들은 슈퍼스타 선수가 되려는 시도를 한다. 그러다가 실패할 경우 유용한 다른 기술을 습득하지 못한 사람이 많다는 것은 분명히 사회에 부정적인 결과를 초래할 수 있다.

스포츠 스타 등 고소득자에게 '특별' 세금을 물리고, 여기서 거둬들인 돈을 빅 리그까지 가지 못한 수많은 탈락자들을 지원하는 보조금의 재원으로 활용하는 것도 좋은 정책일 수 있다. 노벨상을 수상한 로널드 H. 코즈의 정리를 적용한다면, 사회적 외부효과의 비용을 행위자에게 부담시키고, 외부효과의 비용이 거래되도록 허용해야 마땅하다.

몇십 년을 벌어들이는 동안 법의 테두리 안에서는 정당하다고 했을지라도, 또 외적으로는 '스크루지'처럼 보이진 않았을지라도, 부유층의 낮은 세금으로 인해 그들의 부가 보호받고 있었던 것을 생각한다면 과연 소수 1%의 부는 정당했던 것이었을까? 물론, 빌 게이츠 시니어처럼 자신이 축적한 부가 온전히 자신의 것이 아니라고 말하는 이들도 있다. "나는 상속세가 누가 보더라도 공정하고 중요한 세금 법률로, 오랜 세월 그것을 '정의'라고 생각하며 살아온 사람이다." 빌 게이츠 시니어의 논리가 어떠하든지 간에 세계의 많은 대중들은 월 스트리트의 소수 1% 상류층이 부를 챙긴 것에 대한 분노감을 터뜨리고 있다. 극소수의 부유층이 챙기는 '부'로 인해 세계의 서민들이 도미노 형식으로 넘어지고 있다. 세계경제에 쓰나미를 일으켰다. 억만장자들이 기부를 하면서 그들의 즐거움을 누리기까지 이 시대의 군중들은 너무 아프다. 억만장자들이 기부의 형식을 빌릴 일이 아니라 오히려 높은 세금을 내는 것이 노블레스 오블리주를 실현하는 일은 아닐까?

애덤 스미스는 『국부론』에서 "우리가 저녁 식사를 기대할 수 있는 것은 푸줏간 주인, 양조장 주인, 제빵업자의 자비심 때문이 아니다. 그들의 이기심 때문이다."라고 말했다. 모든 경제 주체들은 자신의 이익을 위해 움직이는 것처럼 보이지만, 결국은 경제 전체가 더욱 효율적으로 돌아간다는 경제 논리다. 적절한 개인적 욕심이 오히려 공공의 이익을 창출해낸다는 이야기인데, 그는 과연 '경제학의 아버지'란 호칭에 걸맞게 경제인의 책임감과 도덕성을 기초로 하는 자본주의 논리를 전개해 나갔다. 그러나 경제인들이 정당하게 챙긴다고 생각했던 '부'의 그림자에는 소름 끼치도록 무서운 탐욕이 있었고, 그 탐욕으로 인해 사회에 대한 책임감이나 도덕성을 상실한 지 오래다. 경제인으로서 책임감이 마비되어버린 사람들을 제어할 수 있는 방법이 없었다는 것, 결국 우리는 미국 최고의 부유층들이 전 세계에 쓰나미를 일으킨 이유를 바로 여기서 찾을 수 있다.

모범을 보이지 않는 리더를 추종하는 군중이란 없다

시오노 나나미는 다음과 같은 이야기를 했다. "로마는 지금의 프랑스에 해당하는 갈리아, 이베리아 반도의 에스파냐, 도버 해협을 넘어선 브리타니아까지 통치했지만, 당시 이들 지역 민족은 반발한 것이 아니라 오히려 '나는 로마인'이라는 자부심을 가졌습니다. 여러 지역을 정벌하고 나면 그곳에 도로와 수도를 건설하고 빵을 배급했습니다. 빵은 일정한 배급소에 가서 줄을 서서 받으면 됐는데, 줄을 서서 기다리는 시간에 스스로 돈을 벌 수 있는 사람은 줄을 서지 않으면 그만이었습니다. 저는 로마인의 이런 면모를 사랑합니다. 로마의 힘은 국민의 안전을 보장하는 인프라 구축과 노블레스 오블리주에서 나왔습니다. 지금도 로마에 가면 공회당 같은 공공시설 유적은 많지만 개인의 성 같은 건 없습니다. 현대 로마인은 유럽의 거대한 성을 보고 감탄은 할지언정 부러워하지는 않습니다. '한 개인을 위해 저렇게 큰 성을 짓다니, 대신 우리는 다른 걸 지었다'는 겁니다. 이런 공공건물들은 대개 로마의 리더들이 평생 모은 재산으로 지어 국민에게 기부한 것입니다."

대공황으로 몸살을 앓고 있던 시대, 미국의 후버 대통령과 영부인은 나팔수들이 트럼펫으로 식사시간을 알려주고 흰 장갑을 낀 하인들이 시중을 드는 7코스 정찬을 들었다. 후버 대통령은 제왕의 풍격을 유지하는 것이 국민의 사기진작에도 좋을 것이라고 생각했다. 정말 그랬을까? 백악관 밖에서는 미국인들이 쓰레기통 속의 먹을 것을 서로 차지하려고 아귀다툼을 벌이고 있는데 말이다. 굶주리고 절망에 빠진 이들에게는 일자리도 없었고, 구제를 원하는 그들의 간청은 묵살되었다. 정부는 이들에게 보너스 대신 최루탄과 총알을 선사했다.[26] 한편, 당시 미국의 칼럼니스트였던 리프만은 민주당의 루스벨트를 "대통령직에 필요한 중요한 자질은 하나도 갖추지 못한 보이스카우트 단원."이라고 불렀다. 그럼에도 불구하고 그가 대통령으로 당선이 되었다. 왜 그런 결과가 나오게 되었을까?

1933년 루스벨트의 대통령 취임식이 끝나자 보너스 군대는 다시 워싱턴으로 돌아왔다. 루스벨트의 아내 엘리너는 그들의 말을 들어주고 커피를 나누어주며, 그들과 함께 어울려 노래를 불렀다. 후버 대통령과 루스벨트 대통령의 차이가 여기에 있었다. 굶주림과 추위로 심장조차 얼어버릴 것 같은 사람들에게 진정 중요한 것은 무엇이었을까? 정치인들의 시각으로 '좌'와 '우'라는 선을 긋고 그들의 정당한 요구를 왜곡하며 최루탄을 쏘는 리더에게 편을 들어줄 시민이 있었겠는가? 어떤 리더에게든 나름대로의 굳은 신념이 있었을 것이다. 그러나 어려운 일을 견뎌내고 있는 군중의 심리는 어느 쪽으로 끌려갈 수 있었을까? 지칠 대로 지친 사람의 마음에선 어떤 말로 어떻게 다가오는 사람을 리더로 받아들이게 될까?

2차 대전 때 루스벨트 대통령의 인기가 그렇게 컸던 이유 중 또 한 가지를 들어보자. 루스벨트 대통령의 큰아들인 제임스 루스벨트는 고도 근시에 위궤양으로 위를 절반이나 잘랐으며, 심한 평발이라서 군화를 신을 수조차 없는 사람이었다. 그러나 그는 해병대 제2기습대대에 지원 입대하여 운동화를 신고 다니며 복무했다. 제2기습대대가 마킨

---

26 케네스 데이비스 지음. 이순호 옮김. 『미국에 대해 알아야 할 모든 것. 미국사』. 책과 함께, 2007년. 402쪽 참조.

제도의 일본군 기지를 기습하는 위험한 작전을 앞두고 있을 때의 일이었다. 태평양함대 사령관인 니미츠 제니미츠 제독이 소령을 불러 훈련에는 참가할 수 있지만, 작전에는 동행시킬 수 없다는 이유를 다음과 같이 설명했다. "만약 현직대통령의 아들이 일본군의 포로가 되거나 전사하거나 하면 일본군은 이를 대대적으로 선전하며 전쟁에 이용할 것이므로 작전에서 제외하겠다." 이때 제임스 루스벨트 소령이 아버지의 '힘'을 동원한다. 대통령 루스벨트는 해군참모총장 킹 제독에게 "내 아들은 제2기습대대의 장교다. 내 아들이 위험한 특공작전에 가지 않는다면 누가 그 작전에 가겠는가?" 하며 아들 루스벨트 소령을 반드시 마킨 제도 특공작전에 참가시킬 것을 지시한다. 루스벨트 대통령의 네 아들은 모두 이런 식으로 2차 대전에 참전하였다.

어떤 사람은 부모의 힘과 혜택을 통해 군대에서 위험한 일에는 일체 빠지려고 하는데, 어떤 사람은 그 힘과 혜택을 통해서 오히려 위험에 뛰어들 수 있었던 이유는 무엇일까? 부모가 가진 '힘'을 빌리는 일은 똑같지만 사용하는 가치가 완연히 다를 수 있었던 이유 말이다. 『한비자(韓非子)』에는 다음과 같은 말이 나온다. "『시(詩)』에 이르기를, '몸소 자신이 하지 않으면 서민은 믿지 않는다'고 합니다.[27] 군중은 먼저 모범을 보이지 않는 리더를 추종하지 않는다는 것을 꼬집어 한 말이다.

한국전쟁 당시 139명의 미군 장성들의 자제들이 한국전쟁에 참전하여 그중 35명이 전사하거나 부상을 당했다. 그들 중 한국군 전투력 육성에 지대한 공헌을 세운 인물은 제임스 밴 플리트 8군 사령관이다. 밴 플리트 대장의 외아들 밴 플리트 2세는 야간 폭격기 조종사로 작

---

27 「한비자. 외저설 좌상(韓非子. 外儲說左上)」. "傳說王曰: 『詩』云: '不躬不親. 庶民不信'."

전수행 중 행방불명되었고, 공군은 장군의 아들을 찾기 위해서 최선의 노력을 기울였다. 그러나 끝내 시신조차 확인하지 못한 채 실종 파일럿의 정규 수색시간이 끝나가고 있었다. 그때 밴 플리트 대장은 모든 병사들이 최전선에서 죽음과 싸우고 있는 상황에서 자신의 아들을 위해 특별 수사를 할 필요는 없다고 했다. 그리고 그해 부활절에 밴 플리트는 한국전쟁에서 실종된 군인 가족들에게 다음과 같은 편지를 썼다. "저는 모든 부모님이 저와 같은 심정이라고 믿습니다. 우리의 아들들은 나라에 대한 의무와 봉사를 하고 있었습니다. 오래전에 하나님께서 말씀하신 바와 같이 벗을 위해 자신의 삶을 내놓은 사람보다 더 위대한 사랑은 없습니다."

밴 플리트는 한 번씩 그의 아들이 실종되었던 지역의 지도를 물끄러미 쳐다보았다고 한다. 다음은 밴 플리트 2세가 한국 전출 명령을 받고 나서 어머니에게 쓴 편지의 내용이다.

이 편지는 군인의 아내에게 바치는 편지입니다. 눈물이 이 편지를 적시지 않았으면 합니다……. 저는 자원해서 전투비행훈련을 받았습니다. 저는 전투 중에 B-26 폭격기를 조종할 것입니다……. 우리는 야간비행을 할 것입니다. 아버님께서는 모든 사람들이 두려움 없이 살 수 있는 권리를 향유할 수 있도록 싸우고 있으며, 드디어 저의 미력한 힘이나마 보탤 시기가 온 것 같습니다. 저를 위해 기도하지 마십시오. 그 대신에 조국이 위급한 상황에서 조국을 수호하기 위하여 소집된 승무원들을 위해서 기도해주십시오. 그들 중에는 무사히 돌아오기만을 기다리는 아내를 둔 사람도 있고, 아직 가정을 이뤄본 적도 없는 사람도 있습

니다. 저는 최선을 다할 것입니다. 그것은 언제나 저의 의무입니다.[28]

이 시대 존경받는 뉴스 앵커로 앤더슨 쿠퍼(Anderson Cooper)가 있다. 그는 스스로를 전통적 앵커가 아니라고 말한다. "스튜디오에 앉아서 모든 것을 아는 척, 모든 것을 본 듯 말하는 앵커는 아니라는 것이죠. 뉴스의 현장을 제 눈으로 보는 것 자체를 굉장한 특권이라 생각합니다. 그곳에서 어떤 것이 진실이 되고 또 어떤 것이 진실되지 않은 것인지를 찾는 것이 제일이라고 생각합니다. 저는 제 직업이 다른 사람들의 입장을 이해할 줄 알아야 하는 것이라고 생각해요. 다른 사람의 입장에서 그들의 시각으로 바라보는 거요.[29] 10살 어린 나이에 '혼자 서야 한다'고 깨닫게 만든 아버지의 갑작스러운 죽음, 그의 인생을 강타한 형의 자살, 여러 차례 거듭되었던 어머니의 이혼, 어머니의 잦은 스캔들, 그의 머릿속에 일찌감치 자리 잡은 삶에 대한 질문은 생존과 죽음의 정면에 있었다. "왜 어떤 사람은 살아가고 있는데 어떤 사람은 살아남을 수 없는 것일까?" 바로 이 질문이 자신을 전쟁과 재난이 있는 생생한 현장으로 달려가게 했다고 그는 말한다.

그가 가진 부유함, 그의 지적인 매력, 그리고 이 시대 최고의 앵커라고 불리는 명예로움에 스스로가 안주하고 있었다면, 즉 특권의식을 가진 엘리트로만 머물러 있었다면 그에게서 신선한 매력을 느낄 수 있었을까? 직분에 맞게 당연히 해야 할 일을 잊고 사는 사람들이 많은 세상이다. 지위가 생기면 누리는 일에 익숙해지고, 수고와 고생은 부하직

28 http://blog.daum.net/koreasmarinecorps/1177, "밴 플리트 장군과 그의 외아들 전사", 국방
    군사자료, 2009년 7월 27일.
29 '앤더슨 쿠퍼와의 인터뷰에서', 「tvN 백지연의 피플 인사이드」, 2011년 8월 25일.

원이 하면 그만이고, 이름은 자신의 이름으로 드러내면 그만인 사람들이 많은 세상이다. 그런데 앤더슨 쿠퍼는 자신이 가진 것에 안주하지 않고 자신이 마땅히 해야 할 일을 위해 달려갔기에 사회는 그로부터 감동할 수 있는 것이다.

지금 한국인들은 교육받은 정도가 높아서, 어떤 분야든 지식이 부족하거나 몰라서 일을 잘 처리하지 못하는 사람은 드물다. 핵심은 리더가 구호만 외칠 뿐 구호와 일치하는 몸짓이 안 나오니 사람들은 추종할 수가 없다. 책상 앞 인터넷이나 해외에 파견되어 있는 특파원의 입술에만 의존해 글을 쓰는 기자의 말을 존중하지 않는다. 어느 편의 시각이나 입맛에 맞추어 여론을 몰아가는 언론을 신뢰하지도 않는다. 앤더슨 쿠퍼가 이 시대에 존경을 받고 있는 것은 사실이지만, 사실 그것은 기자의 당연한 사명일 수도 있다. 그럼에도, 그렇게 행동력을 발휘하는 기자가 사라져가고 그저 사람들의 오감을 터치해줄 만한 기사 터뜨리기에 급급한 세상이 되어가다 보니, 정작 기자의 본분을 다한 어떤 사람이 존경스러운 시대가 되어버렸다.

히포크라테스 선서를 했던 많은 의사들도 명예를 앞세워 돈 벌기에 급급한 사례가 늘어나고 있다. 그러다 보니 의사의 본분을 당연히 했을 뿐인 의사가 대단한 사람처럼 부각되는 것도 우연한 일이 아니다. 정의를 위해 법과 질서에 대해 엄격해야 할 판사, 검사, 변호사들이 벤츠니, 샤넬백이니 하는 명품이란 네임에 자기 영혼을 파는 사례를 뉴스에서 만나는 일이 비일비재하다. 그들이 정작 무엇을 해야 하는 인물들이었을까? '명예'라는 옷을 입은 신분과 직위란, 그것을 통해 사람들의 어려움을 헤아릴 수 있는 연민을 가지고 함께 교감하면서 '인간중심'의 사고와 해결을 하도록 쥐어준 열쇠와 같은 것이다. 그런데 교육받은 기성세대가 '명예'란 화려한 의복을 통해 권력과 손을 잡거나 힘을 휘두르려 한다면 신세대가 교육의 장에서 아무리 숭고한 것을 배운들 그들이 사회의 현장에서 무엇을 배우게 될까?

1977년 엘살바도르(El Salvador)의 대통령 선거 전까지 오스카 로메로 신부(Archbisop Oscar Romero)는 정치는 물론, 세상 돌아가는 일에 일절 관심이 없는 그야말로 학구파 신부였다. 책벌레였던 그는 동료들의 예상과는 달리 주교로 임명되었고, 일부 신부들은 그가 무능한 주교가 될 것이라며 눈총을 던졌다. 독재자인 엠베르토(General Humberto)가 대통령으로 당선됨과 함께 로메로 신부가 주교로 취임하는데, 그때 자유를 외치던 군중들이 무차별 총격에 의해 사살당하는 것을 목격하게 된다.

로메로 주교는 정치적인 사건에 편향되어서는 안 되는 신부로서의 삶과 '인간이 어떻게 살아가야 하는지'를 양축으로 놓고 심각한 고민에 빠지다가 역사가 요구하는 모험을 피하지 않기로 했다. 그는 엘살바도르 내전이 한창이던 1980년 3월 24일 말기 암환자를 위해 프로비덴시아 병원 내 성당에서 미사를 집전하다 군부 세력에 의해 암살당한다. 로메로 신부는 당시 군부 세력의 인권 유린 실태를 비판하고 공포정치에 떠는 대다수의 빈곤한 엘살바도르 국민을 대변하는 입장을 취해 정권의 미움을 샀던 것이다.

1980년에서 1989년 사이 6만 명 이상의 엘살바도르인(Salvadorans)들이 죽음을 당했다. 그러나 평화와 자유와 정의와 인권을 위한 싸움은 계속되고 있다. 로메로 주교는 국민의 자유를 억압하는 사람들에 대해 항거하며 죽기 전 이렇게 말했다. "저는 자주 죽음의 위협을 느꼈습니다. 그러나 그들이 저를 죽일 때 저는 엘살바도르 사람들의 가슴에 다시 살아날 것입니다. 제가 흘린 피는 자유의 씨앗이 되고, 희망이 곧 실현되리라는 신호가 될 것입니다. 사제는 죽을지라도 하느님의 교회인 민중은 영원히 죽지 않을 것입니다.[30]"

미국 저소득층에 대한 교육 봉사활동(TFA)에 미국 일류대생들이 몰려들고 있다. 연봉은 월가(Wall street) 등 유수의 기업체에서 일하는 것보다 훨씬 적지만, 국가와 사회에 봉사를 할 수 있다는 점에서 인재들의 꾸준한 관심을 모으고 있다. 도대체 무슨 일일까? 높은 수익과 지위를 보장받을 수 있을 만한 미국 명문대 졸업생들이 몰리는 이유는 무엇일까? 수입은 적지만 자신들의 능력을 사회에 환원한다는 의식을 가진 졸업생들의 신념과 열정은 대단하다.

한국의 경우 가난한 지역의 아이들을 대상으로 대학생들이 봉사활동의 차원에서 공부를 돌봐주거나 다양한 학습을 시키는 '공부방'과 같은 곳이 있기는 하다. 그러나 이러한 기관이 종교단체나 민간단체의 보조에 의해서 이끌어져 갈 문제가 아니라 공교육의 영역으로 적극 포함시켜야 하지 않을까 싶다. 우후죽순처럼 늘어나는 부실대학의 재정까지 보조할 문제가 아니다. 이미 의무화되어 있는 교육의 현장이 탄탄하게 설 수 있도록 보조하고, 체계화된 프로그램을 진행하는 것이 선

---

30 1970년대 이후 세계 신학계의 화제가 되었던 '해방신학(解放神學, Liberation Theology)'이 있었다. 해방신학의 아버지로 여겨지는 이가 바로 도미니크회 신부이면서 신학자였던 페루의 구스타보 구티에레즈(Gustavo Gutierrez)였다. 그 이전에도 '해방신학'이란 말이 있긴 했지만, 그는 이를 본격적으로 다룬 최초의 신학자다. 구스타보 구티에레스는 이렇게 말했다. "로메로가 나타나기 전에 가톨릭 교회는 수많은 이들이 정치적 이유로 죽었다고 말했다. 그러나 로메로가 죽은 이유는 정치적 이유나 교회를 수호했기 때문이 아니라 가난한 이들의 권리를 지켰기 때문이다."

행되어야 할 것이다. 내가 지닌 지적 능력을 '나'를 부각시킬 수 있는 일만을 위해서가 아니라, '타인'을 더 많이 생각하는 사명감에서 일을 할 수 있는 마인드는 어느 날 갑자기 생겨나기란 어려운 법이다. 어려서부터 보고 느끼게 해주어야 한다. 특히, 청소년기에 보고 배운 사랑은 결국 그가 성인이 되어서 실천할 수 있는 뿌리가 되기 때문이다.

  프로페셔널하다는 이름 뒤에 숨어있는 지적 재능을 선망하는 시대다. 그럼에도 불구하고 지적 재능만을 선망하는 시대는 지났다. 그만한 재능을 가진 사람은 너무나 많을 만큼 '교육을 받은 사람'은 많다. 정식 교육기관에서 별도로 교육받지 않았다고 하더라도 전문가가 갖춘 수준에 상응하는 정보를 매스미디어나 인터넷에서 얻을 수 있는 시대인 만큼 대중들은 똑똑하다. 이 시대는 행동력이 없는 사람의 구호는 아무런 가치를 발휘하지 않는다. 미사일이 날아다니고 원자 폭탄이 터지는 상황은 아니지만, IT산업이라든가 디자인 혁명기술이라든가 '돈'을 중심으로 한 전쟁이 세계 곳곳에서 터져 나오고 있다. 전쟁터만 아닐 뿐 살벌한 전쟁이 벌어지고 있는 것이 현실이다. 그런 곳에서 자신이 가진 것이 '힘'이라고 생각하여 그 힘을 통해 대중을 휘두르려는 사람도 있다. 또 그것에 휘둘리는 사람들도 많다. 그러나 말만 내세우고 시대의 감각을 잃은 리더나 전문가를 추종할 만큼 어리석은 사람은 아무도 없다. 나를 위해 희생하지 않는 리더를 위해 충정을 바칠 만큼 유교적 시스템에 집착하는 시대도 아니다. '뇌'를 움직이는 전문가를 원하는 것이 아니라 '가슴'을 사로잡는 지식인과 리더를 원한다. 그가 가진 것이 돈이든, 권력이든, 뛰어난 글솜씨든, 언변력이든, 예능적 재능이든 그것이 자신이 가진 힘이라면 그것을 나의 일신을 위해서 쓰는 것이 아니라 대중을 위해 쓰였을 때 대중은 감동할 수 있다. 역설적으로 표현하면 감동을 일으키지 않는 사람에 대해 대중은 몰려들지 않는다.

사마천(司馬遷)은 어릴 때부터 아버지 사마담(司馬談)의 영향을 받아 역사학자로서의 자질을 배워가고 있었다. 그는 20대부터 역사현장을 직접 발로 뛰며 팩트(fact)를 기초로 한 드라마 같은 요소들을 체험하는 행보를 시작했다. 30대부터는 아버지의 뒤를 이어 정부 문서와 기록을 책임지는 태사령(太史令)이 되어 한무제(漢武帝)를 보필하였다. 40대가 되어서 그는 자신의 책무인 역사서 저술을 시작하였으나, 기원전 98년 이릉(李陵) 사건에 연루되어 '황제를 무고하였다'는 죄명으로 사형선고를 받았다. 그러나 사마천(司馬遷)은 죽음보다 더 치욕스럽다는 궁형(죄인의 생식기관을 없애는 형벌)을 자처하면서까지 당시의 역사를 반드시 집필해야겠다는 사명감을 가졌다.

3년에 걸친 지독한 고문과 견디기 힘든 정신적 압박감이 뒤따랐던 옥살이를 하면서까지 그의 사명감이 간절했던 이유는 무엇일까? 차라리 죽음을 선택했다면 그런 수치심과 오욕을 겪어가면서 고통을 감수할 필요가 없었을 텐데. 그가 온전히 아버지 사마담(司馬談)과 함께 구상했던 3천 년 통사에 대한 집념을 위해서였다. 이것은 한 시대의 지식인으로서, 그리고 역사학자로서의 사명감이고 집념이다. 말이 쉬워 '인내(忍耐)'지 한자어 그대로 해석하면 심장에 칼이 꽂히고도 꾹 눌러 참는 일이다. 인내하고 나면 부와 명예가 보장되는 상황도 아니다. 그럼에도 불구하고 역사를 바라보는 한 지식인은 철저히 침묵했다. 가슴안에서 용광로처럼 끓어오르는 분노감은 온전히 『사기(史記)』에만 쏟아부었다.

『사기』에는 다양한 인간의 모습이 그려진다. 인간이 무엇이며, 세상이 무엇인지가 소설처럼 그려지고, 권력과 권력자의 형상이 적나라하게 파헤쳐진다. '역사를 움직이는 진정한 원동력은 어디에서 오는지?', '무엇이 인간을 인간답게 만드는지?'에 대한 근원적인 질문을 던진다. 『사기(史記)』는 한 인간의 극심한 수치와 억울함, 분노를 인간에 대한 무한한 사랑으로 승화시킨 결정체가 되어 우리에게 커다란 유산으로 남겨졌다. 그는 비관적인 상황에서 3천 년 통사를 남겨야 한다는 자신의 비전을 간직했고 성실하게 역사학자의 본분을 지켜주었다. 그가 궁형이란 오욕을 버리고 죽음을 선택했다면 우리는 『사기』를 만날 수 있었을까? 그가 부딪친 상황은 최악이었지만, 지식인으로서 굴하지 않고 끝까지 펜을 버리지 않았던 사마천은 노블레스 오블리주를 실현했다고 할 것이다.

하늘은 어떤 사람을 선택하여 그 사람에게 큰 임무를 내릴 때는 반드시 역경과 시련을 주어 시험한다고 한다. 『맹자(孟子)』에는 하늘이 어떤 사람에게 큰 임무를 내릴 때 주는 시련을 다음과 같이 4가지로 말하고 있다. "첫째, 그 사람의 마음과 뜻을 고통스럽게 한다. 둘째, 그 사람의 뼈와 근육을 힘들게 한다. 셋째, 그 사람의 몸과 살을 궁핍하게 한다. 넷째, 그 사람의 신세를 궁핍하게 한다.[31]" 고통을 겪는다는 것은 소름 끼치게 두려운 일이다. 그럼에도, 그 고통을 거부하지 않고 그대로 수용하고 나면 그 안에는 승화의 의미를 포용하는 변화가 일어난다. 그 변화를 위해 자신의 지적 달란트를 기꺼이 역사서를 집필하는 것에 평생을 보낼 수 있었던 점은 현대 지식인이라고 자처하는 사람들

---

31 "天將降大任於是人也. 必先苦其心志, 勞其筋骨, 餓其體膚, 空乏其身行." – 『맹자. 고자장(孟子. 告子章)』

이 돌아보아야 할 점이라고 생각한다.

시오노 나나미가 『남자들에게』란 책에서 인텔리 남자들에 대해 꼬집은 내용을 살펴보기로 하자. 시오노 나나미는 인텔리 남자들이 섹시하지 않은 이유에 대해 본질이 아닌 것에 최고의 가치를 두는 삶을 살고 있기 때문이라고 말한다. "인텔리 남자들에겐 하찮은 것을 하찮은 것이라고 잘라 말할 수 있는 자연스러움이 없다. 무슨 일이 터졌을 때 그럴듯한 이유를 얼마나 잘 생각해내느냐에 집중한다. 또 욕망은 있으나 그것이 콩알만 하다. 정치가가 뭐라 부추기면 창피할 정도로 홀랑 넘어간다." 은유법이 섞인 말이지만 많은 인텔리에 대한 개념 규정이 잘 드러냈다고 할 수 있다. 물론, 필자가 '지식인'이라고 규정하는 사람들은 이런 인물들과는 거리가 멀다.

괴테의 희곡작품인 『파우스트(Faustus)』에서 등장하는 파우스트는 외로운 독백을 시작한다. "아, 나는 이제 철학도, 법학도, 의학에 대해서도 모두 마쳤다. 그 결과가 이렇게 가엾게 바보 꼴이 되었구나!" 파우스트는 '인간은 쓰레기 속에서 꿈틀거리는 벌레를 닮았다'며 죽음의 독배를 마시려고 했다. 그 순간 메피스토펠레스가 제시하는 부와 지식과 쾌락의 유혹을 받아들인다. 파우스트가 끝내 "인류를 구원하기 위해 예수가 십자가에서 그렇게 많은 피를 흘렸었다면, 지금 내 영혼을 위해서도 다시 한 번 삶의 기회를 주기를……."라고 자신의 구원을 호소했다. 자신의 영혼이 병들어가는 줄도 모르고 불의와 타협하는 많은 지식인, 교육받은 사람들은 그렇게 이 세상을 떠나가고 있을지도 모른다. 파우스트가 마지막으로 애절하게 절규했던 그런 외마디조차도 없이. 참으로 희한한 것은 한없이 무지할 것 같은 군중도 그런 부당함과 타협하는 사람들에 대해선 동물적인 본능으로 냄새를 맡는다. 특히, 그런 지식인이나 리더에 대해선 기꺼이 등을 돌린다. 양인자 시인의 시구처럼 '짐승의 썩은 고기만을 찾아다니는 하이에나가 아니라 산정 높이 올라가 굶어서 얼어 죽는 표범'의 영혼을 간절히 원하기 때문일까?

노블레스 오블리주는 본래 초기 로마 시대에 왕과 귀족들이 보여준 투철한 도덕의식과 솔선수범하는 공공정신을 지칭한 데서 비롯된 말이다. 그러나 지금은 '높은 신분에 상응하는 도덕적 의무'라는 뜻으로 쓰인다. 사회적 신분이 무엇이든지 간에 자신이 가진 강점과 장점을 일신의 화려한 치장을 위해서가 아니라 대중과 함께 나누고, 특히 약자를 위해서 기꺼이 나눌 수 있는 삶 안으로 걸어가는 원동력, 그 에너지는 '교육을 받는' 가운데서만 가능한 일이다. 사회의 구석구석에서 이런 아름다움이 있어야 교육기관에서 교육을 받고 있는 사람들이 그 모습을 귀감 삼아 따라갈 수 있을 것이다. 이러한 맥락에서 볼 때 유대인들이 교육은 평생 이루어져야 할 과제이고, 삶 자체라고 받아들이는 이유가 낯설지 않다.

세계를 향한 한국교육,
교육을 넘어 행복으로

미국이 주도했던 세계화는 빠르게 진행되고 있다. 미국의 문화와 정서를 세계화시키고자 했던 것이 미국의 의도였다면, 사실 세계는 그렇게 변화되어 가고 있다. 그러나 실제로 미국이 주택부실 정책 문제를 계기로 경제가 어려워지면서 미국은 중국의 채무국가가 되고 말았고, 중국은 미국의 채권을 최고로 많이 보유한 국가로 그 권위가 확대되고 있다. 따라서 중국의 영향력이 세계를 향해 급속도로 빨라지고 있고, 미국의 권위는 점차 추락하고 있는 것도 사실이다.

그동안 미국이 세계를 주도하며 경제대국으로서의 위상을 드러냈고, 그 부유함으로 과학의 화려한 성장을 과시해왔다. 그러나 과학이 빠른 속도로 발전되어 가는 만큼 사람들은 더 공허함을 느끼고 있었다. "그 문제점 중에서 가장 중요한 것이 바로 인성(人性)과 이성(理性)의 모순이다. 인간을 부지런하게도, 동시에 게으르게도 만들었고, 인간을 열광과 미혹에 빠뜨렸으며, 인간에게 다음과 같은 철학적 문제들을 던졌다. 인간은 아직도 인간인가? 인간이 과학기술을 통제하는가, 아니면 소수의 과학기술이나 정교하게 제조된 기술이 인류를 통제하는가?[32]"라는 끝없는 질문을 던지게 된다. '인간은 무엇인가?' 인간이 중심이 되고 인간을 위해서 발전되어야 했던 과학의 발전이 정작 인간을 더 외롭게 하고 소외시키는 일은 어찌 된 일인가?

현대화를 이룬 오늘날, 200여년 동안 세계문화를 주도했던 서방문화는 인류가 직면한 문제와 위기를 탈출할 수 있는 방향을 제시하지 못하고 있다.[33] 그 이유가 무엇일까? 인간을 위해 출발했던 과학의 발전이 꼭 인간을 위한 것이 아니라 인성을 상실하고 소외되게 만들기도 했다. 자연과 인간을 위해 인류는 새로운 발전의 길을 탐색해야 한다. 따라서 서방문명은 새로운 활력을 영입해야 한다. 인간을 바라보는 학문, 사상, 논리에서 에너지를 받아야 할 일이다. 그러한 맥락에서 이제 "서양사상은 중국철학을 필요로 한다.[34]"

"미래는 지식인이 주도하는 사회가 될 것이다."라고들 말한다.[35] 그러나 더 이상 학위를 가진 자가 지식인을 상징하는 것은 아니다. 학문적 다양성과 특성화를 포괄하고 있는 상태의 사람을 말하는 얘기다. 어떤 첨단학문을 하게 되든 결국 시대의 정신과 어우러질 수 있어야 하며, 자연을 배제하지 않는 인문학과 결속돼야 할 것이다. 최고의 과학과 기술력을 갖추어 시대를 이끌어간다고 하더라도 '인간'과 '자연'의 문제를

---

32 叶自成, 『中国大战略』, 中国社会科学出版社, 2003년, 139쪽 참조.

33 상동, 140~141쪽 참조.

34 成中英, '21세기-中西文化的融合與中國文化的世界化: 21세기-중서문화의 융합과 중국문화의 세계화', 「太平洋學報」, 1995년 제1기, 38~50쪽 참조.

35 피터 드러커 지음, 이재규 옮김, 『프로페셔널의 조건』, 청림출판, 2000년, 335~336쪽 참조.

외면하는 속에서는 인간의 고독과 상실감만 증가시킬 것이기 때문이다. 인간이 얼마나 인간답게 살아갈 수 있는지의 문제는 결국 자연과 완전한 교감에서 자유로움과 행복함을 느낄 수 있는 것이고, 그 자유로움과 행복을 보장해줄 수 있기 위한 본질은 지켜나가야 한다. 결국, 우리가 '교육'이란 체제에서 지속적으로 던져야 할 화두는 '인간은 무엇인가?'의 문제이고, '인간이 왜 존중받아야 하는지'에 관한 문제이다. 따라서 어떤 특성화된 학문을 하게 되든 통합할 수 있는 능력이 준비되어야 할 것이다.

많은 인문학자가 있으면서도 그것이 학문만을 위한 학문의 영역에 갇혀 세상과 소통할 수 있는 인문학으로서의 통로를 마련해주지 못했었다는 점은 깊이 성찰해야 할 것이다. 인문학자들이 원서를 보는 데 할애하는 많은 시간과 번역상의 시간 소요로 인해 대중과 소통하는 시간이 부족할 수 있었다. 출간 서적의 상당수가 원서에 치중한 나머지 너무 난해하다는 것도 대중화되기 어려웠던 점으로 꼽을 수 있겠다. 대중과 호흡할 수 있는 인문학 중심의 프로그램이 보다 더 적극적으로 개발되어야 할 때가 아닌가 싶다.

필자는 지식인과 교육받은 사람은 조금 다른 개념이라고 생각한다. 지식인은 분명히 교육받은 사람의 역할을 포함할 수 있다. 그러나 그의 지식은 세상에 유익을 주는 그 자체도 중요하지만, '인간이 무엇인가'의 문제를 외면하는 사례에 대해선 강력히 대응하고 주장할 줄 알아야 한다고 본다. 개인의 명예, 부, 권력 자체를 위해 적당히 타협하고 마는 일은 '교육받은 사람'은 할 수 있는 행위지만, '지식인'은 그런 행위와 차별화된 철학과 미학이 겸비되어야 하고 실천할 수 있는 사람을 말한다.

외국어에 치중하여 영어에만 매달리는 한국인에 대해 정치인들은 새롭게 생각해봐야 한다. 이렇게 살게 해도 되는가? 한국인은 아직도 한국인인가? 한국인 간의 의사소통은 무엇으로 할 것인가? 결국, 문화적인 교감을 나눌 수 있는 첫 번째 수단은 정확한 모국어다. 언어적 교감이 정확해야 문화적 정서를 나눌 수 있기 때문이다. 미국에 살건 중국에 살건, 그들이 어떤 국적을 가지고 살아가더라도 그들의 정체성은 한국인으로 귀의한다.

일그러진 모국어를 바로잡고 우리 문화를 제대로 알리는 실천이 절박한 시대가 되었다. 우리 한국 역사에는 선조들이 일본의 언어적 침략을 당하지 않기 위해 목숨을 걸고 우리 언어를 지켰던 시기가 있었다. 한국인, 그리고 한국을 지키는 든든한 둥지는 결국 모국어다. 모국어에 대한 방패막이도 없이 다른 언어를 수용하는 일은 어떤 면에선 매우 위험한 일이다. '세계화'되어야 한다고는 하지만 실제로 미국화되어가고 있는 추세다. 따라서 한국 내에서 한국인에 대한 교육만큼은 미국교육을 선호하는 것으로서 그 방향성과 지침을 찾으려 할 것만도 아니다. 미국 내의 교육도 이 시대의 관점과 잣대로는 혁신이 필요한 부분이 많다.

동시에 우리 민족과 국가에 대한 애국심 고양을 위해 역사교육은 너무나 필요하다. 해외에 이민을 가서 다른 나라의 국적을 가지고 사는 사람일지라도 한국인들은 한국인들 간의 공동체를 만들어 나눔을 갖는다. 이것은 마치 자석과도 같은 현상이다. 서로 간의 미묘한 마력으로 끌어당긴다. 그러면서도 청년들은 정체성에 대해 혼란을 느끼는 경우가 많고, '나는 누구인가?'의 문제로 인해 방황과 혼란을 겪는 사례도 많다. 따라서 한국인으로서 긍지와 자부심을 가질 수 있도록 역사적 조건과 그에 상응하는 정체성 프로그램을 준비해야 한다. 언어교육만큼 중요시되는 요건이다. 세계 속의 한국인이라는 의식을 심어주기 위해 언어와 문화, 역사 교육에 관련된 다양한 프로그램 개발이야말로 한류화 현상을 만들 필요가 있다.

우리 한국은 우리만의 고유한 정서와 문화적 특성을 가지고 있다. 지정학적 위치상 미국과 중국의 샌드위치 같은 입장에 놓여있다. 그 어느 나라의 교육에 치중될 문제가 아니라, 중국의 교육과 미국 교육의 강점과 장점을 수용은 하되, 우리의 고유성을 잘 고려한 상황에서 우리의 체질에 맞는 특성화된 교육시스템으로서 이끌어가야 할 것이다. 어쩌면 우리 한국은 『로마인 이야기』에서 "균형감각이란 서로 모순되는 양극단의 중간점에 잡는 것이 아니다. 양극단 사이를 되풀이하여 오락가락하고, 때로는 한쪽 극단에 가까이 접근하기도 하면서, 문제 해결에 가장 적합한 한 점을 찾아내는 영원한 이동행위[36]."라고 한 것처럼 방향성을 잡아가야 할지도 모른다.

2010년 한국에 천안함 사태가 발생하였을 때에 정부와 네티즌은 군대 기강문제를 운운하였다. '애국심'? 이 시대 청년들의 시각에서 보면 참으로 낯선 표현이다. 아울러 참 모순이다. 누구도 내 역사를 가르쳐 주지 않아서 배우지 못했던 젊은이들이 불현듯 애국심이 솟을 리 있을까? 또 의무화되어 있는 초등학교부터 고등학교까지의 소수점 한 자리의 차이로 석차를 나누는 교육을 받는 동안 인성이란 것을 주시할 만큼 20대들에게 여유가 있었는가? 무엇하나 자기 힘으로 해결할 만한

---

36 시오노 나나미 저, 김석희 옮김, 『로마인 이야기 6』, 한길사, 1997년, 177쪽 참조.

시간을 주었던가? 시간이 없으니 하나부터 열까지 부모가 모두 해결해 주어야 했는데, 이미 학교 성적 이외의 부문에서 무력해져 버린 20대에게 무슨 애국심을 기대할 수 있었을까? 그것이 단지 군대의 기강문제였을까?

교육의 방면에서 세계 최고인 유대인들은 모국어와 역사교육을 통해 자녀에게 자부심을 심어준다. 역사교육은 누구의 찬반론에 의해 행하고 말고 할 일이 아니다. 국민으로서 당연한 권리이고 의무임은 물론이고, 무엇보다도 우리의 뿌리를 이해하는 일이다. 한집안의 자부심과 긍지를 심어주기 위해서도 족보가 존재하고 그 기록을 놓치지 않는 법이다. 하물며, 한 국가에 대한 뿌리인 역사교육이 실천되지 않는다는 것은 부끄러움이다. 청소년들이 취업이 잘되는 전공을 찾아가 역사학과에 대한 지원이 낮아지고 있는 추세다. 그렇다고 해서 대학마다 수지타산을 생각해 역사학을 배제한다면 대학이 존립해야 할 의미는 어디에 있으며, 미래에 우리의 뿌리를 연구할 청년은 어떤 방법으로 키워낼 것인가?

본질에 충실한 교육, 21세기 지식기반 사회에 적합한 교육, 모두에게 꿈과 희망이 있는 교육을 펼쳐야 한다.[37] 교사 연수 프로그램 개발이나 교육 소외 계층을 위한 특수 교재 및 프로그램 지원 등이 그 해결책의 일부가 되어야 할 것이다. 사회에서는 스펙이 중요한 것이 아니라 인성과 책임감, 성실함이 중요하다고 아무리 말을 해도 믿기가 어렵다. 학교 교육 이외의 TV프로그램이나 취업의 현장에서도 점수를 통한 서열화를 부추기는 시각이 만연화되어 있으니 말이다. 인재를 뽑는 사람들

---

37 신동호 선임기자, '대통령 생각 조금만 바꿔도 교육 엄청나게 달라져', 「경향닷컴」, 2011년 6월 7일.

의 시각과 패러다임의 전환이 절실히 요구된다.

독서력은 개인적인 내공임과 동시에 지혜와 통찰력을 키워주는 경쟁력이다. 독서가 없는 암기식 교육은 인간의 뇌구조에 지적 체증을 일으킬 것이다. 귀한 말, 좋은 말을 듣기에 민감할 뿐 자기 내공이 키워질 시간이 없다는 것은 결국 사회 전체의 신념과 가치관이 흔들릴 일이다. 흑백논리로 극단화시키는 일은 위험하다. 여러 가지 다각적으로 볼 수 있는 렌즈가 절실한 시대다. 그 내적 힘은 결국 독서력에서 나온다. 학생들에게 독서하지 않는다고 할 문제가 아니다. 독서할 수 있는 시간을 주어야 한다. 그리고 시기별로 적절한 독서 지도교사가 있어야 한다. 어떤 책을 골라야 하며 어떻게 읽어야 할지, 그리고 독후감이나 토론 지도가 필요하다. 오늘날 우리는 언어의 홍수시대를 살고 있다. 말을 제대로 잘한다는 것과 그저 할 줄 아는 말을 제멋대로 하는 것과의 차이점은 극명하게 나타난다. 제대로 의사 전달하고 상대를 설득할 수 있는 힘도 중요하지만, 상대방이 하는 말을 제대로 귀담아 알아듣는 것은 더욱 중요하다. 그저 말싸움에서 이기고 지는 공격적 토론이 아니라 제대로 듣고 제대로 말하는 훈련이 절실히 필요하다. 이 속에서 권리와 책임도 배우지만 배려와 이해도 배우게 된다. 무엇보다 학생들에겐 꿈과 비전에 대한 원동력을 키울 수 있는 시간이 될 것이다.

다음은 언론의 중요성이다. 이제 한국의 외모지상주의는 언론을 중심으로 자제되어야 한다고 본다. 지나치게 마르고 예쁜 연예인들을 통해 외모에 대해 너무 많이 부각시키는 것은 청소년의 시각과 신념, 가치관에도 악영향을 줄 수 있다고 본다. 잘못되었을 경우 목숨을 잃어버릴 수도 있는 수술도 일부 연예인을 중심으로 감행되고 있다. 성형

수술 정도는 이미 사회의 유행이 되었다. 중독성에도 개의치 않는다. 외모상으로 특정인의 아바타가 되는 일도 마다하지 않는다. "나는 어디에 있는가?"란 질문은 던지지 않는다.

인간은 누구나 콤플렉스를 안고 살아간다. 그 콤플렉스가 발생할 때마다 인위적인 해결책으로 해결해나갈 수 있는 건 아니다. 자기만의 개성, 당당함을 가질 수 있기 위해서는 내면적으로 채워나가야 한다. 마약만이 해로운 것이 아니다. 아편에 중독되어 갔던 19세기의 중국도 다시 그들의 그늘진 모습에서 일어나기까지 많은 시간을 필요로 했다. 화려한 외모, 사치품에 열중하면 열중할수록 인간이 만나는 최종점은 '허무함'이다. 아무리 화려한 인생도 소박하고 수수한 인생에 비견될 수 없는 것이다. 외적인 것보다 내면에 충실하고 성실함과 건전함으로 창의적인 일에 도전할 수 있는 것, 다양함과 다름을 받아들이는 것, 그 어떤 모습도 개성으로 수용할 수 있는 패러다임의 전환을 이끌어주어야 한다. 각자가 너무나 소중한 존재임을 깨우칠 수 있는 자존감과 자신감을 심어주어야 하는 일에 모두가 동의할 것이다. 그러나 한쪽으로 편향되어 있는 사고의 강조는 다른 반대편에 서 있는 사고를 무너뜨리는 위험을 심어줄 수 있다는 사실엔 왜 침묵하고 있을까?

천연자원이 없는 우리 한국은 인적자원을 위한 노력이 절실한 것은 틀림이 없다. 그러나 교육의 시스템은 확실히 변화해야 한다. 특성화시킨 학교교육은 그 어느 때보다도 필수조건인 시대가 되었다. 10년 전까지만 해도 3,000개의 직업이 있었지만, 이 시대는 10,000개의 직종이 있다고 한다. 모두가 똑같은 시스템에서 획일적 교육을 받는다는 것은 시대적 흐름과 어긋나는 일이다.

몇 세기를 거쳐도 시대적 정형화된 틀과 관념을 벗어버린다는 것은 결코 쉬운 일이 아니다.[38] 그러나 획일화된 교육지침은 더 이상 안 된다. 어떤 사람도 우열이란 이분법으로 나뉠 만큼 유능하기만 한 사람도, 무능하기만 한 사람도 없다. 인간은 각자마다 다른 개성을 가지고 있다. 행복하게 살아야 할 많은 인간이 지나친 경쟁으로 불행을 자초할 수 있다. 모든 경쟁에 합리성과 정당성이 있어야 한다. 그러나 지금 경쟁을 부추기는 교육이 과연 그렇게 타당한 이유가 있는가? 비합리적이라고 판단되었다면 지금이 바로 다른 방향으로 선회해야 할 때인 것이다. 선회할 시기가 이미 한참을 지났음에도 여전히 그 방식을 관망만 한다면 이것은 명백한 죄악이다. 과거의 히틀러가 아우슈비츠 수용소의 가스실에 유대인을 몰아놓고 죽어가는 것을 바라본 사건에 대해 우리는 소름 끼쳐 한다. "어떻게 인간이 그럴 수 있는가?"라고 의문을 던진다. 그러나 첨단 IT산업의 시대를 살고 있는 우리가 이렇게 끔찍한 교육을 반복적으로 하는 행위에 대해서는 번민만 할 뿐 왜 이대로 머물고 있는지 의문스럽다.

영미문학의 대표자 가운데 에드가 엘런 포(Edgar Allan Poe)의 작품을 비평한 로렌스(D. H. Lawrence)는 다음과 같은 말을 했다. "사람은 밥을 먹고 산다. 그러나 너무나 많은 음식을 먹으면 오히려 죽음을 초래한다. 사람은 사랑을 먹고 산다. 그러나 지나친 사랑은 죽음을 부른다.[39]"라고. 이 이론을 한국의 교육에 적용해보자. "사람은 교육을 받으며 살아야 한다. 그러나 교육이라는 이름으로의 지나친 교육은 죽음을

---

38 졸고(拙稿), 『『莊子』與漢代文學』, 北京大學博士硏究生學位論文, 2003년, 43쪽 참조.

39 Edgar Allan Poe, 『Poe's short stories with Essays in Criticism』, Annotated and with an Introduction by Seuk-Joo Kim, Shina-sa, 385쪽, From Studies in Classic American Literature by D. H. Lawrence(New York: Thomas Seltzer, Inc., 1922년).

부른다."라고. 지나친 지식은 체증을 일으킨다. 그래서 군중은 오히려 정도(正道)를 이탈한 언어와 유머에 열광하게 되는지도 모른다.

정형화된 틀을 이탈하는 것은 불완전하고 불안한 것이며, 행복과 무관하다고 보는 시각은 이제 고리타분하다. 소위 모범적이라고 불리는 삶만이 행복의 조건으로 바라보는 것은 시대착오다. 과거엔 모범생이 사회를 주도할 수 있었는지 모르겠지만, 그런 사람들의 일반적 성향으로는 정형화된 틀에서 이탈한 영역에 관련된 점에 대해선 해결능력이 부족한 경우가 많다. 그럴 수 있는 사색의 시간이 없었던 까닭이다. 일본의 JAL항공사가 일본의 랭킹 1위 항공사였음에도 하루아침에 폐사했던 가장 큰 이유는 임원과 간부들의 사고가 탄력성이 없었다는 점이었다.

사회는 다양성을 인정하는 교육적 신념을 보여주어야 한다. 대중이 김연아에게 열광했던 이유는 무엇일까? 자기 자신에 대해 당당할 만큼 노력으로 승부했고, 모두가 지적인 공부에 매일 때 자신이 잘할 수 있는 부문으로 방향을 틀었다. 그녀가 열정을 던질 수 있었던 피겨 부문은 우리 한국에선 황무지였고 광야와 같았다. 그 길을 걸어간다는 것이 평탄했을 리 없다. 때로는 미련함과 때로는 외로움과 함께 고독한 자기와의 싸움이 있어야 했을 것이다. 자신이 좋아하는 분야에 대해서만큼은 미쳐있을 수 있었던 그녀의 모습은 선뜻 이탈자의 길을 걸어가지 못하는 많은 사람들에게 던져주는 메시지가 선명하다.

이 시대 한국은 '교육' 부문에서만큼은 냉정하고 이성적이어야 할 때가 왔다. 가령, 80년대에 비해 우후죽순처럼 대학을 늘려놓았던 것과 각 대학별로 학생 수를 늘려놓았던 것에 대해 구조조정을 강화할 필요가 있다. 대외적인 교류나 대학 내 연구성과에 지나치게 대학 순위를 매기는 일은 '대학의 본질'이 무엇인지를 매도하는 경향이 있다. 대학 전체의 순위제를 폐지하자는 말은 아니다. 다만, 대학의 특성화 문제가 좀 더 적극적으로 이행될 수 있도록 주력하는 일이 중요하다는 얘기다. 모든 대학이 특성화를 거론하지만, 사실상 그 내부를 들여다보면 골동품 수집가들처럼 잡동사니를 가득 모아놓은 것처럼 보이는 경우도 많다. 이제 대학은 '세계적인 대학'이 되겠다는 열망을 내세워 모든 것을 다해낼 수 있다는 유혹을 버릴 수 있어야 한다. 대학의 중심이 학교 규모 키우기에 집중되어 대외적인 행사나 여기저기 얼굴 내밀기에 급급할 때가 아니라, 학생들에게 초점을 맞추고 그들에게 관심을 기울여야 할 때다. 학생은 대학을 찾아온 우수고객과 같다. 따라서 그들이 왜 대학에 몰려왔는지, 그 본질에 대해 명심해야 할 책임이 있다.

교육은 어느 한 시기에만 이뤄지는 것이 아니라 평생교육이라는 차원에서 이루어져야 한다. 그러자면 사회의 구성원들이 보여주는 모습 그 자체도 모든 사람들에겐 교육의 현장이라고 볼 수 있다. 각 개개인, 특히 사회의 리더가 보여주는 모습은 젊은이들이 차세대에 보여주는 모습일 수도 있는 것이 사람들은 무의식중에 그 모습을 닮아가는 까닭이다. 그런데 교육의 과정을 통해 누리게 되는 사회적 지위를 '힘'이라고 생각하는 사람들이 있다. 사람의 관계를 수평적으로 보는 것이 아니라 수직적으로 바라보는 것이다. 그러다 보면 자연스레 강자와 약자로 분리되어 강자는 성공의 상징이 되고, 약자는 실패의 상징이 된다. 세상이 이분법으로만 진행되어 가다 보면 군중은 정의에 굶주리는 일이 발생하기 일쑤고, 정의를 갈망하는 욕구와 절규는 점점 더 커지게 마련이다. 그들은 교육을 제대로 받은 사람, 즉 지식인에 의해 정의가 표출되고 세상을 향해 제대로 된 나침반을 제시해줄 것을 바란다. 그렇게 찾아낸 나침반은 '사회에서 누리는 직업이나 지위는 힘의 상징일 수 없다'는 방향을 가리킬 것이다. 동시에 인생이란 무대 위에서 내세워진 지위나 신분은 자신이 해내는 역할일 뿐이란 것을 알려줄 것이다. 그럼에도 불구하고 사회는 신분적 차별의 양상을 지속적으로 보여줄 수 있다. 교육의 현장은 바로 이럴 때 그 힘을 발휘할 수 있어야 한다. 교육의 현장만큼은 신분의 자유로운 소통장이 되어야 한다는 점이 그것이다. 사회가 보여줄 수 있는 건강함이다. 사회가 건강하게 이어질 때 모든 사람은 비로소 꿈을 꿀 수 있는 법이고, 꿈을 꾸며 살라고 독려도 할 수 있는 법이다.

사회가 정의롭고 건강해지면 수직적인 관계란 있을 수 없다. 교육이 미래의 세대에게 확실히 인지시켜야 할 메시지다. 무슨 일을 하면서 살아가는 지가 중요한 것이 아니라, 어떻게 살아가는 지가 중요해지게 되고, 그러다 보면 자연스레 개인적으로 행복을 느끼고 자유로울 수 있는 일을 찾아 나서는 여행을 기꺼이 감수할 수 있게 될 것이다. 그렇게 모험하는 것이 인생의 묘미이고 맛깔스러움이란 것도 깨닫게 되면서 말이다. 우리에게 남아 있는 삶이란 것이 그렇게 길지 않다는 철학을 깨닫게 된다면 사소한 일상에 불과했던 모든 것들이 소중해진다. '경쟁'이란 단어에 쫓기는 것이 아니라, '느리게 사는 법'이 주는 아름다운 미학을 발견하게 된다. 이때 자기 자신이 직면할 수 있는 대답은 하나뿐이다. 인생이란 무대 위에서 자기 삶을 주도해야 할 사람은 바로 자기 자신이란 사실이다. 자신이 맡은 역할이 무엇이든 간에 개개인은 모두가 삶의 주인공이다. 따라서 교육의 현장은 자신이 '어떻게 살아가야 할지'를 진지하게 질문하는 모든 사람들의 여행을 도와줄 수 있어야 할 것이다.

부록

참고문헌 및 자료

1. 중문판 서적 및 논문

1) 莊子, 『莊子』

2) 老子, 『道德經』

3) 韓非, 『韓非子』

4) 廖其發 著, 『先秦兩漢人性論與敎育思想硏究』, 重慶出版社, 1999년.

5) 成中英, '21世紀-中西文化的融合與中國文化的世界化: 21세기-중서문화의 융합과 중국문화의 세계화', 「太平洋學報」, 1995년 제1기.

6) 馮蕙, 楊明偉 등 著, 『走向新中國-中共五大書記』, 中央文獻出版社, 2002년.

7) 張建華 主編, 『中國面臨的緊要問題』, 經濟日報出版社, 2001년.

8) 叶自成, 『中国大战略』, 中国社会科学出版社, 2003년.

9) 郎咸平, 『我們的日子爲什磨這磨難』, 東方出版社, 2010년.

10) 李霞, 『生死知慧-道家生命觀硏究』, 人民出版社, 2004년.

11) 陳德禮 著, 『人生境界與生命美學-中國古代審美心理論綱』, 長春出版社, 1998년.

12) 譚中, '十中矛盾影響布十政策: 10대 모순이 부시의 정책에 영향을 주고 있다', [싱가포르], 「聯合朝報」, 2002년 4월 26일.

13) 潘宏, "春秋戰國時期軍事人才流動", 『中國軍事科學』, 1999年 第1期.

14) 金松姬, 『「莊子」與漢代文學』, 北京大學博士硏究生學位論文, 2003년.

2. 영문판 서적

1) Thomas L. Friedman, 『The World is Flat』, Picador,

2) Michael J. Sandel, 『Justice: What's the right thing to do?』, Harvard University, 2009.

3) Immanuel Kant, 『Groundwork for the Metaphysics of Morals』, translated by H. J. Paton(New York: Harper Torch books, 1964), 1785.

4) Elazar Barkan, 『The Guilt of Nations』, New York: W. W. Norton, 2000.

5) Wayne W. Dyer, 『Change Tour Thoughts-Change Your life』, Hay House Inc., USA, 2007.

6) Thomas Merton, 『사막의 지혜-The Wisdom of the Desert』, New York: New Direction, 1960.

7) M.A. Screech 편역, 『몽테뉴의 수상록-The Essays of Michel de Montaigne』, London: Allen Lane.

8) Congressional Quarterly, quoted in William Bennett, Index of Leading Cultural Indicators(New York: Simon &Schuster), 1994.

9) Stephen R. Covey, 『The Seven Habits of Highly Effective Families』, New York: Golden Books, 1997.

10) Cahgdud Tulku Rinpoche, 『Life in Relation to Death』, Cottage Grove, OR; Padma publishing, 1987.

11) Edgar Allan Poe, 『Poe's short stories with Essays in Criticism』, Annotated and with an Introduction by Seuk-Joo Kim, Shina-sa.

12) Niccolo Machiavelli, 『The Prince』.

13) Tyler E. Boudreau, 'Troubled Minds and Purple Heart', 『New York Times』, January 26, 2009.

3. 한글판 서적 및 논문

1) 孔子, 김영수 역해, 『論語』, 일산서적 출판사, 1997년.

2) 張基槿 譯著, 『杜甫』, (한국)명문당, 1975년.

3) 金學主 譯著, 『大學. 中庸』, (한국)명문당, 2000년.

4) 김송희, 『팍스 아메리카의 침묵』, 생각나눔, 2014년.

5) 소걀 린포체 지음, 오진탁 옮김, 『삶과 죽음을 바라보는 티베트의 지혜』, 민음사, 2004년.

6) 켄 윌버 지음, 김재성. 조옥경 옮김, 『세상에서 가장 아름다운 용기』, 한언출판사, 2005년.

7) H. 포그리믈러 지음, 심상태 옮김, 『죽음-오늘의 그리스도교의 죽음 이해』, 바오로딸, 1994년.

8) 마이클 로이 지음, 이성규 역, 『古代 中國人의 生死觀』, 지식산업사, 2005년.

9) 웨인 다이어 지음, 신종윤 옮김, 구본형 해제, 『서양이 동양에게 삶을 묻다. 웨인 다이어의 노자읽기』, 나무 생각, 2010년.

10) 귀스타브 르 봉(Gustave Le Bon) 지음, 김성균 옮김, 『군중심리』, 이레미디어, 2008년.

11) 피터 드러커 지음, 이재규 옮김, 『프로페셔널의 조건』, 청림출판사, 2009년.

12) 피터 드러커 지음, 이재규 역, 『자본주의 이후의 사회』, 한국경제신문사, 1993년.

13) 이숙인 지음, 『동아시아 고대의 여성사상』, 여이연 출판사, 2006년.

14) 쑹훙빙 지음, 차혜정 옮김, 『화폐전쟁(Currency Wars)』, 랜덤하우스, 2008년.

15) 앨빈 토플러 지음, 김중웅 옮김, 『부의 미래(Revolutionary Wealth)』, 청림출판, 2006년.

16) 조너선 D. 스펜스 지음, 김희교 옮김, 『현대중국을 찾아서 2』, 이산, 2009년.

17) 이범준 외, 『21세기 정치와 여성』, 나남출판, 1998년.

18) 구자억, 『중국 교육사』, 도서출판 책사랑, 1999년.

19) 신보충, 『한국과 중국의 고등교육제도 연구』, 지영사, 2000년.

20) 차동엽, 『무지개 원리』, 위즈앤비즈, 2007년.

21) 마커스 버킹엄(Marcus Burckingham), 박정숙 역, 『위대한 나의 발견 강점혁명』, 청

림출판, 2005년.

22) 시오노 나나미 저, 김석희 옮김, 『로마인 이야기 6』, 한길사, 1997년.

23) 마이클 샌델 저, 이창신 옮김, 『정의란 무엇인가』, 김영사, 2010년.

24) 공병호, 『공병호의 자기 경영노트』, 21세기 북스, 2002년.

25) 앨런 블룸 지음, 이원희 옮김, 『미국 정신의 종말』, 범양사 출판부, 1978년.

26) 고재학, 『부모라면 유대인처럼』, 예담, 2010년.

27) 박경철, 『자기 혁명』, 리더스북, 2011년.

28) 박재희, 『3분 고전』, 작은 씨앗, 2011년.

29) 마이클 칸슬리 엮음, 김지연 옮김, 『빌게이츠의 창조적 자본주의』, 이콘, 2011년.

30) 김주환, 『회복탄력성』, 위즈덤하우스, 2011년.

31) 월터 카우프만 지음, 이은정 옮김, 『인문학의 미래』, 동녘, 2011년.

32) 케네스 데이비스 지음, 이순호 옮김, 『미국에 대해 알아야 할 모든 것, 미국사』, 책과
함께, 2007년.

33) 강영우, 『원동력』, 두란노, 2011년.

34) 니콜로 마키아벨리 지음, 정영하 옮김, 『군주론』, 산수야, 2007년.

35) 시오노 나나미 지음, 오정환 옮김, 『마키아벨리 어록』, 한길사. 2002년.

36) 김난도, 『아프니까 청춘이다』, 쌤앤파커스, 2011년.

37) 조성기, 'Dr. Ben Carson Story', 『조성기의 교육칼럼』, 2009년 11월 10일.

38) 에듀웰 보스턴 자료, "미국 입시-꿈이 있는 '문제아'에 더 활짝", 『뉴잉글랜드 한인
회보』, 2009년 10월 21일.

39) 이상일 기자, 미셸 리 워싱턴 교육감과의 인터뷰, 『중앙일보』, 2009년 3월 6일.

40) 손영옥 선임 기자, '과학두뇌의 귀환…… 미국 특혜 포기하고 귀국, 중국 정부 지속
투자 결실', 『국민일보』, yosohn@kmib.co.kr, 2009년 1월 7일.

41) 정성일 기자, '의료용 마리화나 합법화 논란, 서부에 이어 동부지역으로 확산', 『보스
턴 코리아』, 2009년 10월 9일.

42) '앤더슨 쿠퍼와의 인터뷰', 『백지연의 피플 인사이드』, 2011년 8월 25일.

43) 졸고, 「陶淵明 시를 통해본 『莊子』의 생명의식」, 『중국문화연구 4』, 중국문화연구학
회, 2004년.

44) 졸고, 「張衡 賦와 『莊子』」, 『중국문화연구 7』, 중국문화연구학회, 2005년.